Brigitte Müller

Lichtkörper-Bewußtsein

VERLAG PETER ERD · MÜNCHEN

Die in diesem Buch und den begleitenden Toncassetten enthaltenen Informationen, Übungen, Anrufungen und Meditationen dienen der spirituellen Entfaltung. Die Autorin und der Verlag übernehmen keine Haftung für Folgen irgendwelcher Art, die direkt oder indirekt aus der Anwendung der Angaben in diesem Buch oder den Toncassetten entstehen.

2. Auflage 1998
Umschlaggestaltung: Ulrich Ehrlenspiel
Umschlagillustration: Lichtkörper-Bewußtsein von AEONA, Frankfurt/Main
Illustrationen: Sharon Maia Nichols, USA
Satz: Friederike Lutz

ISBN 3-8138-0474-7

Widmung

In Liebe und Dankbarkeit widme ich dieses Buch dem Aufstieg des Planeten Erde und allen seinen Lebewesen und Lebensformen in das Licht.

Möge sich der Göttliche Plan vom HIMMEL AUF ERDEN JETZT verwirklichen.

Mögen Liebe, Frieden, Freude und Reichtum jetzt die Erde und jedes Herz erfüllen!

Danksagung

Ich danke aus tiefstem Herzen der Höchsten Quelle allen Lebens – Vater-Mutter Gott – und der Bruderschaft des Lichtes für alle Segnungen und dafür, daß ich als Übermittler dienen darf.

Mein herzlichster Dank an Patricia Diane Cota-Robles, Gründerin der New Age Study of Humanity's Purpose und der Group Avatar in Tucson, Arizona, USA, die mir die Erlaubnis erteilten, die in diesem Buch enthaltenen Informationen, Anrufungen und Übungen zu veröffentlichen.

Auch danke ich allen Licht-Dienenden für ihren Einsatz, den HIMMEL AUF ERDEN zu erschaffen.

Inhalt

Einführung

Dieses Buch ist die Fortsetzung des Buches »Energie der 12 Sonnen-Chakra Strahlen«. Seit es im Jahr 1993 herauskam, hat es viele spirituelle Veränderungen und Entwicklungen auf der Erde gegeben. Ich empfehle dem Leser, als Einstieg und zum besseren Verständnis dieses neuen Buches, das vorgenannte Buch zu lesen.

In diesem neuen Band werden die göttlichen Interventionen und Aktivitäten des Lichtes offenbart, die sich in den letzten Jahren auf Erden ereignet haben.

> DER KOSMISCHE MOMENT IST JETZT! DIE ERDE UND ALLES LEBEN AUF IHR BEFINDET SICH IN EINEM PROZESS DER WIEDERGEBURT UND DES AUFSTIEGS IN DAS LICHT.

Es werden uns Informationen und praktische Übungen zur Entwicklung und Integrierung des Lichtkörpers gegeben, um den Alterungsprozeß, Degeneration und Krankheit »umzukehren«. Wenn Dein Lichtkörper Deinen physischen Körper durchdringt, wird dieser transformiert, und Du erfährst ewige Jugend, vollkommene Gesundheit und strahlende Schönheit. Der Weg zu Grenzenloser Physischer Vollkommenheit ist jetzt frei!

Ich erhielt wieder die Erlaubnis zur Veröffentlichung dieses Wissens von der New Age Study of Humanity's Purpose und von Patricia Diane Cota-Robles, Tucson, Arizona. Dafür bin ich sehr dankbar, denn so ist es auch in deutscher Sprache zugänglich.

Lies dieses Buch mit offenem »Herzens-Verstand« und bitte Deine Gott-Gegenwart in Deinem Herzen, Dich zu führen und Dir die Informationen zu enthüllen, die Deinen Göttlichen Plan erfüllen. Liebe/r Licht-Dienende/r, Deine Gott-Gegenwart hat dieses Buch angezogen und so ist es an der Zeit für Dich, diese Informationen zu erhalten.

Es ist etwas schwierig, das vollkommene NEUE BEWUSSTSEIN und die NEUEN ENERGIEN, die es noch nie zuvor auf Erden gab, in der gewohnten Sprache auszudrücken. Habe bitte Verständnis, wenn etwas ungewohnt klingt. Z. B. bei dem Wort »SOLAR« (Sonne), was sehr häufig vorkommt, wurde der englische Ausdruck beibehalten, da es sich um einen höheren Aspekt der physischen Sonne handelt. Die 12 SOLAREN Strahlen Gottes kommen aus der »Großen Zentral-Sonne«, genannt »Elohae und Eloha« (Gott-Eltern unseres Universums) und strahlen 12 Aspekte der Gottheit in die 12 Zentral-Sonnen in unserem System.

Eine davon ist »Alpha und Omega« (Gott-Eltern unserer Galaxie). Diese Zentral-Sonne lodert die 12 Solaren Strahlen und ihre Aspekte in die 12 Physischen Sonnen. Jede Zentral-Sonne ist verantwortlich für die Kraft Amplifikation von 12 mal 12 (12 Aspekte in 12 physische Sonnen = 144 Heilige Zahl). Die 12 physischen Sonnen unter jeder Zentral-Sonne lodern die 12 Aspekte aus ihrem Kausalkörper in ihre 12 Planeten. Unsere physische Sonne hat den Namen »Helios und Vesta« (Gott-Eltern unseres Sonnen-Systems). Jede physische Sonne ist wiederum verantwortlich für die Amplifikation der 12 mal 12 (12 Aspekte mal 12 Planeten). Dieser Prozeß sollte sicherstellen, daß wir immer während unseres Evolutions-Prozesses vom Licht aus der »Großen Zentral-Sonne« umarmt sind, damit wir uns in die 12 Solaren Aspekte der Gottheit entwickeln würden. Was geschah dann aber? Wie Du auf den weiteren Seiten des Buches lesen wirst, erklärten wir uns zu einem einmaligen Experiment bereit. Durch den Abstieg in dichtere Schwingungsfrequenzen wurde der Zugang zum vollen Spektrum der 12 Solaren Aspekte der Gottheit behindert. Alpha und Omega hatten 12 physische Sonnen, sieben davon hatten eine dichtere drei-dimensionale Realität, während vier eine feinere vier-dimensionale Realität hatten. Eine der sieben drei-dimensionalen physischen Sonnen ist Helios und Vesta, zu deren Sonnensystem die Erde gehört. Jede der 12 physischen Sonnen hat 12 Planeten. Wiederum sieben von diesen Planeten vibrierten ursprünglich in einer drei-dimensionalen Realität, die restlichen fünf in der vier-dimensionalen. Diese dichteren 49 Planeten von Alpha und Omega kamen im Evolutions-Prozeß in Schwierigkeiten, wie im weiteren Teil des Buches erklärt wird.

Möge dieses Buch Dich inspirieren, Dir LIEBE, FREUDE, ERWACHEN UND NEUE HOFFNUNG geben.

In Liebe und Dankbarkeit

Brigitte Müller

Erster Teil

Das Neue Zeitalter und der Violette Strahl

Der Begriff »das Neue Zeitalter« erhielt in den letzten Jahren durch Mißverständnisse und Verwirrungen einen etwas abträglichen Ruf. Das »NEUE ZEITALTER« ist jedoch nur eine Zeitspanne!

Unsere Erde dreht sich innerhalb einer 24-Stunden Periode einmal um ihre Achse, und wir haben einen neuen Tag. Sie dreht sich einmal in einem Zeitraum von 365 1/4 Tagen um die Sonne, und wir haben ein neues Jahr. Dabei durchläuft sie die Zwölf Sternbilder. Die Zeitspanne, die sie in einem Sternzeichen verweilt (28 – 31 Tage), wird Sonnenzyklus genannt. Die Sonnenzyklen haben zu unseren Monaten Beziehung, beginnend mit dem Steinbock (21. Dezember – 19. Januar) und endend mit dem Schützen (23. November – 20. Dezember). Diese Bewegungen der Erde sind uns bekannt.

Unser gesamtes Sonnensystem bewegt sich aber außerdem in einer größeren Umlaufbahn um eine weit entferntere Sonne, genannt »Alcyone«. In dieser Umlaufbahn bewegt sie sich sehr langsam gegen den Uhrzeigersinn. Der gesamte Umlauf dauert etwa 24.000 Jahre. Bei jeder Frühlings-Tagundnachtgleiche passiert die Sonne den Äquator an einer anderen Stelle. Diese Bewegung wird mit ca. 50,2 Bogensekunden pro Jahr bemessen, so daß die Erde ca. 70 Jahre braucht, um sich um 1 Grad zu bewegen. Dabei bewegt sie sich wieder durch die Zwölf Sternbilder und verbleibt in jedem Sternbild von 30 Grad etwas mehr als 2000 Jahre. Diese Zeitspanne wird »Zeitalter« genannt. Wenn sich die Erde aus dem Kraftfeld eines Sternbildes in das nächste Sternbild im Gegen-Uhrzeigersinn bewegt, wird dies »NEUES ZEITALTER« genannt.

Gegenwärtig beenden wir einen 2000 Jahr-Zyklus, und die Erde bewegt sich aus dem Kraftfeld der »Fische« in das Kraftfeld des »Wassermanns«, um den nächsten 2000 Jahr-Zyklus zu beginnen.

Alles besteht aus Energie, Schwingung und Bewußtsein. Jedes der Zwölf Sternbilder unseres Sonnensystems hat sein einzigartiges Kraftfeld von Göttlichem Licht. Jedes der Zwölf Sternbilder reflektiert eine der solaren

Eigenschaften Gottes (siehe Aufstellung der 12 Strahlen). Bewegt sich die Erde durch das Kraftfeld eines bestimmten Sternbildes, wird sie mit dieser solaren Eigenschaft der Gottheit für die Dauer von 2000 Jahren überflutet. Die Kraft baut sich während des 2000 Jahre-Zyklus auf und hilft allem Leben auf Erden, sich zu entwickeln.

So ist also ein »NEUES ZEITALTER« ein bedeutendes Ereignis.

Wenn wir uns aus einem bestimmten Kraftfeld, das sich für 2000 Jahre aufbaute, in eine vollkommen andersartige Frequenz aus Gottes Licht hineinbewegen, bewirkt dies eine große Veränderung in der Energie, der Schwingung und im Bewußtsein auf Erden.

An diesem Punkt befinden wir uns jetzt. Der führende Solare Strahl, der das »Wassermann-Zeitalter« für die nächsten 2000 Jahre beeinflußt, ist der 7. Violette Strahl. Energie und Eigenschaften des 7. Strahles sind: Umwandlung, Vergebung, Gnade, Mitgefühl, Hingabe, Rhythmus, die Kraft der Anrufung, Göttliche Gerechtigkeit und Freiheit. Ein ganz besonderes Geschenk des 7. Strahles ist die »Violette Umwandlungs-Flamme der grenzenlosen Transformation«. Sie ist das göttliche Gleichgewicht unseres Vater Gott – der Saphir-blaue Strahl der Göttlichen Macht, welcher unsere linke Gehirnhemisphäre und das Macht-Zentrum in unserem Hals aktiviert und unserer Mutter Gott – der Rosa Strahl der Göttlichen Liebe, der unsere rechte Gehirnhemisphäre und das Liebes-Zentrum in unserem Herzen aktiviert.

Wenn das Licht von Vater-Mutter Gott in unserer Gehirn-Struktur im Gleichgewicht ist, erschafft es die Violette Flamme (Blau und Rosa = Violett). Diese heilige Alchimie unseres Vater-Mutter Gott aktiviert unsere Hypophyse, Zirbeldrüse und Hypothalamus und das ganglionische Zentrum an der Gehirnbasis. Wenn dies geschieht, erwacht das »Zentrum der Erleuchtung« in unserem Kronen-Chakra und erhebt uns in ein Stadium der Erleuchtung, genannt Christus-Bewußtsein. Dies ist ein wichtiger Schritt in unserer persönlichen und planetarischen Transformation. Die Violette Flamme ist ein fundamentales Element in unserem Aufstieg in das Licht.

Anrufungen und Visualisationen mit der Violetten Flamme findest Du im Buch »Energie der 12 Sonnen-Chakra Strahlen« und in diesem Buch. Die Toncassetten »Visualisieren der Violetten Flamme« und »Heilungs-Visualisation mit dem smaragdgrün-violetten Licht« sind sehr kraftvoll (siehe Anhang).

Prophezeite Veränderungen auf der Erde

(Die folgende Information ist aus der Schrift »Eine Zeit für Klarheit und Verständnis – Trennung von Spreu und Weizen« von Patricia Diane Cota-Robles.)

»Seit Tausenden von Jahren hat es Seher und Propheten gegeben, die verheerende Erd-Veränderungen und Flutkatastrophen am »Ende der Zeit« voraussagten, WENN die Menschheit ihre Richtung nicht ändern würde. Dies war natürlich eine Gelegenheit für das »Kosmische Böse«, seine »Saat der Täuschung« auszusäen. Viele Medien und »Channels« (mediale Kanäle) auf der ganzen Welt wurden manipuliert und sagten diese verheerenden Erd-Verwüstungen voraus. Das Bewußtsein der verschiedenen »Channels« wurde beeinflußt, und die Wesenheiten, die durch die Kanäle sprachen, gaben vor, »Mutter Maria«, Kommandeure von Raumschiffen und der Raum-Konföderation, Lichtwesen und Wesen aus anderen Dimensionen zu sein. Nach und nach gab es immer wieder neue Voraussagen von Katastrophen. Die Absicht dahinter war, uns von unserer göttlichen Mission abzuhalten und negative Gedankenformen von Massen-Verwüstungen zu energetisieren, so daß sie sich tatsächlich manifestieren würden. Die Licht-Dienenden wurden angewiesen, sich aus den zu zerstörenden Gebieten zu entfernen und in »sicherere Gebiete« überzusiedeln. Die Angst verstärkte sich. All das war natürlich im Gegensatz zum Göttlichen Plan.

Es ist wahr, daß diese Voraussagen hätten eintreffen können, wenn die Menschheit die Grausamkeiten, die sie der Mutter Erde zugefügt hatte, nicht heilte und die Richtung nicht änderte. Aber, EINE ERFÜLLTE NEGATIVE PROPHEZEIUNG IST EINE GESCHEITERTE PROPHEZEIUNG!

Der einzige Grund, daß göttliche Inspiration mögliche negative Ereignisse offenbart, ist der, daß wir auf die Warnung hören, unsere Verhaltensmuster ändern und die negative Voraussage VERHINDERN.

Wir haben uns alle seit Tausenden von Jahren vorbereitet, um in diesem kritischen Moment auf Erden in Verkörperung zu sein. Der spezifische Zweck ist, das Licht genügend effektiv durch unsere Herzensflamme anzurufen, um die ERD-VERWÜSTUNGEN ZU VERHINDERN.

Die Erde ist ein lebender, atmender Organismus und sie wird sich bewegen und atmen. Mit der Kooperation des Elementar-Königreiches und der Liebe und des Lichtes der Menschheit kann sie sich jedoch auf weniger destruktive Art und Weise reinigen, als Millionen von Leben zu zerstören.

Gott benötigt einen Körper, damit sich etwas auf der physischen Ebene der Erde manifestieren kann. Das Licht, um Manifestation zu erschaffen, muß durch die göttliche Herzensflamme von jemandem, der die Erde bewohnt, angezogen werden. Aus diesem Grund haben sich Legionen von Licht-Dienenden freiwillig in Gebieten verkörpert oder zogen dorthin, wo potentielle Erdbeben oder Flutkatastrophen geschehen könnten. Sie sind dort, um das Licht in den Verwerfungen, Rissen und Spalten zu verankern. Sie sind da, um Frieden mit dem Elementar-Königreich zu schaffen und die der Erde von der Menschheit zugefügten Mißhandlungen zu heilen.

Wenn das »Kosmische Böse« genügend Licht-Dienende erschreckt hätte, die gezwungenermaßen in »sicherere Gebiete« geflohen wären, wären die verletzbaren Gebiete ungeschützt gewesen, so daß die Verwüstung hätte stattfinden können. Glücklicherweise schlug der teuflische Plan fehl.

Der »Erste Erd-Gipfel«, der im Jahr 1992 in Rio de Janeiro in Brasilien stattfand, war die äußere Demonstration der Welt, die das Elementar-Königreich brauchte, um versichert zu sein, daß die Menschheit ihre Fehler erkannt hatte und daß wir bewußt unsere Mission als »Hüter der Erde« annahmen. Durch diese Aktivität des Lichtes wurde ein NEUER PAKT zwischen dem Menschheits- und dem Elementar-Königreich geschlossen. Der neue Pakt schuf eine Atmosphäre der Kooperation, in welcher der Körper der Mutter Erde mit dem geringsten Verlust von menschlichem Leben gereinigt wird. Die schrecklichsten Erd-Verwüstungen sind bisher verhindert worden.

Anstatt des riesigen Verlustes von Landmassen und Leben, werden wir außergewöhnliche Wetter-Situationen erfahren. Erdbeben werden in unbekannten Gebieten stattfinden, oder, wenn besiedelte Gebiete betroffen sind, wird es nur geringe Verluste von Leben geben. Durch Vulkanausbrüche und Sturmfluten wird sich der aufgestaute Druck lockern, jedoch mit Minimalverlust von menschlichem Leben.

Es ist jetzt unsere Verantwortung, den Gedankenformen und Aktivitäten, die noch danach streben, ein Bewußtsein von Massen-Verwüstung aufrechtzuerhalten, unsere Aufmerksamkeit und Befürwortung zu entziehen. Wir müssen die Violette Flamme anrufen, um die Gedanken, Worte, Handlungen und Gefühle, die diesen negativen Voraussagen Kraft geben, umzuwandeln. Wir müssen auch die Gott-Gegenwart eines jeden, der einbezogen ist, anrufen, um jede Person mit Erleuchtung, Verständnis, Weisheit und Wahrheit zu erfüllen.

Wellen des Aufstiegs und Massen-Landungen

Seit Äonen hielt uns das »Kosmische Böse« im Bewußtsein der Wertlosigkeit gefangen. Diese Täuschung sollte uns davon abhalten, unsere eigene Göttlichkeit zu erkennen. Die Kraft wußte, daß sie unsere menschlichen Egos nicht mehr manipulieren könnte ihren Willen zu tun, wenn wir uns daran erinnern würden, daß wir Söhne und Töchter Gottes sind.

Unser Glauben an unsere Untauglichkeit und Wertlosigkeit gab dem »Kosmischen Bösen« eine effektive Gelegenheit, uns von unserem Göttlichen Plan abzuhalten. Es erweckte in unserem Glaubenssystem die LÜGE, daß wir uns nicht selbst befreien könnten, sondern daß es eine »Höhere Macht« gäbe, die uns erretten würde. Durch unser Gefühl der Wertlosigkeit und der Unfähigkeit erschien uns dieser Gedanke sehr logisch und bequem. Dieses Glaubenssystem ist jedoch völlig unwahr und verursacht, daß wir unsere Kraft und Macht an andere abgeben, anstatt unsere göttliche Wirklichkeit wieder herzustellen und uns als Kinder Gottes zu ermächtigen.

Wieder einmal gebrauchte das »Kosmische Böse« eine Vielzahl von Methoden, uns zu täuschen und zum Narren zu halten. Es wurden weltweit Botschaften an »Channels« (mediale Kanäle) gegeben, in denen gesagt wurde, sie seien Mitglieder von Raum-Konföderationen, die uns retten würden. Um der Raum-Konföderation Vertrauenswürdigkeit zu geben, behaupteten die Raum-Kommandanten, daß Mitglieder der spirituellen Hierarchie in ihren Raumschiffen mitfuhren. Sie behaupteten, daß Lichtwesen ihre verschiedenen Pflichten in den Raumschiffen erfüllen würden.

Weil wir uns in dieser physischen Wirklichkeit in einem Zeit- und Raum-Kontinuum befinden, erschien uns dieser Glaube logisch.

In Wahrheit leben die Aufgestiegenen und Kosmischen Wesen auf Ebenen der erleuchteten Wahrheit in einer zeitlosen, raumlosen Ebene der Vollkommenheit. Sie sind strahlende Kraftfelder aus funkelndem Licht. Sie können ihre leuchtende Gegenwart überall im Universum mit einem einzigen Gedanken projizieren.

Sie können gleichzeitig innerhalb der Aura eines jeden Menschen auf Erden stehen, oder sie können ihre leuchtende Gegenwart ausdehnen und den gesamten Planeten in ihre Herzensflamme einhüllen.

Es entspricht der Wahrheit, daß diese Lichtwesen uns in dieser Zeit bestmöglich helfen, soweit es das Kosmische Gesetz erlaubt. ABER SIE KÖNNEN UNS NICHT UNSERE VERANTWORTUNG ABNEHMEN. Wir befinden uns inmitten eines einmaligen Experimentes, das noch in keinem Welt-System unternommen wurde. Die Aufmerksamkeit des gesamten Universums ist auf uns gerichtet.

Noch NIE erhielt ein Planet, der so tief in die Negativität gefallen ist, die Gelegenheit, in das Licht zu gehen. In früheren Fällen wurde einem Planeten, der auf dieser Ebene der Entartung war, die Lebenskraft vom Vater-Mutter Gott entzogen, und er erfuhr dann den sogenannten »Zweiten Tod«.

Wir erfahren einen beispiellosen Akt der göttlichen Gnade, aber die Regeln für unseren Aufstieg sind sehr klar. Damit wir in die nächste Spirale der Evolution aufsteigen und unsere Solare Realität erlangen können, **müssen auf Erden verkörperte Seelen das Licht Gottes anrufen, und es durch ihre eigene Herzensflamme in die physische Ebene der Erde projizieren, um mit ausreichender Wirkung die Muster der Negativität und der menschlichen »Mißschöpfung« auszugleichen und umzuwandeln.**

Das gesamte Universum kennt diese Regeln, und jedes Sonnensystem ist verpflichtet, sich an dieses Kosmische Gesetz zu halten. Deswegen werden wir nicht in »Wellen des Massen-Aufstiegs« erhoben oder durch Massen-Landungen gerettet. Diese Ideen wurden vom »Kosmischen Bösen« erfunden, um uns von unserer wahren Mission abzuhalten.

Anstatt mit jeder Faser unseres Wesens die Negativität auf Erden zu transmutieren und uns mit unserem voll-ermächtigten Gott-Selbst zu vereinigen, haben wir auf ein äußeres phänomenales Ereignis gewartet.

Wir werden **nicht** in »Wellen des Aufstiegs« oder in Raumschiffe »erhoben« und dadurch gerettet.
Wir werden **nicht** durch Massen-Landungen gerettet.
Wir werden **nicht** von einem Avatar, verkörpert oder nicht, gerettet.
Wir werden **nicht** magisch durch den Photonengürtel transformiert.

Der Göttliche Plan ist jedoch unendlich glorreicher und herrlicher als das, was sich die Kräfte des Ungleichgewichtes als Täuschungsmanöver vorstellen können.

Wir sind immer die Summe all dessen, was wir je erfahren haben. Da noch nie in der Schöpfungsgeschichte ein Planet, der so tief gesunken war, die Gelegenheit erhielt, in eine Solare Realität aufzusteigen, ERSCHAFFEN WIR TATSÄCHLICH EINE NEUE EBENE DER GÖTTLICHKEIT!!!

Wir müssen die Negativität auf Erden durch die kollektiven Bemühungen der verkörperten Menschheit umwandeln und das Licht anrufen, das unsere physische Wirklichkeit in den Himmel auf Erden transformiert. Die größtmögliche Hilfe, die das Kosmische Gesetz erlaubt, erhalten wir von den Ebenen der Vollkommenheit und von jeder Galaxie im Universum. Aber sie dürfen sich nicht in das Experiment einmischen. Diejenigen, die in Erden-Verkörperung sind, haben die einmalige Verantwortung, diesen Planeten in den Himmel auf Erden zu verwandeln und unser göttliches Geburtsrecht als ermächtigte Mit-Schöpfer Gottes – Söhne und Töchter Gottes – wieder zurückzugewinnen«. (Ende des Auszuges.)

Laßt die Violette Flamme der grenzenlosen Transformation durch jedes Elektron von Lebensenergie lodern, das nicht die göttliche Absicht vom Himmel auf Erden reflektiert. Wisse:

> »WO MEINE AUFMERKSAMKEIT IST, DORT »BIN ICH«, AUF WAS AUCH IMMER ICH MEINE AUFMERKSAMKEIT IN GEDANKEN, WORTEN, HANDLUNGEN UND GEFÜHLEN RICHTE, DAS BRINGE ICH IN EINE FORM!!!«

Richte Deine Aufmerksamkeit auf den Neuen Himmel und die Neue Erde. Schau dir als unvoreingenommener, objektiver Beobachter die Dinge in Deinem persönlichen Leben und in der Welt an, die nicht in Ordnung sind. Dann frage Dich: »Was möchte ich statt dessen?« und bringe die Alternative zur Manifestation.

Während wir in die nächste Spirale der Evolution aufsteigen, gelangen wir in eine höhere Schwingungsfrequenz, die sich als SOLARE REALITÄT auf Erden ausdrücken wird. Deswegen bewegen wir uns in die Umarmung der 12 Solaren- oder Sonnen-Aspekte der Gottheit, unsere Solaren Kausalen Körper, unsere Solar-Chakras und -Meridiane, unsere 12fachen Solaren Stränge der DNS und unsere Solare Christus-Gegenwart.

Wie Du im weiteren Teil des Buches lesen wirst, hatte sich die Erde freiwillig zu einem Experiment zur Verfügung gestellt, indem sie die Sechs Milliarden Nachzügler-Seelen aufnahm und als einziger Planet in der dritten Dimension verblieb.

Nun steigen wir nicht nur in die vierte Dimension auf, um uns den anderen Planeten unseres Sonnensystems anzuschließen, sondern wir steigen mit dem Rest unseres Sonnensystems in die fünfte Dimension auf, welche unsere SOLARE REALITÄT IST.

Noch nie hat sich ein Planet in einer so kurzen Zeit gleich durch ZWEI dimensionale Quantensprünge in Energie, Schwingung und Bewußtsein bewegt.

Eines der mächtigsten Phänomene, die uns in unserem Aufstiegs-Prozeß helfen, ist der PHOTONENGÜRTEL (siehe Seite 79).

Die 12 Solaren Strahlen Gottes und ihre Eigenschaften

Die Aspekte der 12 Solaren (Sonnen-)Strahlen Gottes werden nachfolgend kurz beschrieben. Nähere Einzelheiten über die Strahlen sowie deren Gesetze sind im Buch »Energie der 12 Sonnen-Chakra Strahlen« aufgeführt.

1. Strahl Blau
1. Aspekt Gottes: Gottes Wille und Schutz

Die Eigenschaften dieses Aspektes Gottes sind:
Gottes Wille, Glaube, Macht, Schutz, Entscheidungskraft, göttliche Ordnung, Gehorsam, Intuition, Einheit und die männliche Polarität unseres Gott-Vaters.

2. Strahl Gold-Gelb
2. Aspekt Gottes: Erleuchtung

Die Eigenschaften dieses Aspektes Gottes sind:
Gott-Erleuchtung, Weisheit, Verständnis, Standhaftigkeit, Treue, Stimulation und Intensivierung des geistigen Wachstums, Fortschritt, Christus-Bewußtsein – als Sohn/Tochter Gottes.

3. Strahl Rosa
3. Aspekt Gottes: Göttliche Liebe

Die Eigenschaften dieses Aspektes Gottes sind:
Göttliche Liebe, Anbetung, Toleranz, Menschlichkeit, Ehrerbietung

gegenüber allem Leben, Ausgeglichenheit des Emotional-Körpers, der Heilige Atem, die weibliche Polarität der Gottes-Mutter/Heiliger Geist.

4. Strahl Weiß
4. Aspekt Gottes: Reinheit, Auferstehung

Die Eigenschaften dieses Aspektes Gottes sind:
Reinheit, das Makellose Bild/Konzept, Hoffnung, Wiederherstellung, Auferstehung und Aufstieg, die heilige Substanz der Denk-Natur des Menschen.

5. Strahl Smaragd-Grün
5. Aspekt Gottes: Wahrheit

Die Eigenschaften dieses Aspektes Gottes sind:
Erleuchtete Wahrheit, inneres Sehen, Weihung, Konzentration, Heilung, Hingabe, das All-sehende Auge Gottes, Ermächtigung aller Gott-Eigenschaften auf der Erde.

6. Strahl Rubin-Gold
6. Aspekt Gottes: Ausübende göttliche Gnade

Die Eigenschaften dieses Aspektes Gottes sind:
Göttliche Gnade, selbstloses Dienen, Heilung, hingebungsvolle Anbetung, Liebe, der Christus wirkt durch die menschliche Persönlichkeit, Frieden, das Göttliche – verkörpert im Leib.

7. Strahl Violett
7. Aspekt Gottes: Freiheit, Umwandlung

Die Eigenschaften dieses Aspektes Gottes sind:
Spirituelle Freiheit, die grenzenlose Transformation, Vergebung, Gnade, Mitgefühl, Hingabe, Rhythmus, die Kraft der Anrufung, göttliche Gerechtigkeit, Sieg und Grenzenlose Physische Vollkommenheit.

8. Strahl Aquamarin
8. Aspekt Gottes: Klarheit

Die Eigenschaften dieses Aspektes Gottes sind:
Klarheit, Lebendigkeit, göttliche Wahrnehmung, Unterscheidungskraft, Verstandesschärfe, die Eigenschaften eines spirituellen freien Wesens.

9. Strahl Magenta
9. Aspekt Gottes: Harmonie

Die Eigenschaften dieses Aspektes Gottes sind:
Harmonie, Ausgeglichenheit, Festigkeit, Sicherheit, Vertrauen – in der Welt zu sein, aber nicht von ihr.

10. Strahl Gold
10. Aspekt Gottes: Ewiger Frieden

Die Eigenschaften dieses Aspektes Gottes sind:
Ewiger Frieden, die große Stille, innere Ruhe, Wohlstand, Fülle, Reichtum, finanzielle Freiheit.

11. Strahl Pfirsichfarben
11. Aspekt Gottes: Göttliche Zielsetzung und Auftrag

Die Eigenschaften dieses Aspektes Gottes sind:
Göttliche Zielsetzung, Erfüllung, selbstloses Dienen, das Leben durch Liebe befreien, Glücklichsein, Freude, Enthusiasmus, der kosmische Moment siegreicher Vollendung.

12. Strahl Opalfarben
12. Aspekt Gottes: Transformation

Die Eigenschaften dieses Aspektes Gottes sind:
Transformation/Umwandlung, Umgestaltung, Wiedergeburt und Verjüngung.

Die Lichtkörper des Gott-Selbst in der Evolution (1)

Unser Gott-Selbst besteht aus mehreren Lichtkörpern. Unser erster Ausdruck als Söhne und Töchter Gottes ist:

Das WEISSE FEUERWESEN,
der Gottesfunke aus dem Herzen Gottes, die Ewige Dreifältige Flamme, erschaffen im Ebenbild Gottes. Die Dreifältige Flamme lodert in Blau – die Macht des Gottvaters; Rosa – die Liebe der Gottesmutter; Gold-gelb – die Weisheit/Sohn und Tochter – der Christus.

Um eine physische Realität, die Lektion der Mit-Schöpfung zu erfahren und Meister von Energie, Schwingung und Bewußtsein zu werden, erschuf das Weiße Feuerwesen:

Die »ICH BIN« GOTT-GEGENWART,
eine weibliche Polarität von Göttlicher Liebe und eine männliche Polarität von Göttlicher Macht, mit je einer Dreifältigen Herzensflamme, die sogenannten »Zwillings-Strahlen«. Die Zwillings-Strahlen formten eine weibliche und eine männliche »ICH BIN« Gott-Gegenwart. Sie durchlaufen ihre Entwicklung separat, als zwei getrennte Wesen, bis sie ihre physische Erfahrung vollendet haben und schließlich wieder in EINEM WEISSEN FEUERWESEN vereint sind.

Als nächstes wurde der SOLARE KAUSAL-KÖRPER erschaffen.

Der SOLARE KAUSAL-KÖRPER,
der die 12 Aspekte Gottes enthält. Nach und nach formten sich die 12 Licht-Bänder mit ihren göttlichen Eigenschaften um die beiden getrennten »ICH BIN«-Wesen. Dann entstand die 12fältige Solare Wirbelsäule mit ihren 12 Solaren Chakras und den 12 Solaren Meridianen. Um das Gleichgewicht in diesem System zu sichern, wurde eine Ewige 12fältige Solare Herzensflamme in der Dreifältigen Flamme unserer »ICH BIN« Gegenwart verankert. Die »ICH BIN« Gegenwart projizierte dann eine Widerspiegelung von sich selbst in die vierte Dimension. Der vier-dimensionale Aspekt der »ICH BIN« Gegenwart wird genannt: »SOLARE CHRISTUS-GEGENWART«.

Die SOLARE CHRISTUS-GEGENWART
ist verbunden mit dem 12fältigen Kausal-Körper und den 12 Solaren Aspekten Gottes.

Für den Abstieg in die dritte Dimension erschuf die Solare Christus-Gegenwart zunächst die vier Körper für die vierte Dimension, den solaren physischen, ätherischen, mentalen und emotionalen Körper. Die Schwingungsfrequenz mußte herabgesetzt werden. Diese Körper sind feinstofflich und sind Lichtkörper. Sie reflektieren die Vollkommenheit der Solaren Christus-Gegenwart, sind in Übereinstimmung mit der »ICH BIN« Gott-Gegenwart und empfangen das Göttliche Licht vom 12fältigen Solaren Kausal-Körper.

Nun mußten die Schwingungs-Frequenzen für die dichtere dritte Dimension noch weiter auf die Ebene von Farbe und Ton verlangsamt und herabgesetzt werden. Dies erforderte weitere größere Veränderungen. Die 12fältigen Aspekte Gottes, auch bekannt als »Der Kreis der Heiligen Zwölf«, wurden in das 7fache Farb- und Tonspektrum in der dritten Dimension umgewandelt.

Die Solare Christus-Gegenwart projizierte ein Ebenbild von sich selbst, die planetarische Christus-Gegenwart, genannt »HEILIGES CHRIST-SELBST«, in die dritte Dimension.

Das »HEILIGE CHRIST-SELBST«
erschuf einen 7fältigen Kausal-Körper, eine 7fältige planetarische Wirbelsäule mit 7 Haupt-Chakras und Meridianen. Um die Kommunikation mit den höchsten Ebenen der Wahrheit und den Energien der 12fältigen Aspekte Gottes in der physischen Ebene aufrechtzuerhalten, entstanden die 12 Solaren DNS-Stränge. (Diese erlitten nach dem »Fall« einen »Kurzschluß«, so daß nur noch die »Doppel-Helix DNS« verblieb.)

Als die ersten »Heiligen Christ-Selbst«-Wesen die Erde bevölkerten, erhielten sie volle Unterstützung vom Elementar- und Engelreich. Die Erde war ein Paradies der Vollkommenheit. Das »Heilige Christ-Selbst« entnahm die Urlicht-Substanz aus dem Elementar-Königreich, um die vier niederen Erdenkörper zu erschaffen.

Die »VIER NIEDEREN KÖRPER«

1. Physischer (sichtbarer) irdischer Körper, Element Erde
2. Ätherischer Körper, Element Luft

3. Mentaler oder Gedanken-Körper, Element Feuer
4. Emotionaler oder Gefühls-Körper, Element Wasser

(Weitere Informationen zu den »vier niederen Körpern« im Buch »Energie der 12 Sonnen-Chakra Strahlen« auf Seite 31.)

1. Der PHYSISCHE (IRDISCHE) KÖRPER

Nachdem das »Heilige Christ-Selbst« den physischen, irdischen Körper erschaffen hatte, verankerte es die Dreifältige Flamme als das »Permanente Atom« im physischen Herzen, die 12fachen DNS-Stränge und die 7fältige Wirbelsäule in den 7 Chakras. Die »SOLARE CHRISTUS-GEGENWART« projizierte einen riesigen Lichtstrom in den physischen Körper, um das »Heilige Christ-Selbst« auf der physischen Ebene zu erhalten. Es wurde mit dem Licht versorgt, um mit Gedanken, Worten, Taten und Gefühlen die Erd-Erfahrungen zu erschaffen.

Das »Heilige Christ-Selbst« aktivierte die physische Gehirnstruktur und verankerte die männliche Polarität Gottes (Blau/Göttliche Macht) in der linken Gehirnhemisphäre und dem Macht-Zentrum im Hals; und es aktivierte die weibliche Polarität (Rosa/Göttliche Liebe) in der rechten Gehirnhemisphäre und im Liebes-Zentrum im Herzen. Dies schuf das Gleichgewicht von Vater-Mutter Gott in jeder Seele, so daß die männliche Macht von der weiblichen Liebe ausgeglichen wurde. Sind diese beiden Hemisphären ausgeglichen, werden die spirituellen Gehirn-Zentren, die mit dem Drüsensystem zusammenhängen, aktiviert. Dadurch werden Hypophyse, Zirbeldrüse, Hypothalamus sowie das Ganglien-Zentrum an der Gehirnbasis angeregt und auf dem Scheitel öffnet sich das Kronen-Chakra der Erleuchtung. Das »Heilige Christ-Selbst« hat nun die Verbindung zur irdischen Form. Auch die sich entwickelnde Seele hat über den 2. Aspekt Gottes – Goldgelb/Erleuchtung/Weisheit – den Zugang zum Geist Gottes. Dies ist auch die wahre Bedeutung der »Heiligen Dreifaltigkeit«.

Das »Heilige Christ-Selbst« dehnte das Permanente Atom in der Dreifältigen Flamme in unseren Herzen aus, so daß wir von dieser Flamme umgeben waren. Der physische Körper wurde mit Licht und Gottes-Bewußtsein aktiviert. Danach entstanden die weiteren Körper.

2. Der ÄTHERISCHE KÖRPER

ist sehr nah um den physischen Körper herum und durchdringt jede Zelle und jedes Organ. Er ist das Doppel des physischen Körpers. Seine ursprüngliche Absicht war es, die Vollkommenheit des »Heiligen Christ-Selbst« in den physischen Körper zu strahlen, so daß dieser die Grenzenlose Physische Vollkommenheit, ewige Jugend, Gesundheit und Schönheit auch in der dritten Dimension aufrechterhalten könnte. Er besteht aus ätherischer Substanz und ist wie ein Speicher (unser Unterbewußtsein), da er alle Erinnerungen und Erfahrungen aus der Vergangenheit enthält. Jeder Gedanke, jedes Gefühl, jedes Wort, jede Handlung wird im ätherischen Körper aufgezeichnet. Zusammen mit den anderen feinstofflichen Körpern formt sich die »Aura«.

3. Der MENTALE-oder GEDANKEN-KÖRPER
enthält alle unsere Gedanken. Er ist der Träger des Bewußtseins, besteht aus geistiger Substanz und durchdringt den emotionalen und den physischen Körper. Der Mental-Körper übermittelt Gedanken über das Gehirn durch Farbe, Ton und Form in die irdische Ebene. Ursprünglich sollte dieser Körper die Gedanken und Ideen aus dem Geist Gottes aufnehmen und diese Vollkommenheit in die Welt der Form projizieren. So hätte sich die Vollkommenheit des Himmels auf Erden manifestiert, nach dem Gesetz »wie oben – so unten«.

4. Der EMOTIONAL- oder GEFÜHLS-KÖRPER
ist der größte und auch der schwierigste unter den vier niederen Körpern. Er enthält alle unsere Gefühle und gehört zum Wasser-Element. Da etwa 80 Prozent der Erdoberfläche aus Wasser besteht, erfährt jedes verkörperte Wesen seine Lektionen zu 80 Prozent über den Gefühlskörper. Unsere Gefühle sind also sehr wichtig und beeinflussen stark unsere Gesundheit und unseren Geisteszustand. Durch disharmonische Gefühle bricht unser Immunsystem zusammen. Freude, Lachen, Liebe, Spaß usw. stärken das Immunsystem. Die ursprüngliche Absicht des Emotional-Körpers war es, die göttlichen Gefühle von Freude, Glück, Liebe und Enthusiasmus auf Erden zu manifestieren und somit das Königreich Gottes auszudehnen.

Dann erhielten wir das Geschenk des »FREIEN WILLENS«. Nun war das »Heilige Christ-Selbst« bereit, seine Lektionen zu lernen und ein »Mit-Schöpfer Gottes« zu sein.

Was dann weiter geschah, erfährst Du ausführlich auf den nächsten Seiten des Buches. Hier nur eine Kurz-Information:

Vor langer, langer Zeit erklärten wir uns freiwillig zu einem einmaligen Experiment bereit. Um als Söhne und Töchter Gottes unsere schöpferischen Fähigkeiten von Gedanken und Gefühl und dem Freien Willen noch besser erfahren zu können, wurde die Erde zusammen mit 7 Sonnen und 49 anderen Planeten unserer Galaxie in ein Zeit-Raum-Kontinuum der dritten Dimension versetzt.

Es gab die Kraft des »Kosmischen Bösen«, die überall herumstreifte und Seelen suchte, die sie manipulieren konnte, negative Gedanken- und Gefühlsmuster zuzulassen, wovon sie sich ernähren konnte. Sie beeinflußte viele Seelen der 49 Planeten. Die Negativität nahm überhand und dehnte sich aus. Viele der Planeten wurden verunreinigt und versanken in der »Mißschöpfung«. Die Erde war zu dieser Zeit unbesiegbar und verblieb in ihrem reinen, vollkommenen Zustand. Da alle das Geschenk des Freien Willens erhalten hatten, war es nicht möglich, die befallenen Planeten vom »Kosmischen Bösen« zu befreien.

Als Vater-Mutter Gott sah, daß das Experiment schief ging, wurde eine göttliche Verfügung erlassen, um alle Planeten wieder in die nächste Spirale der Evolution, die vierte Dimension, zurückzubefördern. Die Söhne und Töchter Gottes, die der List des »Kosmischen Bösen« zum Opfer gefallen waren, würden aber nicht fähig sein, die höheren Frequenzen der vierten Dimension auszuhalten. Durch Entscheid der Gott-Eltern sollten diese Seelen in die große Zentral-Sonne zurückkehren. Wenn eine Seele sich weigert, das zu tun, was notwendig ist, um auf die nächste Ebene des Lernens zu gelangen, muß sie zur Großen Zentral-Sonne zurückkehren.

Dort wird sie für zukünftige Welt-Systeme repolarisiert. Das bedeutet, daß die Individualität der Seele verloren geht. Es wird der »Zweite Tod« genannt und ist das tragischste Ereignis, das einer Seele geschehen kann. Von diesen Seelen gab es nun 6 Milliarden, und sie wurden »Nachzügler-Seelen« genannt.

Der Planet Erde und die Söhne und Töchter Gottes waren aus selbstloser Liebe bereit, diese 6 Milliarden gefallenen »Nachzügler-Seelen« aufzunehmen, damit sie hier erlöst würden. Deswegen verblieb die Erde als einziger Planet in der dritten Dimension.

Die Nachzügler-Seelen wurden hier geboren und wuchsen auf. Als sie erwachsen waren, kam das negative Karma der Nachzügler-Seelen zurück. Anstatt es zu heilen, beeinflußten die Nachzügler-Seelen die Seelen auf der Erde, mit ihren schöpferischen Fähigkeiten von Gedanken und Gefühl zu experimentieren. Statt daß die Menschen der Erde die Nachzügler erlösten, übernahmen die Nachzügler die Führung und leiteten die Menschen durch List und Täuschung in die Irre. Das war der »FALL«.

Daraus resultierte die Trennung von Gott. Wir wußten nicht mehr, wer wir waren. Wir mißbrauchten die göttliche Energie, indem wir durch negative Gedanken, Gefühle, Worte und Handlungen starke Disharmonien erschufen. Die Atmosphäre verdichtete sich mehr und mehr. Angst, Schmerz, Leid und Schrecken verbreiteten sich. Es entstand eine Art dunkler »Schleier« (Maya) um die Erde, der das Licht Gottes behinderte. (Auch Astral-Ebene genannt). Mehr Angst entstand, die Herz-Zentren verschlossen sich, um sich vor dem Schmerz zu schützen. Dies blockierte den Fluß der Liebe in die Herz-Zentren, so daß die rechte Gehirn-Hemisphäre fast einschlief. Das bewirkte das Schließen des Kronen-Chakras und blockierte den Kontakt mit Gott. Nun waren nur noch die linke Gehirn-Hemisphäre und das Macht-Zentrum im Hals aktiv. Da dieses Zentrum nun nicht mehr von der Göttlichen Liebe ausgeglichen wurde, kam es zum »MACHT-MISSBRAUCH« und wir fielen tiefer und tiefer.

Die 12 Solaren DNS-Stränge erlitten einen Kurzschluß, so daß nur noch die »Doppel-Helix« übrigblieb. Unsere Gehirnkapazität bildete sich auf 10 Prozent zurück, und wir verloren den Kontakt zu den multidimensionalen Aspekten unserer Gott-Gegenwart.

Nun nahmen wir nur noch unseren irdischen Körper wahr und dachten, daß er und die Erde die einzige Realität wären. Mangel und Begrenzung bewirkten, daß wir immer mehr die Macht mißbrauchten, um andere zu manipulieren und zu kontrollieren. Wir wurden habsüchtig und gierig. So entwickelte sich das angst-besetzte menschliche »EGO« und übernahm die Herrschaft über unsere vier niederen Körper.

Das »Heilige Christ-Selbst« erkannte, daß der große Lichtstrom, der durch uns floß, reduziert werden mußte, da wir uns sonst selbst zerstören würden. Es zog sich zurück, bis es nur noch ein Fragment in unserer Herzensflamme war. Wir nennen es heute »Gottesfunken«. Als dies geschah, verringerte sich der Lichtstrom und wurde zur sogenannten »Silberschnur«.

Das Kristall-Gitter-System ist ein elektrisches System, durch welches das Licht Gottes strömt, um das Leben auf der Erde zu erhalten und die Kraft zu verstärken. Da wir nun mehr und mehr Negativität erschufen, wurde auch diese durch das Kristall-Gitter-System verstärkt. Durch göttliche Anordnung wurde verfügt, das Licht von den Kristallen zurückzuziehen. Nun erhielten die Kristalle nur noch so viel Licht, um den Körper der

Mutter Erde zu erhalten. Ein göttlicher Beschluß wurde erlassen, daß wir die Kraft der Kristalle so lange nicht gebrauchen dürfen, bis die Erde ihre ursprüngliche Richtung wieder erlangt hätte. Für Äonen waren die Kristalle im Ruhezustand. Allerdings wurden sie später von den dunklen Mächten mit schwarzer Magie mißbraucht.

Die Erde wurde zum »dunklen Stern«. Das Gewicht der aufgebauten Negativität wurde so schwer, daß es die Erdachse verbog. Die Erde fiel aus der »Spirale der Evolution« in das »Rad des Karmas«. Das »Kosmische Böse« übernahm die Erde und erschuf das »Magnet-Gitter-System« in Opposition zum Licht. Das Magnet-Gitter drehte den Lichtfluß, der durch das Kristall-Gitter strömte, um und hielt uns im »Rad des Karmas« gefangen.

Nun haben wir in diesem Zeitalter durch göttliche Intervention, unermeßliche Gnade und die Hilfe vieler Licht-Dienenden das »Rad des Karmas« verlassen und befinden uns wieder in der »Spirale der Evolution«, wie Du auf den nächsten Seiten erfahren wirst.

Das Permanente Atom (1)

Das Permanente Atom, die himmlische Blaupause des Universums, ist die RNS/DNS des Sonnensystems und erschafft ständig sein Heiliges Selbst auf jeder Seinsstufe. Es ist ein sich drehendes Sonnenatom und ist in der Dreifältigen Flamme sichtbar. Auch manifestiert es sich in der zentralen Flamme der Sonne, im Erdzentrum, in der Flamme Shambhalas und in der persönlichen Christus-Flamme der ganzen Menschheit.

In der Tätigkeit des Permanenten Atoms ist die göttliche Alchimie von allen Gott-Eigenschaften enthalten, die sich untereinander in der großen Einheit der göttlichen Ordnung ausgleichen.

Das Permanente Atom dehnte sich 1994 in jeder einzelnen Herzensflamme aus und somit können alle »Probleme« der Menschheit ihre vollkommene Lösung finden.

Es entfaltet sich jetzt in der physischen Ebene. Es ist die kristallisierteste Dimension, in welcher sich die heilige Aktivität der Schöpfung je ausgedrückt hat. Dies war die Essenz des ursprünglichen Göttlichen Planes, Vollkommenheit innerhalb der dichteren physischen Ebene auszudrücken. Im Original-Modell für den physischen Körper dehnte das Permanente Atom SEIN VEREINTES BEWUSSTSEIN des GÖTTLICHEN PLANES durch die Herzensflamme in diesen aus. Wir könnten es uns als ein Lodern von Lichtstrahlen vorstellen, die den Göttlichen Plan in jede Zelle des Körpers wie ein Himmlisches RNS/DNS Molekül verankern. Durch die Aktivität des Permanenten Atoms sollte die Herzensflamme den direkten Einfluß von Liebe, Weisheit und Macht auf jede Zelle des Körpers ausüben.

Das Folgende ist ein Auszug aus »The Gnosis and the Law« über das Permanente Atom:

»Aus dem Herzen Deiner »ICH BIN« GEGENWART strömt ständig ein Fluß von Elektronen in eine kleine Kammer innerhalb des physischen Herzens – welches »Permanentes Atom« (ewig dauernd) genannt wird. Wenn die Elektronen in diese Kammer einströmen, findet eine magische, mystische Aktivität statt. Sie werden zu einer pulsierenden Flamme, die in sich selbst atmet und eine Strahlung aussendet, welche das »Lebenanimierende Prinzip« des physischen Körpers ist.«

Das Körper-Elementar-Wesen (1)

Als wir uns entschieden hatten, unsere Erfahrungen auf der Erde zu machen, erhielten wir zwei Wächter. Einer war vom Engel-Königreich, unser »Schutzengel«, der andere war vom Elementar-Königreich, unser »Körper-Elementar-Wesen«. Sie sollten auf der Erde über uns wachen und uns helfen.

Das Körper-Elementar-Wesen beaufsichtigt den Aufbau der menschlichen Form von der Befruchtung an und während der Schwangerschaft. Dann überwacht es die vier niederen Körper während des Wachstums. Es hat sich bereiterklärt, so lange bei uns zu bleiben, bis wir unsere Lebenszeiten auf Erden beendet haben. Das Körper-Elementar-Wesen ist eigentlich die Intelligenz, die für das Funktionieren und die Gesundheit unseres Körpers verantwortlich ist.

Am Anfang, als das Körper-Elementar-Wesen sich bereiterklärte, uns zu dienen, tat es dies aus einem Akt des selbstlosen Dienens und der Liebe heraus. Dieses intelligente Elementar-Wesen war sich der Schönheit unseres Heiligen Christ-Selbst sehr bewußt. Es wußte, daß die Göttliche Gegenwart der Meister dieses von ihm gebauten Körpers sein würde. Es versprach, dem Willen der Menschen zu gehorchen, in dem Glauben, daß unser Heiliges Christ-Selbst immer die Führung hätte.

Das Körper-Elementar-Wesen und auch unser Schutzengel haben eine höhere Schwingung, so daß sie für uns unsichtbar sind. Deswegen bemerken wir meistens ihren Dienst nicht. Zu dieser Zeit jetzt, müssen wir uns aber mit diesen selbstlosen Dienern wieder bekannt machen und Frieden mit ihnen schließen.

Als das menschliche Ego die Herrschaft über die vier niederen Körper übernahm und alle Arten von Verfall und Zersetzung projizierte, mußte das Körper-Elementar-Wesen Krankheit, Altern und Tod im physischen Körper darstellen (oder demonstrieren). Das war natürlich nicht das, was es ursprünglich freiwillig tun wollte. Es mußte sich an sein Gelübde halten, daß es dem Willen der Menschen gehorchen wollte. Zuerst glaubte es noch, daß das Heilige Christ-Selbst wieder die Autorität erlangen würde. Aber nach vielen hundert Jahren der Enttäuschung gab es schließlich auf. Die göttliche Verbindung zwischen Körper-Elementar-Wesen und uns selbst verwandelte sich in Antipathie und Haß, und es kam zur offenen Feindschaft. Ärger und Ablehnung dehnten sich im Elementar-Königreich aus, dem Feuer, dem Wasser, der Luft und der Erde. Die Elementar-Wesen rebellierten und erklärten der Menschheit den Krieg. Dies resultierte in Hurrikans, Tornados, Erdbeben, Vulkanausbrüchen, Überschwemmungen, Dürre usw.

Durch die Liebes-Einströmung während des »Ersten Erd-Gipfels«, der im Juni 1992 in Rio de Janeiro stattfand, versöhnten sich die Elementar-Wesen wieder mit den Menschen. Auch unser Körper-Elementar-Wesen stimmte zu und vertraute unserem Gelöbnis, dem Heiligen Christ-Selbst wieder die Herrschaft über unser menschliches Ego zu übergeben.

Einige der Elementar-Wesen vertrauen uns jedoch noch nicht und rebellieren weiterhin. Das sehen wir an den destruktiven Kräften der Natur. Wir müssen den Elementar-Wesen dauerhaft unsere Liebe und Vergebung zusichern, ihnen versichern, daß es uns leid tut, und daß wir jetzt bereit sind, mit ihnen zusammenzuarbeiten und den göttlichen Gesetzen der Gesundheit gehorchen wollen.

Die Tätigkeit unseres menschlichen Egos bestand darin, unsere Süchte und Sinne zu befriedigen. Es wehrt sich natürlich jetzt, die Herrschaft zu verlieren. Die folgende Anrufung wird uns helfen, unser Ego ins Licht zu befehlen.

»Menschliches Ego, ich liebe Dich! Ich danke Dir für Deinen Dienst und die Erfahrungen, durch die ich hier auf Erden lernen konnte. Aber jetzt ist es an der Zeit, daß mein Heiliges Christ-Selbst und meine Gott-Gegenwart die Führung über meinen physischen, ätherischen, mentalen und emotionalen Körper wieder übernehmen. Durch die Kraft Gottes, die »ICH BIN«, befehle ich Dich in das Licht und befreie Dich durch Liebe!«

Falls wieder Gedanken von Ärger, Abwehr, Angst oder Zweifel in Dir aufsteigen, dann wiederhole die vorherige Anrufung. Bitte Dein Heiliges Christ-Selbst mit der folgenden Anrufung, die Führung über die vier niederen Körper zu übernehmen.

»Durch die Kraft Gottes, die in meinem Herzen verankert ist, bitte ich mein Heiliges Christ-Selbst, die volle Herrschaft über meine vier niederen Körper zu übernehmen. Durchdringe mich und drücke die Vollkommenheit des Himmels in meinen Gedanken, Worten, Gefühlen und Handlungen aus. Entferne jeden Widerstand und erlaube mir, die Gesetze der vollkommenen Gesundheit, der ewigen Jugend und strahlenden Schönheit anzuwenden. »ICH BIN« die Vollkommenheit des Christus-Bewußtseins, jetzt manifestiert in der Welt der Form. So ist es! »ICH BIN«.

Das Sakrale Heilwasser (1)

Mit dem Sakralen Heilwasser wird der Menschheit eine große Gelegenheit gegeben, die negativen Gefühle und fehlerhaften Muster, die in unserem Emotional-Körper eingelagert sind, zu heilen.

Das Sakrale Heilwasser ist aktiviert und enthält eine Mischung aus 94 Heiligen Quellen der Erde. Es ist von der Violetten Flamme der grenzenlosen Umwandlung geweiht. Aktiviert durch die Göttliche Liebe von unserem Vater-Mutter Gott, wird dieses Heilwasser die Heilung unserer Emotional-Körper und des Emotional-Körpers der Mutter Erde (Gewässer) beschleunigen. Es hilft, unseren Körper, unser Gemüt, unsere Gefühle und unsere Seele zu heilen.

Trinke täglich dieses Heilwasser als »Heiliges Sakrament«, wissend und erwartend, daß mit jedem Schluck, den Du nimmst, Deine körperliche Erfahrung auf der Erde zu Gottes ursprünglicher Absicht vom Himmel auf Erden zurückkehrt. Damit wird uns die Möglichkeit gegeben, die disharmonischen Schwingungen in unseren Emotional-Körpern in die Vollkommenheit von Licht und Harmonie umzuwandeln. Jeder Tropfen dieses aktivierten Wassers ist ermächtigt, jedes Wasser-Molekül, mit dem es in Berührung kommt, zu aktivieren. Das bedeutet wörtlich, daß jeder Tropfen des Wassers die Kraft hat, einen Ozean in die volle Kraft der Original-Heilungsquelle zu aktivieren. Mit diesem Verständnis können wir alle Flüsse, Seen, Bäche, Teiche, Meere und andere Gewässer (wie Schwimmbäder, Tauchbecken, Heilbäder, Badewasser, Trinkwasser) auf dem Planeten aktivieren.

Aus den Ebenen der Erleuchteten Wahrheit wurde uns ein spezieller Aktivierungs-Prozeß übergeben, der uns befähigt, so viel Wasser wie wir wünschen, zu weihen und zu aktivieren. Dazu brauchen wir eine kleine Menge vom Ursprungs-Wasser der Heilenden Quellen. Das bedeutet, daß wir das heilende Wasser bis zum Ende unseres Lebens nutzen können, indem wir den einfachen Aktivierungs-Prozeß fortsetzen. So können wir das Wasser an unsere Lieben und Freunde weitergeben. Diese wiederum erlernen den Aktivierungs-Prozeß und geben das Wasser an ihre Freunde weiter. So wird das Wasser sehr schnell verbreitet, sein heilender Segen wird die Erde bedecken und unseren Aufstieg in das Licht beschleunigen.

Alles Leben steht in Beziehung. Indem wir einen Teil (unsere vier niederen Körper) heilen und erhöhen, erfährt auch jeder andere Teil des Lebens die Heilkraft. Wenn wir die Elemente unseres Körpers heilen, wird auch der Körper der geliebten Mutter Erde gereinigt und transformiert.

Wir voluntieren als Gruppe und erschaffen einen vereinten Kelch, durch welchen das Göttliche Licht der Transfiguration (Umgestaltung) strömt, um unsere Erden-Erfahrungen in den »Himmel auf Erden« umzuwandeln. Das bedeutet wörtlich die erfahrbare Transfiguration der physischen Wirklichkeit in ewige Jugend, strahlende Gesundheit, Schönheit, Reichtum, liebende Beziehungen, erfüllende Berufe, Glück und Freude.

Die himmlischen Heerscharen unterstützen uns. Jedes Elektron von Lebensenergie, das wir benutzen, um diese physische Transformation in manifestierte Form zu bringen, wird von den himmlischen Bereichen verstärkt. Jede Person, die ihrem inneren Herzensruf folgt, um sich an dieser göttlichen Mission zu beteiligen, ist willkommen.

Wir sind jetzt von unserem Vater-Mutter Gott aufgerufen, die größte (jedoch höchst-belohnte) Herausforderung anzunehmen: nämlich den Alterungs- und Degenerations-Prozeß unserer physischen Körper »umzudrehen« und sie zur Vollkommenheit unseres Heiligen Christ-Selbst zurückzuführen.

Das Sakrale Heilwasser wurde uns als Gruppe offenbart, um den Erfolg der göttlichen Mission zu vergrößern. Wenn wir unsere göttliche Gruppen-Absicht in diese sakrale Elementar-Substanz projizieren, wird unsere volle Gruppen-Ermächtigung im heiligen Wasser aktiviert, so daß die Wirkung grenzenlos verstärkt wird. Durch den täglichen Gebrauch des Heilwassers werden wir auf der atomaren-zellularen Ebene in das »nahtlose Gewand unseres Solaren Lichtkörpers« erhoben, wodurch die physische Ebene der Begrenzung umgewandelt wird.

Aktivierungs-Prozeß

Der Aktivierungs-Prozeß ist sehr einfach, aber sehr genau. Bitte den Instruktionen genau folgen.

Gieße 3–4 Liter Quellwasser in eine große Flasche oder ein 3–4 Liter Einmach-Glas. Dann schüttest Du die kleine Start-Flasche mit dem Sakralen Heilwasser ganz in das Quellwasser. Das Gefäß bleibt OFFEN und Du hältst Deine beiden Hände über das Wasser.

Sage laut die folgende alte hebräische Anrufung:

> »KODOISH, KODOISH, KODOISH ADONAI TSEBAYOTH« (3 x)
> (Heilig, Heilig, Heilig ist Gott, der Herr der Himmlischen Heerscharen.)

Diese Invokation wird benutzt, um die volle Kraft und Macht unseres Allwissenden, Allmächtigen, Allgegenwärtigen Vater-Mutter Gott anzurufen.

Die sakrale Geometrie der folgenden mathematischen Formel drückt den Prozeß der Transfiguration aus: vom niederen, gefallenen menschlichen Ego (6+6+6=18=1+8=9) in das Heilige Christ-Selbst (9+9+9=27=2+7=9) und in die Solare »ICH BIN« Gegenwart (12+12+12= 1+2 und 1+2 und 1+2 =3+3+3=9).

Sage die folgende mathematische Formel einmal laut:

6 6 6	(sechs – sechs – sechs)
9 9 9	(neun – neun – neun)
12 12 12	(zwölf – zwölf – zwölf)

Jetzt visualisiere zwei flammende Licht-Pyramiden. Eine formt sich in Deinem Dritten Auge zwischen den Augenbrauen, die andere formt sich in Deinem Herz-Zentrum. Diese beiden Pyramiden beinhalten die 5 Solaren Aspekte Gottes, die notwendig sind, um die göttliche Blaupause innerhalb Deiner RNS-DNS Struktur zu aktivieren. Die aktivierte Blaupause wird Deine vier niederen Körper (physischer, ätherischer, mentaler und emotionaler) auf der atomaren-zellularen Ebene in die Vollkommenheit Deines göttlichen Lichtkörpers umwandeln.

Die Pyramiden bilden sich auf einem WEISSEN Viereck als Basis (Boden).

1. WEISS – 4. Solar-Aspekt der AUFERSTEHUNG

Die vier gleichen Seiten der Pyramide sind:

2. GOLD – 10. Solar-Aspekt von Gottes grenzenloser FÜLLE
3. GRÜN – 5. Solar-Aspekt von Gottes neuer Ordnung der HEILUNG
4. VIOLETT – 7. Solar-Aspekt von Gottes grenzenloser UMWANDLUNG
5. ROSA – 3. Solar-Aspekt von GÖTTLICHER LIEBE.

Visualisiere sich im Kreis drehende Pyramiden und projiziere ihre göttliche Essenz durch Dein Herz, Deinen Kopf und Deine Hände in das Wasser.

Fühle Dich bewußt in das Gefühl der DANKBARKEIT erhoben, indem Du in Gottes Umarmung der vollkommenen ANNAHME, VERGEBUNG, LIEBE und WAHRHEIT eingehüllt wirst. Innerhalb dieser göttlichen Umarmung projizierst Du jetzt genau das in das Sakrale Heilwasser, was Du möchtest, was das Wasser für Dich persönlich bewirken soll. Bestimme einfach Deine göttliche Absicht und fühle, wie Deine Wünsche durch Deinen Geist, Dein Herz und Deine Hände in die Intelligenz des Wassers programmiert werden.

NACHDEM das Wasser mit Deiner persönlichen göttlichen Absicht aktiviert ist, rufe die mächtigen Führer der Elemente und die Zwölf Solaren Erbauer der Form, die mächtigen ELOHIM an:

»Im Namen der Allmächtigen Gegenwart Gottes »ICH BIN« ... und durch die volle Macht Gottes, die in jedem Herzen lodert, rufe ich in das Kraftfeld unseres vereinten Kelches der Transfiguration, die Zwölf Solar-Elohim und die Führer der Fünf Elemente, Erde, Luft, Feuer, Wasser und Äther.

GESEGNETE WESEN DES LICHTES, kommt jetzt herbei und
projiziert durch mein Herz, meinen Kopf und meine Hände in das
SAKRALE HEILWASSER die intensivste Tätigkeit der HEILUNG
UND TRANSFIGURATION, die jetzt in diesem Moment auf Erden
entsprechend dem Kosmischen Gesetz erlaubt ist.

LADET AUF, LADET AUF, LADET AUF
jedes Molekül dieses Sakralen Heilwassers
mit der Göttlichen Blaupause vom Himmel auf Erden. (Pause)

LADET AUF, LADET AUF, LADET AUF
jedes Molekül dieses Sakralen Heilwassers
mit dem Makellosen Bild für meinen physischen, ätherischen,
mentalen und emotionalen Körper. (Pause)

LADET AUF, LADET AUF, LADET AUF
jedes Molekül dieses Sakralen Heilwassers
mit der Wahrheit der Grenzenlosen Physischen Vollkommenheit.
(Pause)

LADET AUF, LADET AUF, LADET AUF
jedes Molekül dieses Sakralen Heilwassers
mit der fühlbaren physischen Manifestation von ewiger Jugend
strahlender Gesundheit und Schönheit, Gottes grenzenlosem
Fluß der Fülle, Göttlicher Liebe, Glückseligkeit,
ewigem Frieden und jeder anderen Eigenschaft aus
Gottes Vollkommenheit. (Pause)

VERSIEGELT dieses Göttliche Licht DAUERHAFT im Kern der Reinheit, die in jedem Elektron des Sakralen Heilwassers pulsiert. (Pause)

DEHNT die Kraft und die Wirksamkeit mit dieser Göttlichen Aktivierung aus, täglich und stündlich, in jedem Moment, größtmöglich, soweit es das Kosmische Gesetz erlaubt.
Ich akzeptiere, daß diese Göttliche Aktivierung mit Gottes Höchster Macht vollbracht ist.
ES IST GETAN! SO SEI ES! »ICH BIN«!

Dies vollendet den Aktivierungs-Prozeß. Laß das Gefäß jetzt GEÖFFNET für mindestens 6 Stunden stehen, so daß das aktivierte Wasser mit Sauerstoff angereichert wird. Dann verschließe das Gefäß mit dem Verschluß und stelle es für 72 Stunden in direktes Sonnenlicht! (Auch bei Wolken oder Regen.) Dieses erlaubt dem Wasser, die Aktivierung aufzunehmen. Nach 72 Stunden ist diese große Menge Wasser genau so aktiviert, wie die kleine Original-Start-Flasche, mit der Du begonnen hast.

Jetzt ist das Heilwasser fertig zum Gebrauch. Du kannst ein bis zwei kleine Gläschen dreimal täglich trinken. Trinke auch viel normales reines Wasser. Nach und nach trinke mehr vom Heilwasser, je nach Deiner Intuition.

Um mehr vom Heilwasser herzustellen, nimmst Du einfach eine 20 Milliliter Flasche (in Apotheken erhältlich), füllst sie mit Deinem aktivierten Wasser und gießt es dann wieder in ein großes 3 – 4 Liter Glas mit Quellwasser. Du kannst auch ein noch größeres Glas benutzen, brauchst jedoch nur die kleine 20 Milliliter Start-Flasche. Wiederhole den Aktivierungs-Prozeß wie zuvor, und nach 72 Stunden ist Dein Wasser bereit zum Gebrauch. Es wird empfohlen, eine größere Menge Wasser zu aktivieren, so daß immer ausreichend Heilwasser vorhanden ist.

Um andere Gewässer, wie z. B. Bäder, Schwimmbäder, Bäche, Flüsse, Seen, Ozeane usw. in Deiner Umgebung zu aktivieren, mache den gleichen Aktivierungs-Prozeß. Gib 20 Milliliter von dem aktivierten Heilwasser in das Gewässer, lege Deine Hände in das Wasser oder darüber und wiederhole die Anrufung und Visualisation. Wenn Du das Heilwasser an andere Menschen weitergibst, gib ihnen auch eine Kopie dieser Information des Aktivierungs-Prozesses.

Dieses Sakrale Heilwasser ist ein Geschenk aus höchster Höhe und muß wie ein Heiliges Sakrament behandelt werden. Bitte erinnere Dich immer daran. Das Wasser darf nie gekauft oder verkauft werden. Die Start-Flasche mit aktiviertem Wasser sollte für immer reichen. Du kannst sie erhalten bei:

The New Age Study of Humanity's Purpose,
P.O. Box 41883, Tucson, Arizona, 85717, USA.

Die Mischung des aktivierten Sakralen Heilwassers der New Age Study of Humanity's Purpose setzt sich aus den folgenden heiligen Quellen und Orten zusammen:

MEXIKO und ZENTRALAMERIKA:

MEXIKO: Tlacote, Palanque, Chichen Itza, Rez Zapotes, Karibik, Golf von Mexiko, Aqua Sol
GUATEMALA: Tikal, Kaminal Juyu (die gleiche Pyramide), ein heiliger See in den Vulkanen, ein heiliger Einweihungs-Wasserfall der Mayas hoch in den Bergen, St. Franziskus-Kathedrale.
HONDURAS: Copán
COSTA RICA: Quelle der Schwarzen Madonna

EUROPA:

ENGLAND: Chalice Well und Glastonbury Abtei, Stonehenge, Avesbury, Silbury Hill, Kornkreise, Blagdon See, St. Michael's Berg (Engl. Kanal)
SCHOTTLAND: Loch Ness, Callanish, Iona Abtei
IRLAND: Blarney Stone, New Grange, Knowth, Downth, Hill of Tara, Hill of Slane
FRANKREICH: Lourdes (Wundergrotte), Rennes-le-Chateau St. Magdalene Kirche, Rennes-le-Bains, Mt. Bugurach, Mont Saint Michel (Engl. Kanal)
PORTUGAL: Fatima
ITALIEN: St. Petrus Basilika und St. Petrus Quelle, Vatikan, Basilika St. Franziskus, Assisi, Berg La Verna
SPANIEN: Christoph Columbus Denkmal im Hafen Barcelona; Olympische Quelle im Olympia Dorf, Barcelona; Kathedrale Santiago de Compostela, Finisterre in Galico
BOSNIEN-HERZEGOWINA: Medjurgorje

MITTLERER OSTEN:

ISRAEL: Kirche des Heiligen Grab Jesu, Kirche auf dem Berg Zion, Garten von Gethsemane, Kirche der Heiligen Maria Magdalena, Felsendom, Westliche Mauer, See von Galiläa, Berg Hermon, Berg Beatitudes, Nazareth Verkündigungskirche

ASIEN:

GEORGIEN

AFRIKA:

ÄGYPTEN: Einweihungs-Quelle in Karnak, Luxor, Dendera, Abydos, Koptisches Kloster der Heiligen Jungfrau Maria, Kirche der Jünger, Kloster St. Antonius, St. Markus, Koptische Kirche in Kairo und Alexandria

NORDAMERIKA:

USA: Manitou Quelle im Garten der Götter, Colorado; Squaw Valley, Snake River, Idaho; Mt. Shasta, Kalifornien; Heiße Quellen im National Park, Arizona; Grand Tetons, Old Faithful, Yellowstone River, Wyoming; Oak Creek, Sedona, Monezuma's Well, Arizona; Mormonen-Tempel, Salt-Lake-City, Utah; Independence, Missouri; El Santuarro De Chimayo, Neu Mexiko (Lourdes von Amerika); Basilika of the National Shrine of the Immaculate Conception in Washington, D.C.

KANADA:

Mt. Robson, Lake Louise, Lake Lorraine

SÜDAMERIKA:

BOLIVIEN: Drei Quellen auf der Insel der Sonne im Titicaca-See, Franziskus-Kirche in Copocabana

PERU: Fluß im Heiligen Tal von Macchupichu.

Das Geschenk des Wohlstands

Die Botschaft mag für viele Leser, die mit Geldknappheit und Existenzängsten zu kämpfen haben, beinahe unglaublich klingen. Und dennoch ist sie wahr: Wohlstand, Reichtum und Fülle sind in Wahrheit unser natürliches Geburtsrecht und Göttliches Erbe. Wir leben jetzt in einer Zeit, in der wir durch Göttliche Intervention das Geschenk des Wohlstands wieder zurückgewinnen können.

Oberflächlich betrachtet, scheint sich in unserem Wirtschaftsleben jedoch gerade das Gegenteil abzuspielen: Auf der Bühne des Lebens, die wir Realität nennen, herrschen Mangel, Arbeitslosigkeit, Sparmaßnahmen, Konkurrenzkampf, Konkurse, Pleiten, Armut, Verunsicherung und Angst – mit stetig steigender Tendenz. Es sieht so aus, als ob unser Wirtschaftssystem dabei ist, zusammenzubrechen. Dies geschieht, um uns darauf aufmerksam zu machen, daß ein System, welches auf Habgier, Selbstsucht und Machtmißbrauch beruht, nicht länger funktionieren kann. Durch die in den letzten Jahren immer stärker werdende Licht-Einströmung in das Energiefeld der Erde findet eine Erhöhung der Schwingungsfrequenz statt. Alles von Menschen Geschaffene, was sich im Angesicht einer solchen Lichtfülle nicht mehr aufrecht erhalten läßt, kommt nun an die Oberfläche und wird – wie derzeit die Schwingungen von Not, Angst und Mangel – noch einmal in seiner ganzen Häßlichkeit sichtbar. Dies geschieht aber, damit der Mangel verwandelt werde in Fülle. Es ist ein notwendiger Schritt zur Transformation der Erde.

Wir werden jetzt in die Schwingung von Gottes grenzenlosem Fluß des Reichtums und der Fülle erhoben, denn REICHTUM UND FÜLLE SIND DER NATÜRLICHE ZUSTAND UNSERES WESENS.

Die Zeit ist jetzt da für alle Licht-Dienenden dieser Welt, ihr Göttliches Geburtsrecht des Wohlstands zurückzuerlangen und ihr im ätherischen Körper gespeichertes Programm des Armuts-Bewußtseins umzuwandeln. Hierbei erhalten wir durch tatkräftige Hilfe von seiten der Himmlischen Hierarchie eine Visualisation übermittelt, die Du im weiteren Verlauf des Buches lesen und auf der Kassette hören kannst. Wenn Du den inneren Herzensruf vernimmst, Dich hieran zu beteiligen, um den Fluß des Reichtums und dauerhafter finanzieller Freiheit in Deine eigenen Hände und die Hände aller Licht-Dienenden zu manifestieren, lies dieses Kapitel und höre so oft wie möglich die Kassette. Dadurch wird die neue Gedankenform des Reichtums energetisiert und verhilft unserem Planeten und allem Lebendigen, was auf ihm wohnt, zu seiner Heilung und Transformation.

Wenn nun Reichtum und Wohlstand unser natürliches Geburtsrecht sind, wie kommt es dann, daß wir so viel Mangel und Armut erleben müssen? Weil wir dies als Programm in unserem Bewußtsein tragen, denn:

Was Du denkst und fühlst, bringst Du in eine Form. Wo Deine Aufmerksamkeit ist, dorthin fließt Deine Energie. Worauf Du Deine Aufmerksamkeit richtest, das wirst Du selbst sein.

Über Jahrtausende haben wir vergessen, daß wir Göttliche Wesen sind. Wir haben uns mit unserem Ego, der niederen Persönlichkeit, identifiziert. Wir glaubten, daß wir getrennt von Gott sind und machten Erfahrungen von Mangel, Angst, Schmerz, Sorgen, Zweifel, Hoffnungslosigkeit, Depression und Tod. Alles dies sind negative, begrenzte Gedanken über uns selbst, die aus unserem Ego-Verstand stammen und in unserem Unterbewußtsein, auch »ätherischer Körper« genannt, gespeichert sind. Über starke GEFÜHLE kam es zur Manifestation dieser Gedanken auf physischer Ebene. »Gedanken können nur zu Dingen werden, wenn sie mit Gefühlen bekleidet sind«, sagte der Aufgestiegene Meister St. Germain vor langer Zeit. Es sind also unsere disharmonischen oder destruktiven Gefühle, die uns die größten Probleme machen. Angesammelte Gefühle zwingen einen Gedanken in die atomare Substanz, wodurch dann der Gedanke als »Ding« erscheint. Es ist also von großer Wichtigkeit für uns, unsere negativen Gefühle wie Angst und Sorgen in den »Griff« zu bekommen, denn davon hängt unsere Gesundheit, unser Wohlsein und auch unser Wohlstand ab.

Angst ist das Gegenteil von Liebe. Liebe ist die höchste Schwingung und die alles zusammenhaltende Kraft im Universum. Liebe ist auch die schöpferische Kraft aus der Göttlichen Quelle. GOTT, Schöpfer eines reichen Universums, ist die Quelle allen Reichtums, die auch aus Deinem Göttlichen Bewußtsein, Deiner Gott-Gegenwart »ICH BIN« strahlt. Er ist auch die Quelle Deiner Versorgung mit allem, was Du brauchst, um ein erfülltes Leben zu führen. Der Schlüssel zu Deiner **Versorgung** und zur **Fülle** liegt in Deinem **Göttlichen Selbst**, nicht im Ego. Denn das Göttliche Selbst **ist Reichtum und Fülle, Du bist es jetzt, in diesem Moment**.

Um es noch einmal etwas anders auszudrücken: Wir haben ein menschliches Bewußtsein, das sich mit dem Ego oder der Persönlichkeit identifiziert, und eine Göttliche Gegenwart. Deswegen erfahren wir die Dualität. Das Göttliche Selbst, nicht etwa das beschränkte menschliche Selbst, ist das wahre Meister-Selbst und unser Versorger mit allen notwendigen Gütern. Der Geist Gottes in Dir ist die Kraft des Wohlstandes, nicht das Ego. Das Gott-Selbst ist die Ursache und der Ursprung, die Quelle von allem. »ICH BIN« im Ebenbild Gottes erschaffen. »ICH BIN« das »ICH BIN.«

Erlaube nun Deinem Göttlichen Selbst, durch Deine Persönlichkeit zu wirken und Deine Welt, die Welt der Erscheinungen, der Illusionen zu verändern. Identifiziere Dich jetzt nicht mehr mit dem kleinen »Ich« der Persönlichkeit, sondern mit dem »Gott-ICH oder dem Christus in Dir«, denn es ist nur der Kanal für das große ICH des Geistes. Wir sind Göttliche Geist-Substanz, Licht-Substanz. Dieses Licht ist gegenwärtig in der Schwerkraft gefangen und wurde zu Materie. Überlasse nun Deine Versorgung diesem Göttlichen Selbst in Dir, und es wird Dir ein Leben in Fülle erschaffen. Im Himmel gibt es keine Armut. Armut gehört zum Glaubenssystem des Egos. Wir erschaffen jetzt den Himmel hier auf Erden, denn »wie oben, so unten; wie innen, so außen.« Innerer Reichtum drückt sich auch im äußeren Reichtum aus, wenn nicht das Ego diesen Prozeß durch negative Gedanken und Gefühle blockiert.

In spirituellen Kreisen wird das Materielle häufig abgelehnt. Steht der Materialismus tatsächlich im Gegensatz zur Spiritualität? Eigentlich nur dann, wenn Materialismus von Habgier, Haß und Aggression begleitet wird. Das Universum besteht aus Göttlicher Substanz; alles ist GOTT. Auch die Materie ist ursprünglich aus dieser Geist-Substanz entstanden, ist in ihrem Wesenskern Energie in einer niedrigeren Schwingungsfrequenz und somit real. Alles »Sichtbare« ist ein Ausdruck Gottes. Es existiert nicht ein Teilchen in der physischen Welt, das in der Essenz nicht von Gott ist. Dazu gehört auch das Geld, was bedeutet, daß Geld SPIRITUELL ist.

Bist Du bereit, das Geld so zu sehen? Als manifestierte Energie, als »Symbol« für unsere Versorgung auf dieser Erde? Geld ist zur Zeit das »Tauschmittel« für alle Dinge, die wir zu unserem Leben brauchen, und ermöglicht es uns, ein sorgenfreies Leben zu führen. Bejahe die Verbindung zu dieser Göttlichkeit in Dir, denn dadurch fließt der Strom der Fülle in Dein Leben. Erkenne in Deinem Bewußtsein, daß Dein Gott-Selbst die Ursache, Quelle und Macht ist, die auch die sichtbare Versorgung, nämlich Geld beinhaltet. Nicht zu Unrecht sprechen wir vom »lieben Geld.«

Leider ist das Geld mit vielen negativen Vorurteilen behaftet. Einige Beispiele: »Geld ist schmutzig« (wer will schon »Schmutz« haben?), »Mit Geld wird Machtmißbrauch betrieben«, »Geld macht korrupt«, »Wenn man Geld hat, hat man viele Neider und keine Freunde«, »Geld ist die Wurzel allen Übels«, »Um Geld zu haben, muß ich es jemand anderem wegnehmen«, »Geld verdirbt den Charakter« usw. Vielleicht fallen Dir bei dieser Gelegenheit auch eigene negative Bewertungen über Geld und Reichtum ein, die Deinen »Empfangs-Kanal« verstopfen.

Diese Vorurteile kommen nicht von ungefähr. Seit langer, langer Zeit wird das Geld-System der Welt mißbraucht. Anstatt das Geld im fairen Tausch und zum Wohl aller Menschen zu verwenden, wurde der Reichtum von einigen Wenigen zur Manipulation, Unterdrückung und Beherrschung der Massen gebraucht. Dadurch wurde es zur Ursache für viel Kummer, Sorgen und Leid.

Sogar in religiösen Kreisen wurde das Geld als »böse« abgestempelt und abgelehnt, so daß besonders die spirituell ausgerichteten Menschen ein Armuts-Gelübde ablegten bzw. es sogar als Tugend empfanden, kein Geld zu haben und arm zu sein. Was Du ablehnst, verlierst Du. Kein Wunder, daß gerade heute viele der Licht-Dienenden unter Geldmangel leiden. Dieses – meist unbewußte – »Armuts-Gelübde«, das alle negativen Bewertungen bezüglich des Geldes enthält, ist in unserem ätherischen Körper gespeichert und zieht nach dem Gesetz der Resonanz genau das an, was ihm wesensverwandt ist. Was immer Du in Deinen Gedanken, Gefühlen, Phantasien, Worten und Handlungen ausstrahlst, ziehst Du in Deinem Leben an.

Außerdem haben wir alle in unserem ätherischen »Gedächtnis« (im Unterbewußtsein) Aufzeichnungen und Erinnerungen an Situationen, in denen wir entweder selbst den Reichtum mißbraucht haben oder von anderen zu ihrer Bereicherung ausgenutzt wurden. Diese ätherischen Aufzeichnungen senden durch unser Unterbewußtsein ihre besondere Schwingung aus und können unser Bemühen, zu Geld zu kommen, unbewußt sabotieren. Geld hat uns allen viel Kummer und Sorgen bereitet. Es ist infolgedessen schwierig, diese unbewußte Blockade zu umgehen und Geld in unserem Leben anzunehmen. Unser Unterbewußtsein ist vollkommen neutral und speichert ohne Ausnahme alles, was ihm eingegeben wird, ob es gut oder schlecht für Dich ist. Es ist ähnlich wie ein Computer.

Unsere Gedanken und Gefühle ziehen also entweder Reichtum und Fülle an, oder sie blockieren den Fluß, der eigentlich unaufhörlich von unserer Gott-Gegenwart einströmt. Es ist der Geist, das Göttliche in uns, der alles ist, alles hat und alles tut.

Das Gesetz des Magnetismus: AUSSTRAHLUNG – ANZIEHUNG

Wir sind elektro-magnetische Wesen, d. h. wir sind wie ein Magnet und ziehen das an, was wir aussenden. Das Universum hat grenzenlosen

Reichtum. Nach dem Gesetz der Ausstrahlung und Anziehung müssen wir also erst etwas »ausstrahlen« oder geben, bevor wir es »anziehen« oder empfangen können. Alles sollte im Gleichgewicht sein. Jede Ursache hat eine Wirkung. Aus dem Universum, der göttlichen Quelle, erhalten wir das Geschenk des Lebens, die elektronische Lichtsubstanz oder universale Lebensenergie. Sie bringt unser Herz zum Schlagen, steuert unsere Atmung, unser Denken, unsere Bewegungen. Sie läßt unseren Körper auf der physischen Ebene leben. Alles, was wir zum Leben brauchen, wie Sonne, Wasser, Luft, Nahrung, Kleidung und Unterkunft, wird uns gegeben. Wir brauchen natürlich Geld, um uns zu versorgen. Aber auch ohne Geld hat das Universum alles zur Verfügung gestellt, was wir hier auf diesem Planeten benötigen.

Für diese Geschenke des Lebens sollten wir auch etwas als Dank zurückgeben. Dadurch öffnen wir uns für den grenzenlosen Fluß der Fülle. Wenn wir nur das »Nötigste« geben, bleiben wir weiter in Mangel und Begrenzung. Wir sollten also großzügig, in Liebe und Dankbarkeit Geld geben bzw. ein Vorhaben damit unterstützen, das einem guten Zweck dient und der Allgemeinheit hilft, z. B. der Kinderhilfe, dem Tierschutz, einer spirituellen Institution etc. Wir müssen das Geld weggeben, ohne irgendeine Erwartung, es von einer bestimmten Organisation oder Person zurückzuerhalten. Da dieses Geld Energie ist, die wir aussenden, kommt es vervielfacht zurück. Auch wenn wir nichts Bestimmtes von jemandem zurückerwarten, dem wir das Geld gegeben haben; das Universum wird uns dafür belohnen. Denn dies ist das sogenannte »Saat-Geld.« Es ist Geld, welches wir vorsätzlich dem Universum geben, wohl wissend, daß es sich – im Rückfließen – mindestens verzehnfacht. Wichtig ist, daß wir nichts von unserem »Empfänger« zurückerwarten, sondern aus dem Überfluß der Lebensquelle.

Bewußt melden wir unseren 10fachen Rückfluß beim Universum an. Du gibst z. B. DM 100,—, und dann sagst Du: »Ich habe DM 1000,— erhalten – zum Besten für alle Beteiligten.« Sagen wir »zum Besten für alle Beteiligten«, verhindert dies negative Einflüsse. Versuche nie, Reichtum auf Kosten anderer zu erlangen, denn das kommt wie ein Bumerang zurück. Nachdem Du also den 10fachen Rückfluß angemeldet hast, fühle Dankbarkeit für dieses Geschenk. Dankbarkeit ist die offene Tür für den Reichtum. Denke nicht darüber nach, wie das Geld zurückkommt, denn sonst blockierst oder begrenzt Du den Rückfluß. Wisse, glaube und fühle, daß es nach dem natürlichen Gesetz zurückkommen wird. In den Büchern

»Seed Money in Action« von John P. Speller und »Die dynamischen Gesetze des Reichtums« von Catherine Ponder gibt es viele Beispiele und Erfolgs-Geschichten, wie genau dieses Gesetz wirkt. Der 10fache Rückfluß des Saat-Geldes wird erwartet, aber wie er zurückkommt, ist unerwartet.

LIEBE UND GELD – die gleiche Energie

In den letzten Jahren nahm ich an einigen Seminaren über »Liebe und Geld« teil. Liebe und Geld sind zwei Ausprägungen der gleichen Energie.

»Was immer ich gebe, kehrt vervielfacht zu mir zurück«

(Dies ist das Gesetz des Kreislaufs – Ursache und Wirkung – vom 6. Strahl Rubingold, siehe das Buch »Energie der 12 Sonnen-Chakra-Strahlen« der Autorin.)

Es trifft auf alles zu: »Was ich aussende, kehrt vervielfacht zurück« – was Du säst, wirst Du ernten. Dies trifft auch auf das Geld zu. Nur, daß viele hier den Gedanken haben: »Wenn ich es ausgebe, ist es weg! Dieses Vorurteil blockiert den Rückfluß.

Du kannst statt dessen beim Ausgeben das Geld in Dankbarkeit segnen und denken: »Jede Mark (oder jeder Franken, Dollar, Schilling usw.), die ich ausgebe, kehrt vervielfacht zu mir zurück. Laß es in Freude gehen, so wie Du einen lieben Freund verabschiedest, und es kehrt bald in Freude zu Dir zurück!

Stell Dir vor, Du sitzt bei Tisch und ein anderer bittet Dich, Dir die Butter zu reichen. Selbstverständlich gibst Du sie ihm ohne Zögern. Was wäre aber, wenn jemand zu Dir sagt: Gib mir bitte Deine Geldbörse! Wie würdest Du da reagieren?

Im Laufe des Seminars kamen all unsere Ängste und negativen Glaubensmuster ans Tageslicht. Die folgenden Fragen haben wir schriftlich beantwortet. (Wenn Du möchtest, kannst Du das gleiche jetzt auch tun, anschließend empfehle ich Dir, die Liste dem Feuer zu übergeben und dabei den 7. Strahl, das Violette Licht, anzurufen, um diese Energien umzuwandeln.)

1. Ängste, die ich davor habe, mehr zu geben, sind ...
2. Die Gründe, warum ich nicht mehr geben will, sind ...

3. Ängste, die ich davor habe, zu empfangen, sind ...
4. Die Gründe, warum ich nicht mehr empfangen möchte, sind ...
5. Meine größten Ängste davor, in Liebe und Geld erfolgreich zu sein, sind ...

Es kann auch sein, daß wir Schuld-Gefühle haben. Schuld verlangt immer nach Bestrafung. Wir bestrafen uns dann entweder durch Krankheit, Liebes- oder Geld-Verlust. Auch Geld-Schulden haben mit »Schuld« zu tun.

Wofür fühlst Du Dich schuldig? Unser Selbstwert-Gefühl beeinflußt auch unsere Liebes- oder Geld-Situation. Hast Du ein hohes Selbstwert-Gefühl, bedeutet dies, daß Du großzügig bist und Deine spirituellen Geschenke gerne mit der Welt teilst. Ist das Ego sehr stark, haßt Du Dich und bist in Begrenzungen gefangen, machst Dich selbst herunter. Es ist falsche Demut, so zu denken, daß Du nichts wert bist, daß Gott etwas »Wertloses« oder Schund erschaffen könnte. Du bist von Gott erschaffen. In Wahrheit bist Du ein Teil der Schöpfung, ein göttlicher Aspekt der göttlichen Schöpfung. »ICH BIN wie Gott mich schuf. ICH BIN sein Sohn in alle Ewigkeit.« (Kurs in Wundern, Lektion 94.) Du bist wahrlich demütig, wenn Du Deine eigene Herrlichkeit erkennst. Höre also auf, Dich selbst zu be- oder zu verurteilen. Tu Dir etwas Gutes und sieh das Gesicht eines wertvollen, göttlichen Kindes im Spiegel. Du bist ein Kind Gottes, und ein wertvoller Teil der Göttlichen Schöpfung.

Mache jetzt eine Liste mit Deinen wertvollen Eigenschaften. Wenn Dir nichts mehr über Dich selbst einfällt, schreibst Du die Eigenschaften von anderen auf, die Dir besonders gut gefallen. Das sind nämlich auch DEINE Eigenschaften. Denn, wenn Du sie nicht selbst in Dir hättest, könntest Du sie im anderen gar nicht erkennen! Zum Abschluß schreibst Du dann: »Meine wunderbarste Eigenschaft ist, ...

Außerdem empfehle ich Dir folgende Affirmation:

> »Ich, ... (Dein Name), bin ein wertvoller Teil der Göttlichen Schöpfung und verdiene es, erfolgreich und reich zu sein.«
> Liebe und Wertschätzung kann nur von mir selbst kommen.
> **»Ich liebe und schätze mich so, wie ich bin!«**

In einer Übung sollten wir dann einige Minuten lang die folgenden Affirmationen sagen:

»ICH BIN LIEBE«, »ICH BIN GELD«, »ICH BIN LIEBE«, »ICH BIN GELD«.

Diese immer wiederholen und dabei unsere Gefühle wahrnehmen. Was empfand ich, als ich sagte »ICH BIN LIEBE«, und wie fühlte ich mich bei »ICH BIN GELD«? Die meisten fühlten sich wunderbar bei der Liebe, beim Geld gab es Schwierigkeiten, denn die negativen Bewertungen kamen zum Vorschein. Liebe und Geld sind aber die gleiche Energie. Die Liebes-Essenz des Universums IST die Versorgung, die ALS Symbol = Geld **sichtbar** erscheint. Verändern wir unsere Gedanken und Glaubenssysteme über Geld, können wir die Affirmation sprechen und uns gut dabei fühlen.

Eine der Übungen im Seminar bestand auch aus Geben und Nehmen/Empfangen. Geld sollte im Umlauf sein. Wenn Du es zu Hause unter Deiner Matratze versteckst und nie etwas ausgibst, ist es so, als ob Du keins hast und arm bist. Bringe es also in den Umlauf, entweder, indem Du es ausgibst, etwas bei der Bank sparst, oder auch investierst. Denn dort ist es auch im Umlauf.

Bei einer anderen Übung nahmen wir einen Geldschein in unsere Hand, gingen im Raum umher und gaben ihn dann einem anderen, empfingen wiederum einen Geldschein von jemand anderem, gaben auch diesen immer wieder weiter bis zum Ende des Spiels. Dabei sollte sich jeder selbst beobachten: Fiel es mir leicht zu geben? Hatte ich Schwierigkeiten damit, anzunehmen? Bekam ich überhaupt etwas zurück? Hatte ich am Schluß noch einen Geldschein? Hatte er den gleichen Wert wie der Schein, den ich gegeben hatte? Oder mehr? Oder weniger? Es war sehr aufschlußreich und hat großen Spaß gemacht, einmal spielerisch mit Geld umzugehen. Es gab auch eine Übung, bei der wir auf der Straße einer unbekannten Person ohne Erklärung Geld geben und auch um Geld bitten mußten. Die Menschen haben auf verschiedenste Weise reagiert, manche gaben sofort, andere gingen irritiert weiter, manche konnten das Geld annehmen, manche lehnten es aber auch ab, weil sie es nicht »verdient« hatten. Wie würdest Du reagieren, wenn Dir auf einmal ein Fremder auf der Straße ohne Kommentar 10 Mark geben würde? Würdest Du es annehmen oder ablehnen? Hierbei kannst Du Dein »Empfangs-Muster« erkennen.

»Geben und Empfangen sind in Wahrheit eins. Ich werde empfangen, was ich jetzt gebe.« (Kurs in Wundern, Lektion 108.) Geben IST empfangen.

Sei täglich dankbar für alles, was Du hast und für das, was Du noch nicht hast. Je dankbarer Du bist, desto mehr wird sich manifestieren. Im Englischen heißt es »Count your many blessings daily« (»Sieh täglich Deine vielen Segnungen«). Wenn Du auf LIEBE eingestimmt bist und dankbar bist für alle Segnungen, die Du empfängst, wirst Du noch mehr empfangen.

Sicher hast Du jetzt erkannt, wie wichtig es ist, positiv ausgerichtet zu sein. Denn Deine innere Einstellung zum Geld bestimmt, ob Du welches besitzen wirst oder nicht. Dies trifft natürlich auch auf alles andere zu. »Was Du denkst und fühlst, verwirklicht sich«. Gedanken sind schöpferisch. Du ziehst damit Armut oder Reichtum, Krankheit oder Gesundheit, Mangel oder Fülle an.

Durch die vielen negativen Gedanken und Gefühle wurden von der Menschheit Mangel, Begrenzung und Armuts-Bewußtsein erschaffen. So nahmen wir an, daß das, was wir außen sahen, unser natürlicher Zustand war. Wir vergaßen, daß es eigentlich nur die Widerspiegelung unserer Gedanken, Gefühle, Worte, Handlungen und Glaubensvorstellungen war. »Um selbst genug zu haben, muß ich dem anderen etwas wegnehmen«, so dachten wir. Daraus entstanden dann Krieg, Habgier und Selbstsucht. So versanken wir immer tiefer im Armuts-Bewußtsein.

Jetzt ist die Zeit gekommen, um diesen Zustand zu beenden. Es ist auch für das Überleben des Planeten wichtig, daß wir ein neues Bewußtsein des Reichtums und der Fülle schaffen, was in vollem Einklang mit dem Göttlichen Plan ist. Armut kann nicht in der Gegenwart von so viel Licht bestehen, und die Erde wird ein Planet des Lichtes sein.

Wie können wir diese Veränderung erreichen und unsere gespeicherten ätherischen Aufzeichnungen und Erinnerungen, die auf dem Armuts-Bewußtsein beruhen und dem Geld ablehnend gegenüberstehen, auslöschen?

Das neue Bewußtsein von Wohlstand und Reichtum

Durch die vereinten Bemühungen von Millionen von Licht-Dienenden während der zahlreichen globalen Meditationen für Weltfrieden und planetarische Heilung, die seit dem 31.12.1986 jährlich und monatlich stattfinden, hat sich ein Sicherheitssystem aus göttlicher Liebe gebildet, das alle Herzen der Licht-Dienenden miteinander verbindet und auch im Kristall-Gitternetz der Erde verankert ist. Mit dazu beigetragen haben auch die Schwingungs-Veränderungen seit der Harmonischen Konvergenz am 15., 16. Und 17. August 1987 und die Öffnung des Torwegs 11:11 am 11.1.92. Durch den selbstlosen Dienst vieler Seelen fand durch göttliche Intervention eine Kosmische Dispensation statt. Dies ist gleichbedeutend mit einem Schuld- und Schuldenerlaß von seiten höchster kosmischer Instanzen. Ihre Entscheidung lautete: Beseitigung von Armut und Aktivierung des Reichtums-Flusses in die Leben der Licht-Dienenden.

Um die Manifestation der Armut in unserem Leben zu beseitigen, müssen wir erstens alle unsere ätherischen Aufzeichnungen und Erinnerungen der Vergangenheit, die mit Armut zu tun haben, loslassen und umwandeln. Zweitens eine neue ätherische Blaupause des Wohlstands-Bewußtseins erschaffen und uns auf jeder Ebene unseres Denkens, Fühlens, Glaubens und Handelns neu programmieren. Die Geistige Hierarchie hat durch göttliche Intervention ein Kraftfeld dieser neuen Blaupause im Ätherreich der Erde aufgebaut. Hierzu wurde der New Age Study for Humanity's Purpose über Patricia Diane Cota-Robles eine Visualisation übermittelt. Durch die Kraft der Vergebung, das Violette Licht, und eine neue ätherische Blaupause des Wohlstands-Bewußtseins, können wir das Vorgenannte umwandeln, um Reichtum für die Licht-Dienenden auf Erden zu manifestieren. Ich erhielt die Erlaubnis von Patty Cota-Robles, diese Visualisation zu übersetzen, sie über dieses Buch weiterzugeben und eine Visualisations-Toncassette herzustellen. Hierfür möchte ich mich von ganzem Herzen bei Patty bedanken.

Es gibt viele neue Ideen, die in unser Bewußtsein aus den Ebenen der Erleuchteten Wahrheit einströmen. Einige davon betreffen z. B. alternative Energien und Brennstoffe, die die Luft nicht mehr verschmutzen oder die Vorräte aufbrauchen; alternative Pläne für die Nahrungsmittel-Produktion, mit deren Hilfe alle Menschen auf der Erde versorgt werden können; Ideen für ein alternatives Wirtschafts-System zum Wohle aller; Ideen für alternative Heilweisen usw. Da wir uns auf der physischen Ebene der Existenz befinden, brauchen wir das z. Zt. gültige Geld-System, um diese Pläne zu verwirklichen. Deswegen ist jetzt die Zeit für die Licht-Dienenden, sich Gottes Fluß der Fülle und des Reichtums zu öffnen.

Da wir von Gott den freien Willen erhalten haben, müssen wir jetzt auf einer bewußten Ebene tätig werden, das in unserem Unterbewußtsein gespeicherte Armuts-Bewußtsein loslassen und umwandeln. Außerdem müssen wir durch die Kraft der Vergebung alle negativen Situationen umwandeln, in denen wir früher das Geld-System anderen gegenüber mißbraucht haben, um sie zu manipulieren, zu dominieren oder zu kontrollieren oder in denen wir unsererseits von anderen mißbraucht wurden.

Es wurde uns das Geschenk des Violetten Lichtes der Vollkommenheit gegeben, das mit so starker Kraft einströmt, wie wir es bisher noch nie auf Erden empfangen haben. Um jedoch die größte Wirkung dieses Geschenks in unserem täglichen Leben zu erfahren, muß diese Kraft durch unsere Herzensflamme geleitet und bewußt auf die physische Ebene projiziert werden. Es wurde immer gesagt: »Gott braucht einen Körper«. Das Gesetz lautet: Damit etwas auf der physischen Ebene manifestiert werden kann, muß es durch den Gottesfunken im Herzen von jemandem, der auf der physischen Ebene wohnt, angezogen werden. Wenn wir dieses Geschenk also nicht in unser Leben rufen und durch Gedanken, Worte, Handlungen und Gefühle in unsere Lebenserfahrung leiten, erfahren wir nicht den Nutzen, den eine dauerhafte finanzielle Freiheit für uns bringen könnte.

Das Neue Kraftfeld, das von den Himmlischen Wesen aufgebaut wurde, hat die Macht, unsere Erdenerfahrung auf atomar-zellulärer Ebene zu verändern und unsere Schwingungen der Neuen Ätherischen Blaupause des Wohlstands anzupassen. Das Geschenk steht allen zur Verfügung, die bereit sind, ihr Bewußtsein zu erhöhen und die Heilige Essenz auf die physische Ebene der Erde anzuziehen.

Das Wunderbare daran ist, daß wir dies nicht vollständig verstehen müssen. Wir müssen nicht daran glauben, wir brauchen das Geschenk noch nicht einmal anzunehmen. Alles, was wir tun müssen, ist, die Gegenwart Gottes, die in unserem Herzen verankert ist, zu bitten, daß es in unser Leben fließt. Denn das Gesetz lautet: »Bitte, und es wird Dir gegeben; klopfe, und es wird Dir aufgetan.«

Lies oft diese Zeilen und höre die Kassette täglich. Bitte die Gott-Gegenwart in Dir, jede Spur von menschlichem Bewußtsein herauszufiltern und nimm nur die Worte an, die in Deinem Herzen als Wahrheit erklingen. Jedes Mal, wenn Du die Kassette hörst, trägst Du zum Aufbau des Wohlstands-Bewußtseins in Deinem eigenen Leben und im Leben der ganzen Menschheit bei. Schritt für Schritt werden sich Mangel und Begrenzung in göttliche Versorgung mit allen guten Dingen, Reichtum, Fülle und finanzielle Freiheit verwandeln.

Unser Gott-Selbst ist eins mit der allumfassenden Gegenwart Gottes. WISSE: »Alles, was der Vater hat, ist mein.« Wohlstand ist der natürliche Zustand unseres Wesens. Wenn wir unsere Aufmerksamkeit auf die Vollkommenheit unseres Göttlichen Selbst richten, wird unsere niedere menschliche Persönlichkeit erhöht und vereint sich mit der strahlenden Licht-Gegenwart. Stelle täglich eine liebevolle Beziehung zu Deinem Gott-Selbst her, dann wirst Du es erkennen und annehmen. Ein Erwachen findet statt, und Du wirst Dich Deiner Göttlichkeit erinnern. Vereinst Du Dich mit Deiner Gott-Gegenwart, strömt göttliche Energie durch Dich und bringt Dir Erfüllung in Deinem Leben. Dann wirst Du in jeder Faser Deines Wesens wissen:

»ICH BIN« grenzenloser Wohlstand.
»ICH BIN« der beständige Fluß von Gottes Reichtum.
»ICH BIN« mir jetzt meiner inneren Gott-Gegenwart ALS meine Versorgung bewußt. »Mein Bewußtsein von Gott ALS mein Reichtum IST mein Reichtum.«

Das »ICH BIN«, das bei den Affirmationen benutzt wird, ist eine Anrufung, die auf die Universale Quelle allen Lebens einstimmt. Es ist einer der Namen Gottes. Dazu die Bibelstelle im 2. Buch Moses, Exodus 3, 13/14: Gott entgegnete Moses »ICH BIN« der »ICH BIN«. Nach dem Naturgesetz des Universums muß sich das, was nach »ICH BIN« folgt, manifestieren.

Der 10. Strahl in der Farbe Gold ist der Strahl mit den Eigenschaften des Ewigen Friedens, der großen Stille, Ruhe, Ausgeglichenheit, Fülle, des Reichtums und der finanziellen Freiheit. (Siehe das Buch »Energie der 12 Sonnen-Chakra Strahlen«). Wenn Du die obigen Affirmationen (Bejahungen) sprichst oder auch schreibst, hülle Dich ein in goldenes Licht. Stell Dir vor, wie ein Strom dieser strahlenden goldenen Substanz wie flüssiges Gold oder Goldstaub in Dich einfließt, Dich und Deine Welt durch- und überflutet und Dir Reichtum beschert.

Visualisation von Patricia Diane Cota-Robles, USA »Das Geschenk des Wohlstands«

(Diese Visualisation ist auf Cassette, besprochen von Brigitte Müller, im Verlag Peter Erd erhältlich.)

Jetzt ist die Zeit für jeden von uns, die volle Macht unserer Göttlichkeit, unseres Göttlichen Selbst zu nutzen, um das Heilige Geschenk des Violetten Lichtes der Vergebung in unser Leben zu rufen; das Geschenk, das aus dem Herzen Gottes in die Erdatmosphäre strömt und das der Menschheit in diesem Kosmischen Moment gegeben wird, um alle Frequenzen des Armuts-Bewußtseins umzuwandeln. Es stellt das größte Einströmen des Gesetzes der Vergebung dar, das sich je in der Geschichte der Zeit manifestierte.

Nachdem wir zusammen als ein vereintes Bewußtsein das Violette Licht der Vergebung angerufen haben, verbinden wir uns mit der Himmlischen Hierarchie und magnetisieren das Kosmische Kraftfeld des Wohlstandes, das in der Atmosphäre pulsiert, in das tägliche Leben aller Licht-Dienenden, die sich auf dem Planeten Erde entwickeln.

Alles ist bereit. Um an dieser Göttlichen Aktivität des Lichtes teilzunehmen, setze Dich bequem auf einen Stuhl, (Arme und Beine nicht gekreuzt), Deine Wirbelsäule so gerade wie möglich. Laß Deine Hände, mit der Innenfläche nach oben, auf den Oberschenkeln ruhen. Schließe Deine Augen.

Atme tief ein und laß beim Ausatmen jegliche Anspannung von Dir abfallen. Fühle, wie Du entspannter und ruhiger wirst. Atme nochmals tief ein und fühle beim Ausatmen, wie Dein Göttliches Selbst die volle Bestimmung über Deine vier niederen Körper übernimmt. Dein Geist wird aktiviert. Die Spinnweben von Verwirrtheit, Zweifel oder Angst werden hinweggefegt. Du bist geistig wach und voll bewußt. Du erkennst, daß Du durch die Ausstrahlung Deiner Gott-Gegenwart in ein unüberwindbares Kraftfeld des Schutzes eingehüllt bist. Dies verhindert, daß irgend etwas, was nicht vom Licht ist, Dich während dieses heiligen Momentes ablenkt oder stört.

Du fühlst ein tiefes inneres Glühen von Frieden und Wohlsein. Erwartungsvolle Freude und Enthusiasmus sind in Dir, und Du akzeptierst, daß Du die offene Tür bist, die niemand schließen kann.

Richte jetzt Deine volle Aufmerksamkeit auf diese Visualisation. Sie wird in der Ich-Form gesprochen, so daß sie jeder selbst erfahren kann.

»Geliebte Gegenwart Gottes, die in meinem Herzen pulsiert. Ich weiß und akzeptiere, daß Du durch diese Anrufung die Führung für meine vier niederen Körper übernommen hast. Mein physischer, ätherischer, mentaler und emotionaler Körper werden jetzt in der Schwingung erhöht und mit Deiner strahlenden Gegenwart vereinigt. Mein Bewußtsein erweitert sich, und klar nehme ich Deine

»leise innere Stimme« wahr. Ich weiß, Du beantwortest jeden Hilferuf. Ich erfahre jetzt Deine feine Schwingung, und mein ganzes Wesen ist von Licht durchflutet. Mein Bewußtsein öffnet sich dem Einströmen Deiner reinen, spirituellen Energie. Von dieser neuen Ebene der Bewußtheit weiß ich jetzt wie niemals zuvor:

»Du bist in mir, und »ICH BIN« in Dir. ICH WEISS, Du bist ich. »ICH BIN« ein Wesen aus strahlendem Licht! »ICH BIN« eins mit der Energie und Schwingung der allumfassenden Gegenwart Gottes.
»ICH BIN« eins mit der Göttlichen Liebe, die das Universum mit ihrer Glorie erfüllt.
»ICH BIN« eins mit jedem Teil des Lebens. »ICH BIN« eins mit dem Göttlichen Plan für den Planeten Erde.
»ICH BIN« eins mit dem grenzenlosen Fluß von Gottes Reichtum und Fülle.

»ICH BIN« das »ICH BIN«.

Eine Re-Aktivierung und Einweihung in multi-dimensionale Bewußtheit geschieht in mir.

Ich werde in der Schwingung erhöht, näher zum Herzen Gottes hin. Die vor-codierten Erinnerungen, die vor Äonen tief in meine zellularen Schablonen eingegeben wurden, werden aktiviert. Diese Schablonen offenbaren meinen Göttlichen Plan, meinen Auftrag und den Sinn meines Seins. Ich erfahre jetzt ein großes Erwachen und erinnere mich an mein Göttliches Erbe.

Ich trete durch den Torweg in multi-dimensionale Realität ein. Hier werde ich mit noch feineren Schwingungen der Göttlichkeit ermächtigt. In jedem Augenblick erweckt dieses strahlende Licht in mir zuvor nicht zugängliche Ebenen der Weisheit und Erleuchtung. Leicht erfasse ich jeden Göttlichen Gedanken und jede Göttliche Idee. Glückliche Umstände entfalten sich vor mir. Ich fühle Begeisterung, während sich jede Chance offenbart. Freudig ergreife ich die göttlichen Gelegenheiten und empfinde mehr Selbstwert und Erfüllung als jemals zuvor. Mein Leben pulsiert mit einem Gefühl von Bedeutung und Wärme. »ICH BIN« jetzt emporgehoben in die Ebenen der Vollkommenheit und jetzt höher ... und jetzt höher ...

Auf dieser Ebene lasse ich mit Leichtigkeit Verhaftungen und Verhaltensmuster los, die nicht meinem höchsten Wohl dienen. Ich lasse alle

Muster los, die etwas Geringeres als Wohlstands-Bewußtsein reflektieren. Ich erkenne, dies ist der Moment meines neuen Anfangs.

Ich habe jetzt die absolute Fähigkeit, mich zu verändern und ein Wohlstands-Bewußtsein zu erschaffen. Der Wechsel geht leicht und freudig vor sich.

Ich erfahre meine wahre Integrität. »ICH BIN« vertrauenswürdig und ehrlich. »ICH BIN« ein Ausdruck der Göttlichen Wahrheit.

»ICH BIN« es wert und verdiene den Wohlstand. »ICH BIN« jetzt fähig, jeden Umstand meines Lebens zu transformieren.

Veränderung manifestiert sich durch Göttliche Gnade und Liebe. Indem jeder Umstand meines Lebens, der Veränderung braucht, zum Vorschein kommt, befreie ich ihn durch Liebe und vergebe mir selbst für dieses erkannte Vergehen.

Ich weiß, »ICH BIN« ein Kind Gottes, und ich verdiene Liebe und Vergebung. Die Veränderung geht vonstatten, und ich empfinde innere Ruhe, Geduld und Stille.

»ICH BIN« im Göttlichen Fluß meiner wahren Gott-Wirklichkeit. »ICH BIN« eins mit der Unendlichen Intelligenz in mir, und »ICH BIN« jetzt fähig, immer die richtige Wahl zu treffen. Ich liebe mich bedingungslos, und »ICH BIN« dankbar für diese Gelegenheit der Veränderung. Ich nehme sie in tiefer Demut an.

Die Göttliche Kraft, die diese Veränderungen unterstützt, strömt laufend durch mich. Von diesem Moment an wähle ich ein Leben des Wohlstands und nur das zu erschaffen, was meinem höchsten Wohl dient.

Noch einmal werde ich in die Ebenen der Vollkommenheit emporgehoben ... und jetzt höher ... und jetzt noch höher.

Meine Aufmerksamkeit richtet sich nun auf die Essenz meines Heiligen Atems. Mit jedem Einatmen dehne ich mich im Bewußtsein aus, auf meiner ewigen Reise in die Unendlichkeit, zur Quelle nie endender Vollkommenheit. Mit jedem Ausatmen ziehe ich magnetisch das Potential der Vollkommenheit an und strahle den Segen in alles Leben auf der Erde aus.

Mein Einatmen ist das offene Tor zum Land der grenzenlosen Herrlichkeit und des Ewigen Lichtes. Mein Ausatmen ist die Quelle aller Göttlichen Segnungen für die Menschheit und den Planeten. Die Göttlichen Geschenke, der Menschheit von den Legionen des Lichtes überreicht, werden durch den Heiligen Atem in die Welt der Form angezogen.

Ich gebe mich selbst hin, um die offene Tür für diese Geschenke des Lichtes zu sein. Herr, mach mich zum Werkzeug Deines grenzenlosen

Wohlstands. »ICH BIN« die flammende Hand Gottes, die jetzt auf der physischen Ebene der Erde manifestiert ist.

»ICH BIN« jetzt bereit, auf jeder Ebene meines Bewußtseins jede Schwingungsfrequenz, jedes einzelne Elektron von Lebensenergie aus jeglicher Existenz oder Dimension loszulassen und umzuwandeln, wenn es Muster ausdrückte, die geringer als Gottes grenzenloser Fluß von Fülle, Reichtum, Überfluß und der Versorgung mit allen guten Dingen und finanzieller Freiheit sind.

»ICH BIN« eingehüllt in ein unüberwindbares Kraftfeld des Schutzes und Ewigen Friedens. Darin bin ich fähig, mein Leben als objektiver Beobachter anzusehen. Ich bitte meine Gott-Gegenwart, mir jede bewußte oder unbewußte Erfahrung, die mich auf irgendeine Art und Weise davon abhält, Wohlstand zu erlangen, in meinem Bewußtsein auftauchen zu lassen. Während diese Erfahrungen aufsteigen, atme ich tief ein und dringe mit dem Heiligen Atem in das Geschenk des Violetten Lichtes der Vergebung ein. Ich absorbiere das mächtigste Geschenk der Vergebung, das je in der Zeitgeschichte manifestiert wurde und atme es in, durch und um meine vier niederen Körper, ... in jegliche Energie, die an die Oberfläche kommt. Sie kehrt zurück, um durch Liebe befreit zu werden. Das Heilige Violette Licht aus dem Herzen Gottes transformiert sofort alle negativen Gedanken, Worte, Handlungen, Gefühle, Glaubensmuster und Erinnerungen, die meine ewige finanzielle Freiheit blockieren. Jedes Elektron aus Energie wird in ursprüngliche Vollkommenheit transformiert.

Mein Gott-Selbst dehnt jetzt diese Aktivität des Lichtes aus. Es reicht zurück in die vergangenen Zeitalter, um jedes Elektron, das mein individuelles elektronisches Muster trägt, in das Violette Licht der Vergebung hineinzuziehen. Diese Aufzeichnungen und Erinnerungen kommen leicht an die Oberfläche, und »ICH BIN« fähig, sie ohne Schmerz oder Angst gehen zu lassen. Ich fühle die Freude der Freiheit!

Mit dem Einatmen dringe ich tiefer in das Geschenk des Violetten Lichtes, und beim Ausatmen überflute ich die Erde mit der Göttlichen Essenz.

Ich affirmiere mit tiefem Gefühl und dem inneren Wissen:

»ICH BIN EINE KRAFT DES VIOLETTEN LICHTES DER VERGEBUNG, mächtiger als irgend etwas, das geringer ist als Wohlstand. (3 x)

»ICH BIN« fähig, das Massenbewußtsein der Armut durch die Kraft dieses Heiligen Geschenkes umzuwandeln. Alle Aufzeichnungen und Erinnerungen der Menschheit über den Mißbrauch von Geld fließen jetzt in das Violette Licht der Vergebung.

Unter der Führung meines Gott-Selbst und der Himmlischen Hierarchie taucht jetzt jedes Elektron mit Armuts-Bewußtsein auf, das je von irgendeinem Teil des Lebens ausgesandt wurde, in jeglicher Existenz oder Dimension, wissentlich oder unwissentlich, zur Umwandlung in das Violette Licht der Vergebung.

Die Transformation findet statt, sobald jedes Elektron in das Violette Licht eintritt. Ursache, Kern, Wirkung, Aufzeichnung und Erinnerung werden sofort umgewandelt – zurück in die Frequenzen des Wohlstands und des grenzenlosen Reichtums Gottes.

»ICH BIN« EINE KRAFT DES VIOLETTEN LICHTES DER VERGEBUNG,
mächtiger als irgend etwas, das geringer ist als Wohlstand.
»ICH BIN« EINE KRAFT DES VIOLETTEN LICHTES DER VERGEBUNG,
mächtiger als irgend etwas, das geringer ist als Wohlstand.
»ICH BIN« EINE KRAFT DES VIOLETTEN LICHTES DER VERGEBUNG,
mächtiger als irgend etwas, das geringer ist als Wohlstand.
»ICH BIN« FREI! »ICH BIN« FREI!
»ICH BIN« EWIG FINANZIELL FREI!

Es ist getan. So sei es« »ICH BIN«!

Ich bitte durch die Gegenwart Gottes, die in meinem Herzen pulsiert, daß diese Heilige Aktivität des Lichtes aufrechterhalten wird, sich ewig selbst erhält, sich mit jedem Atemzug verstärkt, täglich und stündlich, in jedem Augenblick, größtmöglich, soweit es das Kosmische Gesetz erlaubt, bis alles Leben, das zu diesem Zeitpunkt der Erde angehört oder ihr dient, auferstanden und frei ist.

»ICH BIN« erhöht im Bewußtsein, in noch höhere Reiche der Vollkommenheit ... und jetzt höher ... und jetzt noch höher ... .

Ich gehe über die Lichtbrücke, die Himmel und Erde verbindet und betrete das Land der grenzenlosen Herrlichkeit und des Ewigen Lichtes, das in der Erdatmosphäre strahlt. Ich weiß: DER VATER UND ICH SIND EINS.

Alle Licht-Dienenden der Erde verbinden sich im Bewußtsein mit mir in dieser Oktave der reinen Freude. Ich weiß, »ICH BIN« eins mit jedem Teil des Lebens. Als eine vereinte Stimme senden wir den Posaunenruf in das Universum, rufen unsere erleuchteten Brüder und Schwestern an, uns in diesem Moment der Transformation zu helfen. Der Kosmische Ruf unserer vereinten Stimme hallt in allen Dimensionen wider, und Antwort kommt aus jeder Ecke des Kosmos.

Wir sehen, wie die leuchtende Gegenwart von Legionen Göttlicher Wesen in die Erdatmosphäre herabsteigt. Sie nehmen über uns ihre strategischen Positionen ein, bilden einen riesigen Kreis, Schulter an Schulter stehend.

Als ein vereintes Bewußtsein, ein Heiliger Atem, ein Herzschlag, eine Energie und Schwingung der Vollkommenheit atmen sie in ihre Herzensflammen den Goldenen Strahl des Ewigen Friedens und des Reichtums aus dem Herzen Gottes ein. Dieses glänzende Goldene Licht enthält in seiner Heiligen Schwingung jede Frequenz von Gottes Reichtum. Es ist die prachtvollste, funkelndste Goldene Farbe, die wir je gesehen haben.

Diese herrlichen Wesen absorbieren die Essenz des Reichtums und der Fülle in ihre Herzensflammen, sie werden zu lodernden Goldenen Lichtsonnen. Vollkommen synchron atmen sie jetzt das Goldene Licht in die Mitte des Kreises. Die goldenen Strahlen aus ihren Herzzentren vereinen sich, und es entsteht eine strahlende Goldene Sonne in ihrer Mitte. Die Sonne ist die Matrize, aus der sich das Kosmische Kraftfeld des Wohlstands-Bewußtseins formt.

Die Lichtwesen beginnen jetzt damit, die Gedankenform des Kraftfeldes des Reichtums zu magnetisieren, das vom Geist Gottes getragen ist. Die Blaupause entwickelt sich innerhalb der Goldenen Sonne. Es entsteht eine leuchtende, strahlende Goldene Licht-Pyramide, und an ihrer Basis pulsiert eine schimmernde Goldene Lotus-Blüte. Sie strahlt in konzentrischen Kreisen Göttlichen Reichtum in die physische Ebene der Erde und badet jeden Teil des Lebens in der Glorie von Gottes Fülle. Ungeformte Urlicht-Substanz wird jetzt in die ätherische Blaupause eingestrahlt und die Goldene Pyramide des Reichtums manifestiert sich greifbar. Ihre strahlende Schönheit wird nun laufend in der Erdatmosphäre pulsieren, aufrechterhalten durch die vereinten Bemühungen der Himmlischen Hierarchie, bis alles Leben, das sich hier entwickelt, auferstanden und frei ist.

Jetzt bereiten sich die Licht-Dienenden der Welt vor, das offene Tor zu sein, durch welches sich das Göttliche Geschenk des Reichtums in der Welt der Form manifestieren wird.

Die Flamme der Göttlichkeit, die in jedem menschlichen Herzen lodert, dehnt sich aus und umhüllt die vier niederen Körper jedes Licht-Dienenden. Eine wunderschöne Blaue Flamme lodert durch die linke Seite unserer Körper. Es ist die männliche Polarität Gottes mit Göttlichem Willen und Macht. Durch die rechte Seite lodert eine Rosa Flamme, die weibliche Polarität Gottes mit Göttlicher Liebe. Während diese beiden Polaritäten in uns ins Gleichgewicht kommen, erfahren wir die Ausdehnung der Gold-Gelben Flamme Gottes mit Weisheit und Erleuchtung. Wir sind jetzt in die siegreiche Dreifältige Flamme eingehüllt und der Ausdruck unseres wahren Gott-Selbst in voller Größe.

Aus diesem Göttlichen Bewußtsein ziehen wir nun den Goldenen Lichtstrahl aus der Pyramide des Reichtums in unsere Herz-Zentren hinein. Der Lichtstrahl verschmilzt mit dem Gottesfunken in unseren Herzen. Es entsteht ein Miniatur-Ebenbild der Goldenen Pyramide, an ihrer Basis pulsiert die Goldene Lotus-Blüte. Dies erschafft ein magnetisches Kraftfeld in unseren Herzen, das uns befähigt, den vollen Segen von dieser Heiligen Pyramide in unsere tägliche Lebenserfahrung zu ziehen.

Wir atmen tief ein und dringen in die Goldene Licht-Pyramide ein. Wir absorbieren das Goldene Licht des Reichtums aus der Lotus-Blüte, und beim Ausatmen strömt eine kaskadenförmige Fontäne von Goldenem Licht aus unseren Herz-Zentren auf die physische Ebene der Erde. Das Heilige Licht von Gottes Reichtum überflutet den Planeten und fließt in die Hände jedes Licht-Dienenden, in jede Tätigkeit des Lichtes und in jede bewußte Person, die auf irgendeine Art und Weise das Geschenk des Reichtums gebraucht, um die Lebensqualität auf Erden zu verbessern. Durch dieses Geschenk steht die Substanz des Geldes greifbar zur Verfügung und fließt fortlaufend in die Hände und zum Gebrauch von jedem Lebensstrom, jeder Organisation oder Aktivität, die ihre Ideen aus dem Göttlichen Geist empfangen, um diesem Planeten das Göttliche Erbrecht, nämlich den Himmel auf Erden, wieder zurückzugeben. Das Geld fließt leicht und mühelos zum Gebrauch für alle auf dem Planeten, die aus dem Bewußtsein »Ehrerbietung für alles Leben« handeln.

Während das Goldene Licht des Reichtums den entferntesten Ort der Bestimmung in der Welt der Form erreicht, jeden Teil des Lebens mit finanzieller Versorgung überflutet, beginnt es die Rückreise zur Quelle. Zuerst strömt es zurück zu der Herzensflamme, die es ausgesandt hat. Mit diesem Rückstrom des Heiligen Lichtes in unsere Herzen bringt es einen grenzenlosen Geldfluß mit sich und die Gott-Versorgung von allen guten

Dingen. Unser Leben reflektiert jetzt das Geschenk der dauerhaften finanziellen Freiheit. Von diesem Moment an wird uns alles, was wir brauchen, um unseren Göttlichen Plan zu erfüllen, zur Verfügung stehen. Das Göttliche Gesetz von »Bitte, und es wird Dir gegeben« ist sofort manifestiert. Wir fühlen die Freude und Begeisterung dieser neugefundenen Freiheit, und die gesamte Himmlische Hierarchie freut sich mit uns, daß wir unser Göttliches Geburtsrecht des Reichtums durch Wohlstands-Bewußtsein zurückgewinnen.

> »ICH BIN«! ICH BIN«! ICH BIN«! die ewig aufrechterhaltende Manifestation von Gottes grenzenloser Versorgung mit Geld und allem Guten, das ich wünsche, um mich in meinem Dienst für das Licht zu unterstützen, jetzt manifestiert und aufrechterhalten durch Heilige Gnade. (3 x)
>
> Es ist getan! So sei es! »ICH BIN«!

Ich atme jetzt tief ein und kehre mit meinem Bewußtsein wieder zurück in den Raum, fühle meinen Körper und bewege sanft meine Hände und Füße.

»ICH BIN« mir bewußt, daß ich ein multi-dimensionales Wesen bin. Ich wohne zur gleichen Zeit im Land der grenzenlosen Herrlichkeit und des Ewigen Lichtes und in der Welt der Form auf der Erde.

Mit jedem Atemzug bin ich fortwährend ein offenes Tor im vollsten Umfang des Heiligen Geschenks des Reichtums, das sich in das tägliche Leben von allen Licht-Dienenden und in alle Aktivitäten des Lichtes auf dem Planeten ergießt.

Jedes Mal, wenn ich diese Cassette höre, das Kapitel lese oder bewußt diese Gedankenform energetisiere, wird sich das Geschenk des Reichtums in seiner Kraft und Wirkung verstärken. In jedem Augenblick findet die Transformation statt. Die Neue Ätherische Blaupause des Reichtums für alles Leben, umschlossen vom Göttlichen Verständnis der Ehrerbietung, gegenseitiger Achtung und des Bewußtseins, immer das höchste Wohl für alle Beteiligten zu suchen, wird die Neue Ordnung für den Neuen Kosmischen Tag sein.

Zweiter Teil

Göttliche Interventionen und Licht-Aktivitäten in den vergangenen Jahren

Die folgenden Informationen sind aus den Newsletters »Take Charge of your Life« der New Age Study of Humanity's Purpose, Tucson/Arizona, USA, entnommen.

Das Jahr 1992
Jahr der Heilung

Die drei-dimensionale Ebene und die Elemente: Erde, Feuer, Wasser, Luft und Äther wurden mit der PLANETARISCHEN CHRISTUS-GEGENWART wieder vereinigt. Die »Planetarische Christus-Gegenwart« ist ein Aspekt unseres Bewußtseins, das eigentlich ursprünglich Meister unserer physischen Körper, unserer Gedankenkörper/mental, unserer Gefühlskörper/emotional und unserer ätherischen Körper sein sollte.

Wir fielen jedoch aus der Gnade, da wir unsere schöpferischen Fähigkeiten in unserem Denken und Fühlen mißbrauchten und ein niedriges Bewußtsein/menschliches Ego entwickelten. Das menschliche Ego hat nur eines im Sinn: die körperlichen Sinne zu befriedigen. Als dieser Einfluß der vier niederen Körper vorherrschte, erfuhren wir die illusionäre selbst-geschaffene Trennung. Es entstand eine Art »Kurzschluß«, der uns von unserer »Planetarischen Christus-Gegenwart« trennte, was auch die Verjüngung unserer Zellen und Organe verhinderte. Dadurch vergaßen wir, die Menschheit, unseren Göttlichen Ursprung. Wir sahen die begrenzte drei-dimensionale Ebene als die einzige Realität an. Von allen Dimensionen, in denen wir uns aufhalten, ist die dritte die am wenigsten REALE. Sie ist nur eine Reflexion unseres Bewußtseins, die »Welt der Illusion« oder »Maya«.

Während des »Weltkongresses über Erleuchtung« im August 1992 in Tucson, Arizona, zum 5. Jahrestag der Harmonischen Konvergenz, an der ich auch teilnahm, haben Licht-Dienende durch vereintes Bewußtsein einen »Heiligen Gral« erschaffen, und das Licht von »Tausend Sonnen« floß auf die Erde. Dadurch wurde eine Lichtbrücke erschaffen, die den Kurzschluß zwischen der Menschheit und der Planetarischen Christus-Gegenwart heilte. Die RNS- und DNS-Muster unserer physischen Körper wurden auf atomarer Ebene mit der Göttlichen Blaupause unserer RNS-/ DNS-Muster der Planetarischen Christus-Gegenwart zusammengeschweißt. Die selbst-geschaffene Trennung von unserer Christus-Gegenwart wurde dauerhaft geheilt. Unser Heiliges Christ-Selbst wird dies jetzt auf der zellularen Ebene integrieren, d. h., unsere Körper werden verjüngt und in strahlende Lichtkörper der grenzenlosen Vollkommenheit transformiert.

Im Oktober 1992 hatten sich am Titicaca-See in Bolivien wieder Licht-Dienende versammelt. Die Strahlung unserer 12fältigen Sonnen-Wirbelsäule wurde mit dem 12fältigen Kausal-Körper Gottes erfüllt. Diese »Eingießung« von Göttlichem Licht befähigt jeden Menschen, das Licht »1000mal und 1000fach« in die physische Ebene zu projizieren. Dadurch wird das Licht Gottes in jedem Teilchen des Lebens auf Erden vergrößert.

Durch diese große Lichteinstrahlung war es möglich, die letzten zwei »Höhlen des Bösen« auf der Erde, die Energiewirbel der Kräfte des Ungleichgewichtes, dauerhaft zu versiegeln und in Licht zu transformieren. Sie befanden sich in Bolivien und Süd-Afrika. Danach waren die Kräfte des Ungleichgewichts auf der Astral-Ebene der Disharmonie, die die Erde umgibt, eingeschlossen. Sie waren wütend, angstvoll und chaotisch. In Panik durchzogen sie die niedrige Astral-Ebene und versuchten, eine Tür im Bewußtsein der Menschheit zu finden, um sich wieder mit der physischen Ebene zu verbinden. Dieser Aspekt wird in der Offenbarung beschrieben als Jesus sagte: Satan würde sich frei machen. Durch diesen Druck aus der Astral-Ebene entstand eine emotionale Turbulenz auf der Erde. Die ätherischen Aufzeichnungen von gefühlsmäßigen Schmerzen, Trauer und Leiden wurden aktiviert. Da über 80 Prozent unserer Erd-Energien über unseren Emotional Körper ausgegeben und freigesetzt werden, kamen alle schmerzvollen Erfahrungen und Erinnerungen, die wir in unseren Erden-Leben hatten, an die Oberfläche.

Erinnere Dich an die Zeit vom Oktober 1992 bis Juni 1993. Du wirst erkennen, wieviel emotionales Durcheinander es in Deinem Leben gab. Es war individuell und global. Fast jeder ging durch eine emotionale Krise. Dieses emotionale Chaos nährte die Astral-Ebene und erfüllte damit den Zweck der Kräfte des Ungleichgewichts.

Das Jahr 1993
»Wiederkehr unserer Solaren Christus-Gegenwart«

Aus den himmlischen Ebenen wurde ein Plan entworfen, um mit diesen emotionalen Turbulenzen umzugehen:

1993 Neptun-Uranus-Konjunktion

Es fand eine seltene Konjunktion von Neptun und Uranus statt. Neptun regiert das Wasser-Element, welches die elementare Substanz unseres Emotional-Körpers ist. Uranus ist der Planet, der am stärksten auf den 7. Strahl, den Violetten Strahl der Transformation, ausgerichtet ist. Dies geschieht nur alle 172 Jahre und es war das erste Mal, daß die Menschheit bewußt diese Konjunktion erlebte.

Durch vereinte Bemühungen der Himmlischen und der erwachten Menschheit wurden fünf-dimensionale Frequenzen der Violetten Flamme der grenzenlosen Transformation in die emotionale Ebene der Erde und in die emotionalen Körper jedes menschlichen Wesens, ob verkörpert oder nicht, projiziert. Das Ziel war, daß durch die Neptun-Uranus Konjunktion die disharmonischen, emotionalen Frequenzen von Schmerz und Leid, bis zurück zum Fall der Menschheit, an die Oberfläche gedrückt würden. Die Violette Flamme durchloderte alle diese Frequenzen, so daß Ursache, Kern, Wirkung, Aufzeichnung und Erinnerung der emotionalen Schmerzen aus allen Zeitaltern verbrannt und umgewandelt wurden.

In unserem emotionalen Körper ist jedes Gefühl, das wir je erfahren haben, aufgezeichnet und registriert. Seit dem Fall haben unsere Gefühle hauptsächlich die Ängste und Schmerzen des menschlichen Egos reflektiert. Der emotionale Körper der Mutter Erde, das Wasser-Element, enthielt die Ansammlungen aller Menschheitsschmerzen und die Schmerzen, die wir dem Elementarreich sowie der Erd-Umgebung zugefügt hatten. Damit haben wir die niedrige Astral-Ebene des Chaos genährt.

Ab 11.1.1993 begann die Violette Flamme in der stärksten Frequenz, soweit es das Kosmische Gesetz erlaubte, einzuströmen. Der Höhepunkt wurde am 21.6.1993 erreicht. SIEBEN Tage lang wurde alles Leben auf der Erde, jedes Elementarwesen und jede Engel-Gegenwart in diesem Licht gebadet, um alles Leben zu befreien. Durch diese Auflösung war es der SOLAREN CHRISTUS-GEGENWART möglich, wieder die Herrschaft über die vier niederen Körper zu übernehmen.

Damit sich dies manifestieren konnte, war es notwendig, daß diese Energie durch die Herzensflamme von jemandem, der auf der physischen Ebene lebt, strömte.

Zum Vollmond am 20.6.1993 versammelten sich Licht-Dienende zu diesem Zweck auf einem Schiff in der Karibik. Im Ätherreich über der Karibik, dem südlichen Teil von Mexiko, der Dominikanischen Republik und Kuba, pulsiert ein gewaltiger Wirbel der Violetten Umwandlungs-Flamme. Dieses Kraftfeld des Göttlichen Lichtes hat sich über Jahrtausende aufgebaut und wird erhalten von den Erzengeln des 7. Strahles der Geistigen Freiheit, Erzengel Zadkiel und der Heiligen Amethyst. Während dieser sieben HEILIGEN TAGE war dieser Wirbel geöffnet, so daß das Violette Feuer der Umwandlung in die physische Ebene der Erde einströmen konnte.

Die Violette Flamme wirkt wie ein Atom-Beschleuniger, indem sie die Schwingungsfrequenz von disharmonischer Energie auf die Schwingung von Harmonie erhöht. Sie verwandelt unvollkommene Energie in Licht. Wenn sie mit dem Gefühl der Vergebung für unsere eigenen Fehler und die der anderen angewandt wird, bewirkt sie Wunder! Nicht nur für unsere eigenen Fehler, sondern für die der GESAMTEN MENSCHHEIT.

Eine Gruppe von Licht-Dienenden war also während dieser Tage auf dem Wasser (Emotional-Körper der Erde) auf einer Schiffsreise in der Karibik. Das Wasser-Element ist die vorherrschende Substanz unseres Emotional-Körpers. Die Violette Flamme manifestierte sich durch die Herzensflamme der Anwesenden auf der drei-dimensionalen Ebene. Ebenso hatten sich weltweit andere Licht-Dienende auf diese Gruppe und das Kraftfeld eingestimmt.

Jedes Wasser-Molekül auf Erden wurde durch die Flamme gereinigt. Der smaragdgrüne Strahl der Heilung mit einer violetten Strahlung von grenzenloser Umwandlung strömte zur Heilung in die Gewässer der Erde.

Am 21.6.1993 begann die stärkste Aktivität der Violetten Flamme. Die sieben Tage andauernde Säuberungsaktion der Emotionen begann. Nach ein paar Tagen wurde offenbart, daß nun die nächste Phase des Göttlichen Planes versucht würde.

Im Kraftwirbel von Jugoslawien gibt es starke Kräfte des Lichtes und starke Kräfte der Dunkelheit, in und ohne Verkörperung. Diese Energien werden »Anti-Christ«-Energien genannt. Sie sollten nun in die höheren Schulen des Lernens befreit werden. Mutter Maria offenbarte, daß sie diesen kosmischen Moment durch ihr Erscheinen in Medjugorje vorbereitet hätte. Als Seelen auf ihrer Pilgerreise diesen heiligen Ort besuchten, verankerten sie dort die Lichtstrahlen aus ihrem Heimatland. Ein Strahl des Göttlichen Lichtes aus Jugoslawien wurde dann in ihrer Herzensflamme verankert, und bei ihrer Rückreise nahmen sie ihn mit in ihr Heimatland. Es entstanden Myriaden von Lichtstraßen aus der ganzen Welt in Jugoslawien.

Das Schauspiel, das in Jugoslawien stattfand, bedeutete symbolisch den Abstieg des niederen menschlichen Egos in Chaos und Haß. Jugoslawien repräsentierte einen Mikrokosmos des Makrokosmos. Anstatt sich über die neue Freiheit zu freuen, nachdem der Kommunismus verschwunden war, aktivierte das Ego uralten Haß, und die Waffen wurden erhoben. Dieser Abfall des menschlichen Bewußtseins ist der »Anti-Christ«, eine Schwingungs-Frequenz oder eine Bewußtseinsebene, die im Konflikt mit der Vollkommenheit des Christus ist. Es ist die von der Menschheit angesammelte mißbrauchte Energie von Gedanken, Worten, Handlungen und Gefühlen. Es ist Haß, Schmerz, Armut, Krankheit, Leiden, Angst, Begrenzung, Trennung und alle anderen Aspekte der Existenz, die nicht Harmonie, Gleichgewicht, Liebe und Einheit mit Gott reflektieren. Es war an der Zeit, daß der »Anti-Christ« von der Erde verbannt wurde.

Dies war die nächste Phase des Göttlichen Planes. Ein Licht-Dienender aus Kroatien erhielt durch Spenden die Möglichkeit, an diesem Kongreß auf dem Schiff teilzunehmen. Die Licht-Dienenden von Kroatien waren vorbereitet, das Violette Licht zu empfangen. In einer Zeremonie wurde das Licht Gottes, das immer siegreich ist, durch den »Stillen Wächter« von Kroatien in die Herzensflammen der Licht-Dienenden dort projiziert. Durch sie IN JEDE FREQUENZ VON ANTI-CHRIST-ENERGIE AUF ERDEN. Diese gnadenvolle Aktivität des Göttlichen Lichtes erschuf eine Öffnung in den astralen Ebenen. Es erlaubte den dort gefangenen Seelen, in die inneren Schulen des Lernens befreit zu werden. Die gefallenen Seelen, die dort Hunderte und Tausende von Jahren gefangen waren, wurden befreit. Der Zugriff des niederen menschlichen Egos wurde abgeschnitten, was bis dahin das Integrieren des Heiligen Christ-Selbst in die vier niederen Körper blockierte.

Am 26.6.1993 öffnete sich ein Fenster der Gelegenheit, welches der SOLAREN CHRISTUS-GEGENWART DER MENSCHHEIT die Wiederkehr zur Erde erlaubte. Seit Äonen hatten das niedere menschliche Ego und die Anti-Christ-Energie die Rückkehr des Christus blockiert. Jeder Lebensstrom auf Erden ist jetzt wieder vereint mit dem Solaren Aspekt seiner Heiligen Christus-Gegenwart. Das ist der Teil unseres Wesens, das den wahren Sohn oder die wahre Tochter Gottes, die wir in Wahrheit sind, reflektiert.

Vielleicht ist es noch schwer für uns, dies zu verstehen. Aber dies ist die Wiedervereinigung mit unserer Göttlichkeit und beinhaltet die Transformation unserer physischen Wirklichkeit vom Himmel auf Erden.

Zum ersten Mal sind wir wieder vereint mit unserer Solaren Christus-Gegenwart. Wenn wir diese Licht-Gegenwart in unsere vier niederen Körper integrieren, werden sie in die Vollkommenheit, die sie ursprünglich ausdrücken sollten, transformiert: ewige Jugend, vollkommene Gesundheit und strahlende Schönheit.

Wir haben nun die Möglichkeit, unser Erdenleben in Gesundheit, liebevolle Beziehungen, erfüllende Berufe, Reichtum und Fülle, Freude und alles, was wir uns immer wünschten, zu verwandeln. Da wir jedoch den »Freien Willen« haben, müssen wir dies BEWUSST wählen und die notwendigen Schritte unternehmen, um unsere Solare Christus-Gegenwart in unseren täglichen Erfahrungen mit jedem Gedanken, Wort, Gefühl und jeder Handlung auszudrücken.

Eine der wichtigsten Veränderungen, die durch die Wiederkehr der Solaren Christus-Gegenwart geschah, ist, daß das Licht Gottes in dieser Gegenwart in einem unüberwindbaren Schutz aus Liebe verkapselt ist, bevor es in unsere vier niederen Körper einströmt. Dies verhindert, daß eine Verschmutzung der niederen Körper die Schwingung, Farbe oder den Klang des Göttlichen Lichtes verändert. Vor der Wiederkehr der Solaren Christus-Gegenwart war es so, daß das Licht, das durch uns strömte, von unseren derzeitigen Gefühlen beeinflußt wurde. Waren wir ärgerlich oder ängstlich, nahm das Heiligste Licht die Schwingung des Ärgers oder der Angst an. Unsere Gott-Gegenwart hat dann das Licht zurückgehalten, bis wir wieder in der Harmonie waren. Dies begrenzte unsere Fähigkeit, kraftvolle Licht-Dienende zu sein. Wenn wir nicht zentriert und harmonisch waren, waren wir wirkungslos.

Jetzt, auch wenn wir aufgrund unserer täglichen Herausforderungen einmal nicht zentriert sind, können wir jederzeit das Göttliche Licht anrufen. Die volle Kraft seiner Vollkommenheit wird in die entsprechende Situation einfließen. Dies unterstützt uns, schnell die Negativität in unserem persönlichen Leben und auf der Erde zu klären und umzuwandeln. Es wird uns befähigen, kraftvolle Licht-Dienende zu sein, auch im Angesicht unserer menschlichen Schwächen, bis unsere Solare Christus-Gegenwart die volle Herrschaft über jeden unserer Gedanken, Worte, Taten und Gefühle für immer übernommen hat.

WIR DANKEN GOTT FÜR DIESES HERRLICHE GESCHENK.

Die Visualisation »AUFSTIEG IN DEINE SOLARE CHRISTUS-GEGENWART« findest Du weiter unten im Text.

Am 21.12.93 (Winter-Sonnwende) wurde der ARCHETYP des »Göttlichen Mutter-Prinzips« im Zentrum der Erde verankert. Dies war die Rückkehr der Gefühlsnatur Gottes in das Herz eines jeden Menschen.

1993 war das Jahr der Transformation. Numerologisch ergibt 1993 = 22, eine Meisterzahl mit der Bedeutung: »Kraft auf allen Ebenen«.

Visualisation
»Aufstieg in Deine Solare Christus-Gegenwart« (2)

Ich schließe meine Augen, atme leicht und rhythmisch ein und aus. Ich fühle die Göttlichkeit in meinem Herzen – sie dehnt sich aus (kleine Pause).

Meine SOLARE CHRISTUS-GEGENWART befiehlt liebevoll meinem niederen menschlichen Ego, meine vier niederen Körper loszulassen:

»Menschliches Ego, ich liebe Dich, und ich bin dankbar für die Gelegenheit des Wachstums und des Lernens, die Du mir auf dieser physischen Ebene gegeben hast. Aber jetzt befehle ich Dich in das Licht.«
»Laß meinen physischen Körper JETZT los und trete beiseite für den CHRISTUS.«
»Laß meinen ätherischen Körper JETZT los und trete beiseite für den CHRISTUS.«
»Laß meinen mentalen Körper JETZT los und trete beiseite für den CHRISTUS.«
»Laß meinen emotionalen Körper JETZT los und trete beiseite für den CHRISTUS.«
»Jetzt befehle ich Dich in das Licht, ich befreie Dich durch Liebe in die höheren Schulen des Lernens, wo Du in Gottes Vollkommenheit verwandelt wirst.«

Meine SOLARE CHRISTUS-GEGENWART übernimmt jetzt die volle Autorität über meine vier Erden-Körper. Diese Körper werden in die Vollkommenheit meines Lichtkörpers erhöht.

Ich steige in das Königreich des Himmels auf, die Schwingungsebene der Grenzenlosen Physischen Vollkommenheit, die Ebene meines SOLAREN CHRISTUS »ICH BIN«!

Ich stehe jetzt hier als ein vollkommenes Gott-Wesen innerhalb der herrlichen vielfarbigen, multi-dimensionalen Ausstrahlung meiner SOLAREN CHRISTUS-GEGENWART. Mein Herz, mein Gemüt und meine Stimme sind innerhalb der herrlichen 12fältigen Sonnen-Flamme meiner SOLAREN CHRISTUS-GEGENWART zentriert. Meine Füße sind fest auf dem Erdboden. In der Gedankenform des »ICH BIN« bin ich ein Gott-Wesen aus herrlichem Licht und ich erkenne jetzt die Fülle des Lichtes auf jeder Ebene meines Wesens. Während ich erhoben werde, wird alles Leben mit mir erhoben. Deswegen weiß ich, daß innerhalb meiner SOLAREN CHRISTUS-GEGENWART »ICH BIN«, die Menschheit jetzt ihr Gott-Wesen auf jeder Ebene erkennt.

Innerhalb meiner SOLAREN CHRISTUS-GEGENWART »BIN ICH« die kosmische Flamme der Harmonie, die das Göttliche Solare Licht aus jeder physischen/chemischen Interaktion in meinen Körpern befreit. Die Energie-Bänder zwischen und innerhalb der Atome werden mit der solaren Schwingung/Frequenz der Christus-Vollkommenheit geheilt und restauriert. Ebenso befreit das Göttliche Licht, das »ICH BIN« innerhalb meiner SOLAREN CHRISTUS-GEGENWART jede Interaktion in der Menschheit und alle Energie-Bänder darin, welche die Beziehungen aller Menschen, Organisationen, Rassen, Religionen und Nationen beinhalten. Alles dies wird in die Harmonie einer höheren Ordnung befreit. Die Sphäre der MENSCHHEITS-SOLAREN-CHRISTUS-GEGENWART auf Erden dehnt sich aus.

Ich erfahre jetzt die Ebenen des ewigen Lichtes. Bildhaft sehe und fühle ich die glorreichen Solar-Erzengel, die an den zwölf Kardinalpunkten um meine SOLARE CHRISTUS-GEGENWART stationiert sind. Eine große Spirale strahlt aus meiner 12fältigen Solaren Flamme in Liebe und Lobpreisung für diese herrlichen Diener des göttlichen Thrones. Meine tiefste Dankbarkeit drücke ich für ihr Interesse an meiner persönlichen solaren Evolution aus. Beim Rückfluß fühle ich das ganze elektronische Kraftfeld des Lichtes meines Vater-Mutter Gottes, das jetzt in einer einmaligen göttlichen Alchimie nach innen in das Zentrum der Flamme meiner SOLAREN CHRISTUS-GEGENWART strahlt. Alle göttlichen Eigenschaften und Absichten des 12fältigen Solar-Aspektes Gottes lodern jetzt durch meine Herzensflamme hinaus in die Welt. Ich fühle dies als einen mächtigen Ozean aus kosmischen Lichtwellen und hohen Energie-Teilchen, die mit dem vollen Kausal-Körper meines Vater-Mutter Gottes aufgeladen sind. Sie wirbeln durch einen einzigen Punkt – meine Herzensflamme. Ich weiß, mit allem Glauben meines glorreichen Göttlichen Selbst, daß alles Notwendige in diesem fließenden, elektronischen Lichtmuster enthalten ist, um meinen physischen Körper und meine ganze physische Ebene zu heilen sowie den Umlauf, die Drehung und elektronische Aufladung von jeder Zelle, jedem Atom und Elektron des Lebens auf Erden aufzurichten und in Ordnung zu bringen. Ich fühle, wie alle Energie-Bänder innerhalb der atomaren Ebene jetzt in ihrer Schwingung in die Frequenz der Grenzenlosen Physischen Vollkommenheit beschleunigt werden. Jede Zelle des Lebens erstrahlt jetzt im vollen Göttlichen Solaren Licht.

Im Frieden der großen Solar-Stille erkenne ich die höhere Realität meines Gemütes: Ich visualisiere sie in meiner glorreichen SOLAREN CHRISTUS-GEGENWART, bis ich nur noch die göttlichen Ideen, Konzepte und Anregungen von ihr empfange. Ich fühle die höhere Realität innerhalb meiner Gefühlswelt im großen Kausal-Körper Gottes. »ICH BIN« ein ruhiger Ozean von göttlichen Eigenschaften, der den Heiligen Feuer-Atem des Heiligen Geistes ausstrahlt und darauf wartet, diese göttlichen Eigenschaften bei jeder Gelegenheit in der Menschheit auszudrücken.

In meinem ätherischen Körper erinnere ich mich nur an diese höhere Realität, vollkommen in meine glorreiche SOLARE CHRISTUS-GEGENWART eingehüllt, bis ich alle Erinnerungen des Kausal-Körpers Gottes zurückfordere und mich nur noch an die Wahrheit der Grenzenlosen Physischen Vollkommenheit erinnere.

Ich erfahre diese höhere Realität jetzt in meinem physischen Körper und stehe in dieser Visualisation vollkommen innerhalb meiner glorreichen SOLAREN CHRISTUS-GEGENWART auf der physischen Ebene! »ICH BIN« ein lebendiger, lichterfüllter Tempel von unzerstörbarer, vollkommener Gesundheit, strahlender Schönheit, ewiger Jugend, Vitalität und Freude – ein SOLARER-FEUER-LICHTKÖRPER des Christus-Bewußtseins, jetzt manifestiert auf Erden.

Denn dies ist der Göttliche Plan, für den das »ICH BIN« gestaltet wurde, um ein Sohn oder eine Tochter von Vater-Mutter Gott zu sein – eine Sonne der Sonne, während 'ICH' auf Erden verkörpert 'BIN'. Deswegen wurde die Menschheit erschaffen, eine Rasse von »ICH BIN«-Wesen zu sein, den

Garten Eden zu manifestieren und sich an ihm zu erfreuen, innen und außen, eine Ebene der Grenzenlosen Physischen Vollkommenheit zu erschaffen, die nirgendwo anders im Universum zu finden ist. »ICH BIN« jetzt die Menschheit, die ihre globale SOLARE CHRISTUS-GEGENWART als eine Serie von göttlichen Solar-Licht-Interaktionen in allen ihren Teilen erfährt, bis dies zur glorreichen globalen Harmonie führt, und die ganze Menschheit dem vollsten göttlichen Potential zustrebt. »ICH BIN« die größte spirituelle Freiheit der Erde.

Mit jedem Einatmen nehme ich meine SOLARE CHRISTUS-GEGENWART der Harmonie in den vier-dimensionalen Raum innerhalb meiner Körper auf. Mit jedem Ausatmen strahle ich meine SOLARE CHRISTUS-GEGENWART nach außen und dehne die Grenzenlose Physische Vollkommenheit aus. ICH BIN zur Sonne geworden, im konstanten Rhythmus des Ein- und Ausatmens, der Quelle des göttlichen Lebens auf Erden.

Ich visualisiere, wie meine SOLARE CHRISTUS-GEGENWART jeden Aspekt meines Wesens versiegelt. Ich erfahre dies jetzt in jedem Chakra, jedem Organ, jeder Zelle, jedem Molekül, jedem Atom und jedem Elektron meines Wesens, bis alle dazugehörigen Teile selbst eine Sonne geworden sind. »ICH BIN« die Fülle meines Vater-Mutter Gottes auf jeder Ebene meines Wesens.

Dies visualisiere ich jetzt auch für die Erde. »ICH BIN« die 12fältige Solar-Flamme der Menschheit im Zentrum ihrer SOLAREN CHRISTUS-GEGENWART, die glorreiche Vollkommenheit des 12fältigen elektronischen Kausal-Körpers der kollektiven »ICH BIN«-Gegenwart der Menschheit. Die Erde zeigt sich als ein glorreiches Solar-Wesen und nimmt wieder ihren Platz als ein Stern der spirituellen Freiheit am himmlischen Firmament ein. In der vollen Akzeptanz dieser Realität: »ICH BIN« die Erde, eingeatmet in die Sonne, als eine Sonne. »ICH BIN« die Gott-siegreiche Erfüllung des jetzigen kosmischen Moments.

Innerhalb meiner SOLAREN CHRISTUS-GEGENWART erlange ich jetzt die Matura als göttliches Wesen. Als Kind Gottes lebte ich passiv in der Umarmung meiner Eltern und nahm die vor mir ausgebreiteten Segnungen auf. Jetzt »BIN ICH« aktiv und schaffe mein eigenes Universum der Vollkommenheit, im gleichen heiligen Prozeß wie meine Gott-Eltern. In meiner SOLAREN CHRISTUS-GEGENWART drückt sich alles im Universum als eine Sonne aus, jeder Planet, jedes Wesen, jedes Atom. »ICH BIN« eine Sonne, in einer Sonne, in einer Sonne bis in die Unendlichkeit.

Jetzt, als die SOLARE CHRISTUS-GEGENWART auf Erden manifestiert, weihe ich meine vier Erden-Körper und die vier Erden-Körper der ganzen Menschheit.

Die Zeremonie der Weihung

»Ich, die SOLARE CHRISTUS-GEGENWART der Menschheit, rufe jetzt an, zentriere, dehne aus, projiziere und halte den heiligen Strahl der Weihung aufrecht für die vier Erden-Körper jedes Mannes, jeder Frau, jedes Kindes. Geliebte, fühlt jetzt, wie dieser Strahl in Euer Wesen einströmt, wenn ich Eure gegenwärtige Verkörperung zu vollkommenem Dienst im Kosmischen Christus weihe. Ich lege meine feurigen Licht-Hände auf Euer Herz und weihe Eure Gefühlsnatur dem Heiligen Geist und jedem Ausdruck von Harmonie und Göttlicher Liebe.

Ich segne Euren Geist und weihe Eure Gedanken für Göttliche Unterscheidungskraft und Gottes Erleuchtung. Ich segne Euer Hals-Zentrum und Eure Lippen, weihe Eure Stimmen, daß sie nur die Wahrheit sprechen und den Äther mit den heiligen Klängen Gottes in Bewegung versetzen. Ich segne Eure Hände und weihe ihre sanfte Berührung zur Heilung und Segnung allen Lebens. Ich segne Eure Füße und weihe Euer Fundament, damit sie während dieser Inkarnation auf dem Pfad des Lichtes bleiben. Ich weihe Eure Augen, daß sie nur Vollkommenheit sehen, Eure Ohren, daß sie nur Vollkommenheit vernehmen. Ich segne Eure Nase, so daß Ihr den »Heiligen Atem« Gottes atmet und nur den Duft Gottes in allen Dingen und in allen Menschen sucht. Ich lege meine Hände auf Euer Drittes Auge und weihe es, daß es Euch Euren Göttlichen Plan offenbart. Ich lasse meine Flamme in jedes Elektron Eurer physischen Chakras lodern und weihe sie für die vollkommene Ausrichtung auf die Solar-Schwingung im Einklang mit der 12fältigen Solar-Wirbelsäule Eurer »ICH BIN«- Gegenwart. Ich weihe Euer ganzes physisches Gefährt als Tempel Grenzenlosen Lichtes und physischer Vollkommenheit, mit der Ausstrahlung der 12fältigen Solar-Flamme Eurer SOLAREN CHRISTUS-GEGENWART und des Kausal-Körpers Gottes, sichtbar und greifbar für alles Leben um Euch herum. Durch Euch dehne ich augenblicklich diesen Dienst auf der planetarischen Ebene aus, indem ich die ganze Menschheit dem Körper der SOLAREN CHRISTUS-GEGENWART weihe, die jetzt zur Erde zurückgekehrt ist.

Ich segne Euch mit der vollen Weihung von unserem Vater-Mutter Gott und verankere dies physisch durch Euch in die ganze Menschheit, so daß es sich für immer im ewigen Dienst für das Licht ausdehnt, bis diese liebe Erde aufgestiegen und frei ist.«

Unsere SOLARE CHRISTUS-GEGENWART übernimmt jetzt den vollen Befehl über unsere vier niederen Körper und wir affirmieren mit tiefem Gefühl:

»ICH BIN« eine grenzenlose Gegenwart von Gottes Vollkommenheit.
»ICH BIN« die Hand Gottes, die jetzt in der Welt der Form manifestiert ist.
»ICH BIN« Grenzenlose Physische Vollkommenheit, Reichtum, Fülle, Freude, Glückseligkeit, Liebe, Erleuchtung, Freiheit, Befreiung, Sieg und Gott-Essenz. (Pause)

»ICH BIN« das Göttliche Vater-Prinzip der Macht, das jetzt in der Welt der Form manifestiert ist.
»ICH BIN« das Göttliche Mutter-Prinzip der Liebe, das jetzt in der Welt der Form manifestiert ist.
»ICH BIN« das Göttliche Sohn-/Tochter-Prinzip der Weisheit, die SOLARE CHRISTUS-GEGENWART, die jetzt in der Welt der Form manifestiert ist. (Pause)

Ich visualisiere jetzt die volle Macht meiner SOLAREN CHRISTUS-GEGENWART, die mich durchströmt. Sie schöpft aus meinem Kausal-Körper und hilft mir in jeder Situation, meine vollkommene göttliche Antwort (innen und außen) zu formulieren. Sie trägt die Realität der Zeitlosigkeit, der Raumlosigkeit und der Grenzenlosen Physischen Vollkommenheit in den ewigen Moment des Jetzt. Damit ich dies akzeptiere, erlaube ich meiner SOLAREN CHRISTUS-GEGENWART, die Bänder, die mein eigenes persönliches Leben an irgendeinen Aspekt der Begrenzung oder Angst gebunden haben, zu lösen und zu befreien. Ich verwende fortlaufend die Umwandlungs-Kraft im heiligen Violetten Feuer. ICH RUFE UND RUFE ALLE ASPEKTE MEINES EIGENEN SOLAR-WESENS AN. Ich werde zum potentiellen Sonnen-Gott oder -Göttin, die ICH wahrlich BIN, in Tätigkeit hier auf Erden. Die Menschheit ist jetzt eine Rasse von »ICH BIN«-Wesen, die im Garten der Grenzenlosen Physischen Vollkommenheit lebt.

»ICH BIN« der Geist der Transformation!
»ICH BIN« die Mutter Gott ... »ICH BIN« Liebe in Tätigkeit!
»ICH BIN« der Vater Gott ... »ICH BIN« Macht in Tätigkeit!
»ICH BIN« der Sohn oder die Tochter Gottes,
die SOLARE CHRISTUS-GEGENWART ...
»ICH BIN« Weisheit in Tätigkeit!

Durch die Kraft der 12 x 12 »ICH BIN« das »ICH BIN«
Es ist getan! So ist es !
»ICH BIN« »ICH BIN« »ICH BIN«

Das Jahr 1994
»Wiedereinweben« der 12fachen Solaren DNS-Stränge

Am 11.1.1994 hatten sieben Planeten im Steinbock (innerhalb von 9 Grad) Konjunktion: Merkur, Venus, Mars, Uranus, Neptun, Sonne und Mond. Es war die konzentrierteste Ausrichtung der Planeten innerhalb der letzten 300 Jahre. Durch das Einströmen des Lichtes wurde unsere Solare Christus-Gegenwart mit der 12fältigen Solaren Herzensflamme ausgestattet. Das bedeutet, daß die 3fältige Herzensflamme, unser göttlicher Funke, ermächtigt und ausgedehnt wurde, um die 12 Eigenschaften Gottes in vollkommenem Gleichgewicht widerzuspiegeln. Die 3fältige Flamme reflektiert das göttliche Gleichgewicht von Liebe (rosa), Weisheit (gold) und Macht (blau). Das »Sternentor unseres Herzens« wurde für alle Dimensionen der Göttlichkeit geöffnet, so daß wir uns in neue Ebenen der Gottheit weiter entwickeln können. Auch unser »Weißes Feuerwesen« pulsiert nun in der 12fältigen Flamme der Sonne.

April 1994 Karfreitag: Die Aufstiegs-Flamme überflutete den Planeten. Die Solare Christus-Gegenwart dehnte ihr göttliches Selbst durch die Herzensflamme eines jeden Mannes, jeder Frau, jeden Kindes aus. Das Sternentor des Herzens öffnete sich weiter. Am 3. Tag, Ostersonntag, strömte die Aufstiegs-Flamme in jede Herzensflamme. Dies bewirkte den Aufstieg des menschlichen Egos und transformierte die gefallenen Aspekte der menschlichen Persönlichkeit zurück in ihre ursprüngliche göttliche Substanz. Es geschah für jede individuelle Seele bestmöglich, soweit es das Kosmische Gesetz erlaubte.

April 1994: Dauerhafte Öffnung des Vortex (Wirbel) der Göttlichen Mutter, der Göttin. Das Sternensystem des Sirius öffnete das Tor der Göttlichen Mutter. Zum ersten Mal seit über 90.000 Jahren konnte die Göttliche Liebe der Mutter Gottes, unbehindert durch die Fehler der menschlichen »Mißschöpfung« auf den Planeten Erde einströmen. Unsere Solare Christus-Gegenwart nahm das unbeschreibliche Licht durch unsere Herzensflamme auf. Der Kern der Reinheit, der in jedem Elektron pulsiert, wurde reaktiviert und der Code der Göttlichen Blaupause, die ERINNERUNG AN UNSERE GÖTTLICHKEIT, wurde innerhalb unseres Zell-Musters in den genetischen Code der RNS/DNS projiziert.

Die schlafende rechte Gehirn-Hemisphäre (weibliche Seite) wurde aktiviert. Dies erlaubte der weiblichen Natur Gottes – dem göttlichen Mutter-Prinzip – durch das Sternentor unseres Herzens, Eingang in die Welt der Form.

Durch die Aktivierung unserer rechten Gehirnhälfte (intuitive, schöpferische Seite) kam die linke Gehirnhälfte (logischer Verstand, männliche Seite) mit der rechten ins Gleichgewicht. Hypophyse, Zirbeldrüse, Hypothalamus und das ganglionische Zentrum wurden aktiviert, so daß das Kronen-Chakra der Erleuchtung erwachte. Nun sind wir wieder mit der Gefühlsnatur Gottes verbunden.

Nach dem »Fall« und der Trennung schlossen wir unser Herzzentrum, was bewirkte, daß sich das »Göttliche Mutter-Prinzip« von der Erde zurückzog. Dies wiederum resultierte im Mißbrauch der Macht unserer männlichen Natur und war der Grund für die Gebrechen, die die Menschheit und die Erde erfuhren. Dies ist jetzt geheilt. Die Göttliche Liebe des Heiligen Geistes, der Mutter-Aspekt Gottes, überflutete die Erde. Eine NEUE BLAUPAUSE für den Ausdruck des »Göttlichen Weiblichen« und des »Göttlichen Männlichen« wurde in uns verankert und in den genetischen Code eingegeben.

Mai 1994 Himmelfahrts-Tag: Die Aufstiegs-Flamme badete alles Leben auf Erden in ihrer Göttlichen Essenz. Die Mißschöpfungen wurden energetisch erhöht, und Schwingung und Bewußtsein dauerhaft im Licht der Aufstiegs-Flamme versiegelt.

Mai 1994 Pfingsten: Die Substanz des Heiligen Atems des Heiligen Geistes überflutete die Erde. Die vorhergegangene Aktivierung der Göttlichen

Blaupause wurde noch weiter ausgedehnt und beschleunigte das Makellose Konzept/Bild in jeder manifestierten Form. Es bedeutete, daß die Vision des Himmels auf Erden in unseren bewußten Verstand wie niemals zuvor »einsickerte« und der Schleier zwischen Himmel und Erde dünner wurde.

24.5.1994 Mondfinsternis bei Vollmond: Die intensivsten Frequenzen von Göttlicher Heilung strömten zur Erde, flossen durch jeden ätherischen Körper, der sich auf Erden entwickelt und heilten den »Riß«, der während des Sinkens von Lemuria entstanden war. Die Schwächen und Löcher in unserem Äther-Körper wurden repariert. Die heilenden Energien stärkten unser Erden-Fahrzeug. Zuvor, am 1.4.1994, wurde der Riß im Ätherkörper der Erde geheilt.

16.7. – 22.7.1994: Der Komet Shoemaker-Levy kollidiert mit Jupiter. Ein Herunterströmen von machtvoller, aber feiner spiritueller Energie fand statt. Es war ein »Sprungstart« im Prozeß der Vergeistigung der Materie. Die Energie half uns, unsere Realität zu verändern: »von einem physischen Wesen mit einem Geist« in ein »spirituelles Licht-Wesen, projiziert in die Materie«. Das höhere spirituelle Wissen innerhalb des kollektiven Bewußtseins der Erde ist dadurch erwacht. Jupiters göttliche Eigenschaften strömten als Fülle der Lebensenergie in uns und erweckten die Göttlichkeit in uns.

Das magnetische Kraftfeld des Jupiters ist 20.000 Mal stärker als das der Erde.

15. – 17.8.1994: Wiederkehr der Harmonischen Konvergenz von 1987.

Das »Wieder-Einweben« der 12fachen Stränge in unsere DNS fand statt. Nach dem »Fall« verloren wir das Bewußtsein über unser Gott-Selbst. Ursprünglich bestand unsere RNS/DNS aus einer 12fachen Helix solaren Lichtes. Dadurch bestand eine bewußte Kommunikation zwischen unserem multidimensionalen Gott-Selbst und unserem menschlichen Selbst. Unser menschliches Bewußtsein war eins mit dem Geist Gottes in den Ebenen der Vollkommenheit. Nachdem wir aber in die dichteren Oktaven der menschlichen Mißschöpfung fielen, gab es in unserer Solar-DNS einen Kurzschluß und es entstand die Doppel-Helix.

Die Doppel-Helix in unserer DNS hält ungefähr 10 Prozent unserer Gehirn-Kapazität aufrecht und verhindert die bewußte Kommunikation mit unserem Gott-Selbst. Der genetische Code ist verzerrt und spiegelt sich als Verformung auf der physischen, mentalen und spirituellen Ebene wider.

Am 18.8.1994 begann das »Wieder-Einweben« der 12fachen Solaren Stränge in unsere DNS in den Ebenen der Ursache. Die Göttliche Blaupause der Grenzenlosen Physischen Vollkommenheit erwacht in uns auf atomarer-zellularer Ebene. Wir werden nun nach und nach in der Lage sein, uns wieder bewußt mit den multi-dimensionalen Facetten unseres Wesens zu verbinden. Unsere Körper werden in vollkommene Gesundheit, ewige Jugend und strahlende Schönheit transformiert.

Wir sind hier auf der Erde, um Mitschöpfer zu sein. Durch unseren freien Willen und unsere schöpferischen Fähigkeiten im Denken und Fühlen sollten wir die physische Manifestation vom »Himmel auf Erden« ausdrücken: »wie oben, so unten«.

Durch bestimmte Planeten-Stellungen von Mitte Oktober bis Ende November (Sonne, Merkur, Jupiter, Pluto, Venus und Mondknoten im Skorpion), fand eine große Reinigung bezüglich der Emotionen, des Selbstwert-Gefühls, alter Verhaltensmuster, persönlicher Werte, Integrität usw. statt. Wie drückten wir »Göttliche Liebe« in unserem Leben aus? Was waren unsere wahren Gefühle auf einer tieferen Ebene in unseren Beziehungen? Was waren die wahren Beweggründe in unseren Beziehungen? Waren wir bereit, die notwendigen Anstrengungen zu machen, um unsere Beziehungen in Freude, Liebe, Glück und Zufriedenheit umzuwandeln? Sind wir fähig zu vertrauen und offen unsere Liebe auszudrücken?

Die Vollmond-Finsternis am 18.11.1994 gab uns innere Stärke und den Mut, jeglichen Widerstand aufzugeben, um unser wahres GOTT-Selbst zu SEIN. Während der nächsten 6 Monate verstärkte sich die Kraft. Der Erfolg hing von unserer Bereitschaft ab »LOSZULASSEN«.

Am 23.11.1994 kamen über die Venus neue, klarere Energien in die Atmosphäre. Sie halfen uns durch Annahme der Veränderung »lieben zu lernen« und unsere Liebesnatur zu transformieren. So werden die Beziehungen der »neuen Zeit« auf der höchsten Ebene des Selbstwertes, des Vertrauens, der Integrität, auf Wahrheit, Respekt, Harmonie, Ausgeglichenheit, Zärtlichkeit, Freundlichkeit, Miteinander-Teilen, Offenheit, Fürsorge und vor allem auf LIEBE !!! basieren.

Die göttliche Hochzeit

Nun war es soweit, daß die Vereinigung unserer weiblichen und männlichen Natur stattfinden konnte. Die »Göttliche Hochzeit« vereinte den weiblichen und männlichen Aspekt unserer »ICH BIN«-Gegenwart, so daß wir nun das volle Potential unseres Göttlichen Selbst – unseres Weißen Feuerwesens – in der physischen Welt der Form widerspiegeln können.

Der Heilige Tag 12:12

12.12.1994: Die Zahl »12« bedeutet »Vollendung«. Am 12. Dezember 1994 hatte die Erde ihren »Aufstiegs-Tag«, sie »graduierte« und trat offiziell in das »Goldene Zeitalter« ein. Mutter Erde und alles Leben auf ihr stieg auf, in eine Frequenz von Energie, Schwingung und Bewußtsein, die jetzt der Menschheit, den Elementarwesen und den Engeln erlauben wird, alle Folgen des »Falls der Menschheit« zu transzendieren und sich in die Göttlichen Oktaven der »GRENZENLOSEN PHYSISCHEN VOLLKOMMENHEIT« zu begeben.

Es gab viele verschiedene Interpretationen, was an diesem Heiligen Tag 12:12 geschehen würde. Was dann tatsächlich geschah, überstieg die größten Erwartungen des Himmels. An diesem Heiligen Tag fand die endgültige Versiegelung der 12 SOLAREN STRÄNGE der DNS innerhalb ALLEN Lebens auf Erden statt. Dadurch wurde der Kreislauf zwischen unserer Gott-Gegenwart und unseren vier niederen Körpern wieder dauerhaft verbunden. Die Botschaften, die jetzt von unserer Gott-Gegenwart in unserem genetischen Code der RNS/DNS empfangen werden, sind stark und klar, statt bruchstückhaft. Dies bedeutet, daß die atomare-zellulare Struktur unserer vier niederen Körper jetzt die Blaupause der »Ursprünglichen Göttlichen Absicht« – GRENZENLOSE PHYSISCHE VOLLKOMMENHEIT – erhält. Wenn dieser neue Code innerhalb unserer genetischen Muster aktiviert wird, werden alle Schwingungen von Verfall, Altern, Krankheit, Ungleichgewicht und Tod in LICHT transformiert. Es ist unmöglich, daß disharmonische Muster existieren, wenn den 12 SOLAREN STRÄNGEN der DNS die volle Herrschaft in unseren physischen Körpern übergeben wird. Wenn das Solare Licht in unsere Körperzellen integriert wird, werden sie in ewige Jugend, strahlende Gesundheit und Schönheit umgewandelt.

Diese Vollkommenheits-Muster spiegeln sich dann in unserer Umgebung wider, so daß unsere physische Wirklichkeit in »GRENZENLOSE PHY-

SISCHE VOLLKOMMENHEIT« verwandelt wird. Jeder Teil unseres Lebens kann in »den Himmel auf Erden« – unser Göttliches Geburtsrecht – verwandelt werden.

Wichtig ist, zu verstehen, daß wir »Geschöpfe der Gewohnheit« sind und die Wahl haben, in unseren alten Verhaltensmustern der Begrenzung zu verharren. Wir haben aber auch die absolute Fähigkeit, NICHT in den Fängen des menschlichen Egos gefangen zu bleiben.

Das Jahr 1995 (1)

Die himmlischen Helfer widmeten das Jahr 1995 der Befreiung der Menschheit vom Glauben an Illusion und Begrenzung. Da die Erde jetzt endgültig in ihre richtige Position im Sonnensystem aufgestiegen ist, erhielten wir die größte Hilfe von oben, um diese neuen Muster der Vollkommenheit, die durch die 12 Solaren DNS-Stränge in unsere atomare-zellulare Struktur vermittelt wurden, zu integrieren. Es gibt viele Möglichkeiten, um unseren physischen Körper in Grenzenlose Physische Vollkommenheit umzuwandeln.

Täglich ist es unsere Aufgabe, aufmerksam zu sein und den verstärkten Fluß von spiritueller Energie zu bestimmten Zeiten aufzunehmen und weiterzuleiten, von dem der Planet während Vollmond, Neumond, Sonne/Mond-Eklipsen, Sonnenwende, spiritueller Feiern und anderen globalen Aufrufen, die eine Veränderung des Bewußtseins hin zum Göttlichen Licht bewirken, überflutet wird. Lausche Deinem inneren Herzensruf, reagiere in Übereinstimmung mit Deiner Weisheit und Deinem Verständnis und bitte die »Himmlischen« um Hilfe.

Das Jahr 1995 bereitete den Weg für unseren endgültigen Erlösungs-Prozeß. Nachdem im Jahr 1994 das Wieder-Einweben unserer 12fachen DNS Stränge stattfand und uns wieder mit dem multi-dimensionalen Aspekt unserer wahren Gott-Wirklichkeit verband, wurden nun die 12fachen Solaren Meridiane durch unsere 12 Sonnen-Chakras in der Solaren Wirbelsäule in unseren physischen, ätherischen, mentalen und emotionalen Körpern aktiviert. Das 12fache Solare Meridian-System ist ein Solares Gitter-System, das sich in jeder Zelle unseres Körpers ausdehnt und das Licht Gottes und das Gott-Bewußtsein in jede Zelle projiziert. Das Licht wird die vorcodierte Göttliche Blaupause in unserer DNS/RNS aktivieren, die Blaupause für »Grenzenlose Physische Vollkommenheit« – die Blaupause für unseren Lichtkörper.

Das 12fache Solare-Meridian-System vibriert in einer Schwingung, die für das menschliche Ego unerreichbar ist. Das bedeutet, daß das Licht Gottes jetzt uneingeschränkt durch uns fließen und nicht mehr von unserem Ego verunreinigt werden kann.

Selbstverständlich sind wir auch weiterhin für jedes Elektron von Lebensenergie, das wir gebrauchen, verantwortlich. Das menschliche Ego hat immer noch den freien Willen, das Geschenk des Lebens zu mißbrauchen. Auch wenn sich unser Ego »daneben benimmt« und wir jetzt das Göttliche Licht anrufen, wird die Negativität durch die Violette Flamme umgewandelt, die durch unsere Solaren Meridiane in die Situation lodert. Sind wir wieder in alte Verhaltensmuster von Begrenzung und Misere zurückgefallen, kann unser Gott-Selbst die Führung übernehmen und die negative Wirkung umdrehen. Denn unsere Gott-Gegenwart ist jetzt unendlich mächtiger, nachdem die neuen Solaren Meridiane aktiviert wurden.

Während der Osterfeiertage im April 1995 projizierte unser Vater-Mutter Gott die »Aufstiegs-Flamme« in den Kern der Reinheit jedes Elektrons auf Erden. Das Göttliche Licht bewirkte die Auferstehung vom Göttlich-Weiblichen in allem Leben. Eine höhere Frequenz der Liebesnatur der weiblichen Polarität Gottes wurde in jedem Herzen verankert. Dies bewirkte, daß die Überreste des männlichen Mißbrauchs der Macht zur Umwandlung an die Oberfläche kamen.

Seit dem Fall aus der Gnade war der Göttliche Wille Gottvaters der vorherrschende Einfluß auf Erden. Leider haben die menschlichen Egos das männliche Prinzip Gottes seit Äonen durch Machtmißbrauch entstellt. Dies manifestierte sich als eine aggressive, dominierende, patriarchalische Gesellschaft, so daß die weibliche Natur Gottes als Göttliche Liebe unterdrückt und abgelehnt wurde. Frauen erhielten von Männern nicht die gleichen Rechte und wurden mißhandelt, so daß sich die Männer mächtig und dominierend fühlten.

Durch eine Göttliche Zeremonie, die auf inneren und äußeren Ebenen stattfand, übergab das Göttlich-Männliche die Autorität dem Göttlich-Weiblichen. Die Göttliche Liebesnatur in unseren Herzen ist nun ermächtigt, die volle Führung zu übernehmen.

Unser Sieg im Licht ist jetzt gesichert, denn wir erreichten die kritische Masse, und das Solare Christ-Selbst beeinflußt nun vorherrschend unser Leben. Über 51 Prozent der Menschheit strebt wirklich danach, das Göttliche Potential zu erreichen und eine LIEBE- UND FRIEDEN-GEBIETENDE GEGENWART auf Erden zu schaffen, die Richtung zu ändern, dem Planeten zu helfen, sein Göttliches Geburtsrecht wieder zu erlangen und den Göttlichen Plan als Söhne und Töchter Gottes zu erfüllen.

Auch wenn wir noch über Zeitungen und Fernsehen mit negativen Nachrichten bombardiert werden, so ist dies nur ein kleiner Teil. Wir können das Göttliche Licht der Heilung und Vergebung in diese Situationen rufen. Es gibt sehr viel mehr Menschen, die Liebestaten auf dem Planeten vollbringen, nur wird davon in den Medien weniger berichtet.

1995 konnten wir das Kraftfeld der Göttlichen Liebe auf dem Planeten in der Schwingung so stark beschleunigen, daß wir in Übereinstimmung mit dem Photonengürtel kamen. Dies geschah während der 9. Jahresfeier der Harmonischen Konvergenz im August 1995. Seitdem sind wir in die Außenränder des Photonengürtels eingetreten und unser Aufstiegs-Prozeß wird davon sehr stark beeinflußt. Was ist der Photonengürtel?

Der Photonengürtel

Der Photonengürtel ist ein Kraftfeld aus Licht. Viele Menschen haben Wahrnehmungen dieser Photonenenergie, und jeder interpretiert sie nach seiner Weisheit und seinem Verständnis. Manche sagten, daß dieses Kraftfeld den Polsprung verursachen würde und alles Leben würde zerstört. Andere wiederum prophezeiten, daß die Erde in einen Planeten des Lichtes und des ewigen Friedens transformiert würde. Die Wahrheit wird die Angst und das Durcheinander transzendieren und uns auf eine Ebene der Klarheit bringen, so daß wir den Photonengürtel für unser höchstes Wohl nutzen können.

Wir müssen zunächst verstehen, was der Photonengürtel wirklich ist. Im Kapitel »Das Neue Zeitalter« (vgl. Seite 13) wird der 24.000jährige Umlauf unseres Sonnensystems beschrieben, das sich im Gegen-Uhrzeigersinn bewegt. Nachfolgend noch weitere Erklärungen. Die Plejaden sind eine bekannte Sternengruppe im Sternbild des Stieres. Sie sind sichtbar, und die Astronomen bestätigen, daß dies ein Sonnensystem ist, welches um die größte und hellste Sonne »ALCYONE« rotiert. Die Astrophysiker erkannten, daß unsere eigene Sonne der äußere Stern ist, so daß Alcyone im Zentrum unseres Umlaufs ist.

Alcyone hat einen riesigen Strahlungsgürtel, der aus Photonen-Teilchen besteht. Dieser hat die Form einer Scheibe, ähnlich den Ringen des Saturns. Der Photonengürtel um Alcyone dehnt sich Hunderte von Lichtjahren im Raum aus.

Jede planetarische Sonne bewegt sich zweimal durch die Photonen-Scheibe hindurch, um einen Umlauf um Alcyone zu beenden. Unsere Sonne bewegt sich durch den Photonengürtel alle 10.000 Jahre. Jedes Mal braucht sie ca. 2000 Solare Jahre oder 759.864 Millionen Meilen, um sich durch die Photonenscheibe zu bewegen. In alten Legenden der Eingeborenen ist die Rede von 10.000 Jahren Dunkelheit und 2000 Jahren Licht. Wir befinden uns jetzt im Zeitraum der 10.000 Jahre Dunkelheit, denn wir erfahren das Licht unserer Sonne nur für einige Stunden während eines 24-Stunden-Tages. Die restliche Zeit verbringen wir in Dunkelheit. Wir haben Tag und Nacht, wenn wir nicht im Photonengürtel sind. Während der 2000 Jahre im Photonengürtel erfahren wir ein anderes Phänomen. Es wird Tag und Nacht hell sein.

Das Licht-Kraftfeld enthält zerfallene und entzweite Elektronen. Photonen-Licht-Teilchen entstehen, wenn eine Kollision zwischen einem Anti-Elektron (Positron) und einem Elektron stattfindet. Dadurch zerstören sich die Teilchen gegenseitig. Die Masse, die aus dieser Kollision entsteht, wird umgewandelt in Photonen oder Licht-Teilchen. Beim Durchgang durch diese Licht-Teilchen wird jedes Atom und Molekül auf Erden beeinflußt, und zwar so, daß es sein eigenes Licht ausstrahlt. Ähnlich ist es am Nordpol, wo kosmische Strahlungs-Teilchen die Ionosphäre erleuchten, so daß die Nordlichter entstehen. Wenn wir uns ganz im Photonengürtel befinden, wird durch dieses Licht, das keine Hitze ausstrahlt, die dunkelste Höhle erleuchtet. Tag und Nacht wird es hell sein. Die Atome, die in manifestierter Form enthalten sind, werden auf eine höhere Schwingungsfrequenz beschleunigt.

Die Nullzone

Die Nullzone, die den Photonengürtel umgibt, ist eine riesige Barriere unglaublich verdichteter Energie. Die Magnetfelder sind so dicht ineinander verwoben, daß es für ein drei-dimensionales elektromagnetisches Feld unmöglich ist, sich ohne dramatische Veränderung hindurchzubewegen.

Früher, als die Erde in die tiefsten Frequenzen der Disharmonie fiel, war der Durchgang durch die Nullzone des Photonengürtels mit katastrophalen Ereignissen verbunden. Der Durchgang verläuft während ca. 72 Stunden. Die dramatischsten Veränderungen, die die Erde erfahren hat, haben wahrscheinlich mit dem Wiedereintritt in den Photonengürtel zu tun, wie

z. B. die Polsprünge, die Eiszeit, das Verschwinden der Dinosaurier und vergangener Zivilisationen, das Versinken von Lemuria und Atlantis usw.

Tritt die SONNE zuerst in die Nullzone ein, ist es ähnlich wie bei einer Sonnenfinsternis von 72 Stunden.

Tritt die ERDE zuerst in die Nullzone ein, werden die Photonen-Licht-Teilchen die Ionosphäre erleuchten. Es wird so erscheinen, als wäre die Atmosphäre feurig entflammt, jedoch ohne Hitze.

In vergangenen Zeiten hatte es katastrophale Auswirkungen, wenn die Erde in die Nullzone des Photonengürtels eintrat, da die Schwingungen der Erde sehr disharmonisch waren. Deswegen verwiesen alle Prophezeiungen darauf, daß die Katastrophen verhindert werden könnten, WENN die Menschheit ihre Richtung ändern und auf den Weg der Liebe und Ehrerbietung allem Leben gegenüber zurückkehren würde.

Der Photonengürtel beschleunigt unseren Aufstiegs-Prozeß und die Entwicklung unseres Lichtkörpers. Er wird auch die Heilung verstärken, da unsere 12fachen DNS-Solar-Stränge erneut eingewebt wurden, so daß wir wieder mit den Ebenen der Vollkommenheit kommunizieren können.

Um uns zu verwirren und abzulenken, wurden einige der Informationen, die den Photonengürtel betreffen, auch von den Kräften des Ungleichgewichtes beeinflußt. So wurde u. a. gesagt: »Wenn wir uns in den Photonengürtel hineinbewegen, werden alle elektrischen Geräte nicht mehr funktionieren. Es wird Massenlandungen geben und Wesen von anderen Sonnensystemen werden uns über eine neue Technologie unterrichten, die uns retten wird«.

Wie wir wissen, besteht jedes physische Objekt auf Erden aus Molekülen, Atomen, Elektronen, Neutronen, Protonen und anderen subatomaren Teilchen. Dies bezieht unseren menschlichen Körper, die Tierkörper und Pflanzen mit ein. Es sind elektrische Impulse, die durch unseren Körper strömen, unser Gehirn aktivieren und unser Herz schlagen lassen. Wenn also in einem Moment sämtliche elektrischen Geräte auf Erden nicht mehr funktionieren, würden wir sterben, ebenso die Tiere und Pflanzen. Die Information besagt auch, daß wir auf wunderbare Weise transformiert würden. Aber wenn die Elektronen in unserem physischen Körper transformiert werden können, so kann dies auch für die elektrischen Geräte geschehen. Genau das geschieht jetzt durch einen sich langsam erhöhenden Beschleunigungs-Prozeß.

Durch die konzentrierten Bemühungen der Menschheit und der Himmlischen Hierarchie wurden die Schwingungsfrequenz und das Bewußtsein jedes Teils des Lebens auf Erden beschleunigt, so daß sie sich an die Schwingung des Photonengürtels anpaßten und mit ihr in Einklang sind.

Dies wurde, wie schon erwähnt, während der 9. Jahresfeier der Harmonischen Konvergenz im August 1995 erreicht. Seitdem befinden wir uns im äußeren Rand des Photonengürtels und erfahren die ersten Frequenzen von Licht-Teilchen. Dies verursachte Veränderungen im elektromagnetischen Feld. Es gab einige elektrische Ausfälle, nicht funktionierende elektrische Geräte oder Autos, die kurioserweise an einem Tag nicht und am nächsten Tag auf einmal wieder funktionierten. (Im August 1996, als ich in den USA war, gab es einen 5-Stunden andauernden Stromausfall an der gesamten Westküste, Teile von Arizona und Nevada waren ebenfalls betroffen.) Wir können auch hierbei das Licht anrufen und die elektromagnetischen Felder harmonisieren. Dadurch werden die Energien auf eine höhere Schwingung gebracht, so daß nach und nach alle elektrischen Felder in Harmonie kommen, um in Übereinstimmung mit der Schwingung des Photonengürtels zu sein.

Auch unser menschlicher Körper geht durch Streß, während unsere Gott-Gegenwart alle 24 Stunden die Schwingung erhöht, soweit wir es jeweils aushalten können. Die Menschen haben grippeartige Symptome, Flüssigkeitsstau, Gliederschmerzen, Kopfdruck, Schmerzen, Müdigkeit und andere körperliche Probleme.

Da jedoch die physische Ebene die letzte Dimension ist, die Veränderung widerzuspiegeln, besteht die große Möglichkeit, daß wir harmonisch mit geringer oder gar keiner äußerlich sichtbaren besonderen Erscheinung durch die Nullzone in das Innere des Photonengürtels eintreten werden.

Die Wirkung der Beschleunigung wird uns jedoch sehr in unserem Aufstieg helfen und uns in unserem Transformations-Prozeß vorwärtsbringen.

Wir sollten den Massenlandungen, elektrischem Versagen und anderen Ablenkungen unsere Aufmerksamkeit entziehen. Statt dessen sollten wir uns darauf konzentrieren, unsere Schwingung zu erhöhen und auf die leitende Stimme unserer Gott-Gegenwart hören, wie jeder von uns der Erde in diesem glorreichen Moment ihrer Wiedergeburt und des Aufstiegs in das Licht am besten helfen kann.

Es ist für uns an der Zeit, die machtvollste und wirkungsvollste Kraft des Gotteslichtes zu sein und unsere Aufmerksamkeit darauf zu richten, daß wir die Mission erfüllen, wegen der wir hier sind.

Wir haben die Wahl! Mehr und mehr Menschen werden erwachen und auf den Weg der LIEBE zurückkehren, so daß die Schwingung der Erde dauerhaft erhöht wird, um im Einklang mit der Schwingung des Photonengürtels zu sein. LIEBE ist die verbindende, mächtigste Kraft im Universum und NICHTS kann ihr widerstehen oder sie ablehnen. Liebe ist Licht! Durch die Liebe wird das Licht ausgestrahlt. Nur durch Liebe können wir zu unserem Göttlichen Selbst Kontakt erhalten. Sind wir von der Göttlichen Liebe erfüllt, strahlt ihr Licht aus jeder Zelle unseres Körpers, verjüngt uns und macht uns schöner. Wir verändern uns durch Liebe und werden in strahlende Lichtwesen transformiert. Göttliche Liebe ist die erhabenste Eigenschaft der menschlichen Seele.

Während der Jahresfeier der Harmonischen Konvergenz im August 1995 strömte die intensivste und höchste Schwingung Göttlicher Liebe auf die Erde und verteilte sich im Kristall-Gitter-System. Die Erde und alles Leben auf ihr wurde von der Liebesschwingung der Göttlichen Mutter eingehüllt.

Durch die einmalige Aktivität des Violetten Feuers der Grenzenlosen Umwandlung und Vergebung wurde jede Schwingung in der physischen, ätherischen, mentalen und emotionalen Ebene der Erde, die nicht in Harmonie mit der Frequenz des Photonengürtels war, umgewandelt.

Die Erde und all ihr Leben konnte durch die Gnade der Göttlichen Liebe in eine höhere Schwingungsfrequenz aufsteigen, so daß sie in vollkommener Harmonie und in göttlicher Ordnung in die Nullzone des Photonengürtels eintreten kann!

Um den Heilungsprozeß zu beschleunigen, wurden die Licht-Dienenden von der spirituellen Hierarchie gebeten, sich im Oktober 1995 in Monterrey, New Mexiko, zu versammeln. Dieses Ereignis schuf ein machtvolles Kraftfeld, durch welches das Massenbewußtsein des männlichen Macht-Mißbrauchs dem Weiblichen gegenüber geheilt werden konnte. Durch die Anrufung der Violetten Flamme der Vergebung und Umwandlung wurden alle Aspekte des männlichen Macht-Mißbrauchs im violetten Licht gebadet und umgewandelt.

Unser Vater-Mutter Gott erhob die niedere männliche Natur in jedem Mann, jeder Frau und jedem Kind in das »Makellose Bild des göttlich-männlichen Ursprungs«, d.h., daß unsere niedere männliche Natur in ihrer ursächlichen göttlichen Bedeutung wiedergeboren wurde.

Durch diese göttliche Intervention kann die göttlich-männliche und die göttlich-weibliche Natur das Gleichgewicht und die Einheit ausdrücken, die sie eigentlich schon immer widerspiegeln sollte.

Während der Winter-Sonnenwende am 21. Dezember 1995 erfüllte sich der Teil des Göttlichen Planes, der vorsah, daß alle Licht-Dienenden die Tiefen des menschlichen Leidens gefühlsmäßig erfahren mußten, damit diese Energien durch Licht erlöst und erhoben werden konnten.

Bevor wir in diese Verkörperung kamen, offenbarten uns die Gott-Eltern ihren Plan – die einmalige Gelegenheit, diesen gefallenen Planeten zu retten und die Erde mit allem Leben in den Himmel auf Erden zu erheben. Auf dieser Ebene des Gottes-Bewußtseins verstanden wir, daß wir mit jedem erdenklichen Elend auf Erden konfrontiert werden würden. Wir wußten auch, daß wir die Kraft, die Stärke, den Mut, das Wissen und die Fähigkeiten hatten, diese Herausforderung zu bewältigen. Nie zuvor hat ein Planet, der so stark mit Negativität verunreinigt war, die Möglichkeit erhalten, in einer so kurzen Zeitspanne in das Licht aufzusteigen.

Das Universale Gesetz: »Werde ich erhoben, wird alles Leben mit mir erhoben« verstanden wir klar. Es war uns bewußt, daß wir uns mit diesen disharmonischen Energiefrequenzen von menschlicher Entartung, Schmerz und Leid verbinden mußten, damit diese geheilt und erhoben werden konnten. Freiwillig stiegen wir hinab in die Tiefen des menschlichen Leidens auf Erden, um es zu heilen und jede schmerzvolle Erfahrung in das Licht zu erheben.

Die Licht-Dienenden verkörperten sich in allen erdenklichen Verhältnissen auf Erden, um den Göttlichen Plan zu erfüllen. Dazu war es notwendig, das Leid und die Schmerzen tatsächlich zu FÜHLEN, damit diese Energien in unseren ätherischen Körper eingegeben werden konnten. Denn dadurch verbanden wir uns im kollektiven Massenbewußtsein mit jedem Menschen, der je ähnliche Umstände erfahren hatte.

Als wir inkarnierten, wurde uns das »BAND DES VERGESSENS« von Vater-Mutter Gott über die Augenbrauen gelegt, so daß wir auch tatsächlich die Trennung und die Hoffnungslosigkeit auf Erden fühlen würden. Wir wußten von unserem bewußten Gott-Selbst her, daß dies der einzige Weg war, die Leiden in dem erforderlichen Grad zu fühlen, der notwendig war, um die Energien in unserem ätherischen Körper zu speichern. Dies war unerläßlich, damit wir die negativen Energien erlösen konnten.

Hätten wir uns in oberflächliche, leichtsinnige Leben inkarniert, wären nach unserem Erwachen auch nur diese oberflächlichen Energien mit ins Licht erhoben worden.

Mit diesem inneren Wissen inkarnierten wir uns in die schwierigsten Umstände auf Erden. Wir wußten tief in unseren Herzen, daß Schmerz und

Leid nur VORÜBERGEHEND sein würden. Es würde einen Kosmischen Moment geben, wo sich alles verändern würde. Durch göttliche Intervention würde das Licht auf Erden mehr und mehr verstärkt, so daß der Göttliche Funken in unseren Herzen aktiviert würde. Wir würden AUFWACHEN, uns ERINNERN und unsere göttliche Mission erfüllen.

Diese Zeit ist JETZT. Wir haben alles erfahren und erlebt, unsere Leben waren schwierig. NUN HABEN WIR ES GESCHAFFT! Diese Phase des Planes ist erfüllt! Wir brauchen nicht mehr länger zu leiden. Wir haben jetzt die Wahl, entweder in unseren negativen Lebenserfahrungen stecken zu bleiben oder sie zu heilen und in unser höchstes Potential umzuwandeln.

Aber unser menschliches Ego, das auf uns mit Angst und Schmerz seit langer Zeit die Macht ausgeübt hat, glaubt nicht daran, daß sich die Umstände ändern können. Wir haben die negativen Umstände in unserem Leben akzeptiert und sind daran »gewöhnt«. Aber erinnere Dich, es ist jetzt nicht mehr erforderlich! Erkenne die Wahrheit Deiner Gott-Wirklichkeit, wer Du bist und warum Du hier bist.

Erinnern wir uns, daß wir Söhne und Töchter Gottes sind, entsinnen wir uns auch unseres göttlichen Geburtsrechts, den »Himmel auf Erden«, und daran, daß wir Mit-Schöpfer von Vater-Mutter Gott sind. Jede Unterstützung und Hilfe, die wir brauchen, um die Negativität der Vergangenheit zu transformieren und durch LIEBE zu befreien, wird uns gegeben.

Das Jahr 1996

Am 11. Januar 1996 bewegte sich Uranus, der Planet des göttlichen Bewußtseins und der grenzenlosen Umwandlung, in das Sternzeichen des Wassermanns. Somit wurde offiziell das Neue Zeitalter der sprirituellen Freiheit und Erleuchtung für das Sonnen-System von Alpha und Omega – »das Zeitalter des Wassermanns« verkündet.

Nun war es an der Zeit, das »alte Gepäck der Vergangenheit« umzuwandeln und loszulassen. 1996 (1+9+9+6 = 25 und 2+5 = 7) war ein »7« Jahr und der 7. Violette Strahl projizierte die Gott-Eigenschaften von Vergebung, Mitgefühl, Hingabe, grenzenloser Umwandlung, Freiheit, Befreiung und Sieg auf die physische Ebene. Die Licht-Dienenden riefen die Violette Flamme der Umwandlung in jeden Aspekt des Lebens.

Am 31. Januar 1996 entdeckte ein Amateur-Astronom aus Japan, Yuji Hyakutake, einen bis dahin unbekannten Kometen. Die Kometen werden immer nach ihren Entdeckern benannt. Es war der hellste Komet seit 1556.

Kometen kündigen Veränderungen an und werden als die »Boten Gottes« betrachtet. Sie sind die Vorboten kommender Ereignisse auf Erden, bringen neue Gelegenheiten und spirituelles Erwachen. Ihr »plötzliches« unvorhergesehenes Erscheinen zeigt schnelle Veränderungen und neue, rasch geschehende Entwicklungen an, die die Fähigkeit haben, den Lauf der Geschichte zu verändern. Diese Veränderungen können unser persönliches Leben dramatisch beeinflussen und ebenso eine tiefgreifende globale Transformation einleiten. In alten Zeiten wurden Kometen als Omen Gottes gedeutet und sagten Krisen, Kummer und schwere Zeiten voraus. Der Grund dafür war: Damit sich die spirituelle Wirkung des Kometen auf Erden manifestieren konnte, mußte die Negativität zur Klärung an die Oberfläche gebracht werden. Dies verursachte extremes Ungleichgewicht. Die Menschheit war so auf die Schmerzen fokussiert und übersah die glorreichen Segnungen, die der Erde durch dieses himmlische Ereignis gegeben wurden. Zum Glück hat sich jetzt viel verändert, denn unsere Fähigkeit Licht zu integrieren, wurde vollkommen umgewandelt. Nun sind wir fähig, die Geschenke und Segnungen, die diese himmlischen Körper auf die Erde projizieren, zu erfahren, ohne von dem Heilungs-Prozeß, den sie mit sich bringen, überwältigt zu werden.

Der Komet Hyakutake hatte einen Durchmesser von ca. 7,5 km, einen soliden Kern und einen riesigen Schweif, den man von der Erde aus sehen konnte. Die Eingeborenen der alten Völker hatten den Kometen seit langer Zeit erwartet. Die Mayas nannten ihn »YAHK'YTAH«, was bedeutet »die Gegenwart der Göttlichen Liebe auf Erden«.

Ende März 1996 passierte der Komet Hyakutake in nächster Nähe die Erde. Er segnete die Erde mit der »Gegenwart der Göttlichen Liebe« und zog die restlichen menschlichen disharmonischen Gedanken- und Gefühlsmuster der vergangenen Zeitalter, die im Widerspruch zur Göttlichen Liebe standen, in sein ätherisches Feld. Dies bewirkte Heilung sowie Reinigung auf der Astral-Ebene. Ein Paradigma-Wechsel in eine neue göttliche globale Struktur fand statt. Die sozialen, politischen, ökonomischen, kulturellen und spirituellen Systeme der Erde befinden sich nun in der Transformation.

Am 1. Mai 1996 erreichte der Komet Hyakutake Sonnennähe und übergab der Sonne die mißbrauchte Energie der Menschheit, die er zuvor in Erdnähe angezogen hatte. In der Sonne wurde sie repolarisiert und in Licht umgewandelt.

Zuvor, im Februar 1996, gab es für die erwachten Licht-Dienenden auf Erden noch eine ganz besondere Mission zu erfüllen. Erzengel Michael ließ seinen kosmischen Posaunenruf erschallen und bat um Unterstützung in einer ganz besonderen Situation, um viele Licht-Dienende, die einer großen Irreführung anheimgefallen waren, zu BEFREIEN. Dieser Betrug durch das »Kosmische Böse« sollte verhindern, daß die Licht-Dienenden ihre göttliche Mission auf Erden erfüllen würden.

Erzengel Michael und seine Legionen haben uns seit Äonen beschützt. Unsere Schwingungsfrequenz war damit viel höher als die der »Kräfte des Ungleichgewichts«. Wir waren auf inneren Ebenen vorbereitet worden, den Göttlichen Plan zu unterstützten. Erzengel Michael versicherte uns, daß jeder, der darauf vorbereitet war, die Aktivitäten des Lichtes zu unterstützen, von dieser Information in Kenntnis gesetzt würde.

Als er uns seinen Plan offenbarte, bat er uns, uns daran zu erinnern, daß WIR EINS MIT GOTT UND DER HIMMLISCHEN HIERARCHIE sind. Wir sollten uns eine Situation betrachten, die weit unter unserer Schwingung war. So konnte sie uns in keiner Weise etwas anhaben, als wir Göttliches Licht zur Umwandlung in diese Situation sandten.

Erzengel Michael teilte uns mit, daß das »Kosmische Böse« einen endgültigen Anschlag unternommen hatte, um unseren Aufstieg in die Evolutions-Spirale der vierten und fünften Dimension zu blockieren. Es ging um »gechanneltes« Material von verschiedenen Wesenheiten. Sogar viele Licht-Dienende, die Unterscheidungskraft hatten, fielen darauf herein und waren überzeugt davon, daß es die Wahrheit war. Als sie über die Aussagen der verschiedenen Bücher speziell befragt wurden, die offensichtlich und deutlich eine Irreführung der dunklen Kräfte waren, sagten sie: »Das habe ich nie in den Büchern gesehen«. Als ihnen dann die Aussagen gezeigt wurden, waren sie entsetzt, daß sie einen solch unmißverständlichen Betrug übersehen hatten.

Dies war die Bestätigung, daß diese letzte Bemühung eine neue Ebene der List war – aber sie war zum Scheitern verurteilt. Sie wurde aufgedeckt, denn das Universelle Gesetz dieses Kosmischen Momentes war »all das, was verheimlicht wird, muß jetzt offenbar werden«.

Damit die verschiedenen Wesenheiten, die mit dem »Kosmischen Bösen« verbündet waren, nicht ermächtigt werden, sollen die Namen nicht genannt werden. Diejenigen, die diese Bücher gelesen haben, wissen genau, wer damit gemeint ist. Alle anderen, die noch nicht mit dieser Information in Kontakt gekommen sind, erhalten jetzt zusätzliches Wissen, um ihre Unterscheidungskraft, wenn notwendig auch in der Zukunft, zu stärken.

»Das Kosmische Böse« ist der Abfall der gefallenen Zivilisationen aus Welt-Systemen, die lange vor der Schöpfung unseres Sonnensystems existierten. Da es absolut keine Macht über das Licht hat, konnte es die Menschheit nicht berühren. Es sei denn, wir würden spezifische Schritte unternehmen, um unsere Schwingungsfrequenz auf eine niedrigere Ebene herunterzusetzen, die dem »Bösen« Zugang verschaffte, was ja dann später auch geschah.

Das KRISTALL-GITTER und das MAGNETISCHE GITTER.

Vor langer, langer Zeit, als wir uns am tiefsten Punkt befanden, nahm das »Kosmische Böse« die Erde in Besitz und erschuf ein »magnetisches Gitter«, das uns am Rad des Karmas festhielt. Dieses »magnetische Gitter« war im Widerstand zum Licht Gottes und blockierte unseren Aufstiegs-Prozeß für Millionen von Jahren. Dadurch, daß wir in die Tiefen der menschlichen Mißschöpfungen fielen und die göttliche Lichtkraft dem »Kristall-Gitternetz« entzogen worden war, bekam die finstere Macht die Möglichkeit, sich der Erde zu bemächtigen. (Weitere Informationen über das »Kristall-Gitternetz« auf Seite 96.)

Die Kraft des »Kosmischen Bösen« manipulierte für Äonen unsere angst-besessenen menschlichen Egos, ihren Willen zu tun.

Während der Harmonischen Konvergenz im Jahre 1987 wurde das Kristall-Gitternetz aktiviert, und wir erschütterten das »magnetische Gitter« des »Kosmischen Bösen«. Wir bewegten uns in eine Schwingungsfrequenz des Lichtes und waren für das »Böse« nicht mehr erreichbar. Diese Kraft wußte, daß sie die Kontrolle und die Macht über die Erde verlor und ersann einen Plan, die Kontrolle wieder zu erlangen. Sie begann, an gewisse auf der Erde verkörperte Menschen Botschaften durchzugeben. Diese »Channels« (mediale Kanäle) verleiteten die Licht-Dienenden durch verschiedene Methoden, »Implantate« zu erflehen. Seit wir in höhere Lichtfrequenzen aufgestiegen sind, können die Kräfte des Ungleichgewichtes uns nicht mehr so einfach unseren Körper wegnehmen. Besessenheit kommt nur noch selten vor. Nun versuchten diese Wesenheiten des Betrugs, uns zu verleiten, »Implantate« zu erbitten. Implantate sind Werkzeuge der Manipulation und beabsichtigen immer, eine Person von ihrer Gott-Gegenwart zu trennen, so daß diese Person freiwillig ihren Körper aufgibt und die

Wesenheit ihren Körper benutzen kann, um ihren zwielichten Plan auf Erden zu erfüllen. In diesem Fall war es der Wiederaufbau des »magnetischen Gitters«. ALLE IMPLANTATE sind Werkzeuge der Macht der Dunkelheit und, egal was die Wesenheit behauptet, ALLE IMPLANTATE haben den Zweck, uns dazu zu bringen, unseren Körper aufzugeben.

Um etwas Bestimmtes auf Erden zu manifestieren, muß die Energie, die dafür gebraucht wird, von der Göttlichkeit in der Herzensflamme von jemandem, der auf Erden inkarniert ist, angezogen werden. Auch Gott »benötigt einen Körper«.

Um die Licht-Dienenden zu täuschen, wurde nun ein Plan vom »Kosmischen Bösen« entwickelt, der nicht irreführender, trügerischer und listiger hätte sein können. Zunächst wurden Übermittler oder »Channels« ausgewählt, die geübt und erfahren waren, mächtige Kraftfelder der Liebe auszustrahlen. Die Wesenheit, die über den medialen Kanal vermittelte, wußte, daß die Ausstrahlung der Liebe magnetisch ist und daß sie viele Menschen weltweit in Seminare und Zusammenkünfte anziehen würde. Sie wußte auch, daß durch das Liebes-Kraftfeld Vertrauen geschaffen wurde, so daß die Licht-Dienenden ihre Wachsamkeit aufgeben und verletzbar werden würden. Das »Kosmische Böse« schwingt nicht in der Liebes-Frequenz. So brauchte es das Liebes-Kraftfeld der Kanäle, um die Menschen zu täuschen, so daß diese dachten, daß das, was sie während der Seminare fühlten, die Quelle der Liebe wäre.

Die Wesenheit verhüllte ihren Plan auf eine ganz schlaue Art, so daß er von den Licht-Dienenden nicht erkannt wurde. Die Instruktionen wurden hier und da in Büchern und anderen Informationen, die klar auf Wahrheit und Liebe basierten, versteckt, so daß der Täuschungs-Plan verborgen und schwer zu entschlüsseln war. Wenn die Einzelheiten des Planes außerhalb des Zusammenhangs mit dem übrigen Text angesehen werden, ist die Absicht offensichtlich und schockierend.

Die Wesenheit wies die Licht-Dienenden an, ein »neutrales Implantat« zu erbitten, damit unsere »Einprägung gelöscht und annulliert« wird. Unsere Einprägungen beinhalten jegliche Information in unserem Gedächtnis, seit wir aus dem Herzen Gottes erschaffen wurden. Außerdem beinhalten sie unser vergangenes Karma. Die Wesenheit teilte mit, daß, nachdem wir das »Implantat« angenommen hätten, wir feststellen würden, daß unser »Silber-Strick« verschwunden wäre. Selbstverständlich ist unsere »SILBERSCHNUR« kein »Strick«, sondern unsere Göttliche Lebenskraft.

Die Wesenheit sagte, wir sollten die Anrufung für das Implantat laut während eines vollen Mond-Zyklus von 28 Tagen machen. Dann würden uns unsere spirituellen Führer verlassen. Danach würden wir für 90 Tage in eine »schwarze Depressions-Phase« gehen. Während dieser Zeit würden wir das »Implantat« sowie »neue Führer« erhalten. Nachdem wir unsere neuen Führer erhalten hätten, wären wir nicht mehr fähig, direkt mit unserem Höheren Selbst zu kommunizieren, sondern nur noch durch sie. Die Wesenheit teilte dann noch mit, daß »unsere Körper benützt würden, um deren magnetisches Gitter wieder aufzubauen. Wenn wir dazu nicht bereit wären, würden wir uns selbst »terminieren« (unser Leben beenden) und von der Wesenheit auf der anderen Seite empfangen werden.

Wenn man diese Information in diesem Zusammenhang liest, ist es erstaunlich zu denken, daß irgend jemand, noch dazu erleuchtete Seelen, darauf hereinfallen könnte und nicht den Plan der satanischen Kraft wahrnehmen würde. Diese Instruktionen wurden in den Büchern gegeben, sie waren jedoch verschleiert in vielen anderen Informationen, die auf Liebe und Wahrheit beruhten. Der Umfang und die Bedeutung dessen, was die Wesenheit tatsächlich mitteilte, war im Mantel der Unsichtbarkeit verborgen.

Erschreckend, daß seit 1992 Zehntausende von Licht-Dienenden zu diesen Büchern hingezogen wurden und Tausende davon den Instruktionen folgten. Kraftvolle Licht-Dienende weltweit, die bekannt für ihre Affinität zu Wahrheit und Integrität waren, wurden in das Netz der Täuschung gezogen. Die Wesenheit wurde sogar gebeten, durch ihren Kanal bei den Vereinten Nationen zu sprechen, was am 21. November 1995 geschah.

Aber: DAS LICHT GOTTES IST EWIG SIEGREICH!

Das Licht Gottes ist auf dem Planeten jetzt so stark, daß es immer siegreich sein wird, so daß sich der Göttliche Plan in Vollkommenheit entfaltet.

Am 14. Februar 1996 entwickelten Erzengel Michael, Mutter Maria und Erzengel Gabriel einen Plan, um den Versuch des »Kosmischen Bösen«, die Kontrolle über die Erde wieder zu erlangen, zu vereiteln. Dieser Plan würde die Erde auf ewig von der negativen Kraft befreien. Das einzige, was also unseren Aufstieg in das Licht bedrohte, war der Plan des Kosmischen Bösen, das »magnetische Gitternetz« wieder aufzubauen und die Polarität unseres Aufstiegs umzudrehen.

Um die Wichtigkeit dieser Situation noch besser zu verstehen, hier noch einige Informationen. Der Lichtkörper der Mutter Erde pulsiert in den Frequenzen der Vollkommenheit in der Spirale der Evolution, in die wir auch aufsteigen. Dort trägt sie ihr nahtloses Gewand aus strahlendem Licht. Das Kristall-Gitter-System in ihrem Lichtkörper ist aktiviert und ausgerichtet auf das Kristall-Gitter auf der physischen Ebene. Das Kristall-Gitter im LICHTKÖRPER der Mutter Erde zieht das Kristall-Gitter-System im physischen Körper der Mutter Erde in die Ebenen der Vollkommenheit. So findet auch für uns der körperliche Aufstieg in die Frequenzen vom Himmel auf Erden statt.

Da nun eine große Anzahl von Licht-Dienenden auf den Plan des Kosmischen Bösen »hereingefallen« war, wurde durch göttliche Intervention von der Himmlischen Hierarchie ein Plan initiiert, um die negative Auswirkung umzudrehen. Hierzu wurde unsere Mithilfe gebraucht.

Damit das Kristall-Gitter-System mit dem notwendigen Licht von der Himmlischen Hierarchie aufgeladen werden konnte, um auf DAUER das neu-geschaffene »magnetische Gitter« zu vernichten und die Erde für IMMER vom Zugriff des Kosmischen Bösen« zu befreien, wurden auf der Erde verkörperte Licht-Dienende benötigt, die den Kelch ihres Bewußtseins als Heiligen Gral zur Verfügung stellten, durch welchen das Licht aus dem Herzen Gottes auf die physische Ebene der Erde strömte. Dieses Licht würde das Kristall-Gitternetz-System für das Einströmen öffnen und es in die Frequenzen der Grenzenlosen Physischen Vollkommenheit beschleunigen.

Es war jedoch für die Menschheit notwendig, durch einen Vorbereitungsprozeß zu gehen, damit die atomare-zellulare Substanz unserer Körper in eine Frequenz erhöht werden konnte, die der Intensität des Lichtes, das für die siegreiche Erfüllung des Göttlichen Planes benötigt wurde, standhalten würde.

Diese intensive Licht-Ausschüttung war für August 1996 geplant, für die Zeit des »Welt-Kongresses der Erleuchtung« am 10. Jahrestag der Harmonischen Konvergenz, die am 17. August 1987 erstmals stattfand. Dieses Datum war ein Kosmischer Moment in der Evolution der Erde, der seit Hunderten von Jahren von Sehern prophezeit wurde. Ein Quantensprung im Bewußtsein der Menschheit ereignete sich. Viele Licht-Dienende hatten sich an heiligen Kraftplätzen versammelt, um das einströmende Licht zu kanalisieren und weiterzuleiten. Dadurch wurde erstmals seit dem »Fall« das Kristall-Gitternetz der Erde aktiviert und die Schwingungsfrequenz der Erde und der Menschheit stark erhöht. Im Jahr 1996 geschah die zweite Aktivierung und Erschütterung des Kristall-Gitternetzes am 17. August und die dritte am 22. August während des obigen Welt-Kongresses.

Um uns auf diese intensive Licht-Einströmung im August 1996 vorzubereiten, damit wir mehr und mehr Licht kanalisieren konnten, wurden die Licht-Dienenden von der Höheren Geistigen Hierarchie gebeten, täglich die Visualisation »Transformation der vier niederen Körper in das Makellose Bild des Heiligen Christ-Selbst« (siehe Seite 168 in diesem Buch und Seite 160 im Buch »Energie der 12 Sonnen-Chakra Strahlen«) zu machen. Sie half uns, zum reinsten, klarsten Kanal des Lichtes zu werden. Nachdem wir unsere vier niederen Körper (den physischen, ätherischen, mentalen und emotionalen) gereinigt hatten, wurden wir gefragt, ob wir bereit wären, das Kristall-Gitter-System der Erde mit dem »Rosengebet für das Neue Zeitalter« (siehe Seite 172) täglich aufzuladen. Die 12 Strahlen strömten mit ihren Eigenschaften durch unser Herz-Zentrum und dann in das Kristall-Gitternetz der Erde. Dadurch wurden die Kristalle vorbereitet, mehr und mehr Licht aufzunehmen – mehr, als sie zum damaligen Zeitpunkt hätten aufnehmen können.

Das Kristall-Gitternetz der Erde ist identisch mit dem Meridian-System unserer Körper und erfüllt auch den gleichen Zweck. Vor dem »Fall« hatte es die volle Kraft der Sieben Aspekte Gottes, der »Sieben Strahlen«. Das Göttliche Licht strömte durch die Achse (Rückgrat) der Erde in die Chakras der Mutter Erde (entlang der Achse) in das Kristall-Gitternetz. Denn auch Mutter Erde ist ein lebendiger, atmender Organismus. Genauso wie bei uns das Licht durch unsere Silberschnur in unsere Chakras und Meridiane fließt, um uns am Leben zu erhalten, bewahrt es auch das Leben der Mutter Erde.

Vor dem Fall strahlte das Göttliche Licht aus dem Kristall-Gitternetz der Erde in jedes Elektron der Lebenskraft, das sich hier entwickelte, und hielt im besonderen die Grenzenlose Physische Vollkommenheit aufrecht.

Nach dem Fall, als wir unsere schöpferischen Fähigkeiten des Denkens und Fühlens mißbrauchten und Gedanken-Formen und -Muster der Disharmonie verursachten, versanken wir immer tiefer im Sumpf unserer Mißschöpfungen und erschufen eine Tragödie unerschöpflichen Ausmaßes.

Aus Mitgefühl wurde ein göttlicher Befehl erlassen und das Licht dem Kristall-Gitternetz soweit entzogen, bis es nur noch so stark war, um den Körper von Mutter Erde zu erhalten. Dies war tragisch für uns, denn wir fielen tiefer und tiefer in die Dunkelheit der Trennung von Gott und erzeugten erdrückende Depressionen und Hoffnungslosigkeit.

Nachdem das Licht vom Kristall-Gitternetz zurückgezogen war, wurde die Erde zum »dunklen Stern«. Das Gewicht der Negativität, die der Erde von den Egos der Menschheit aufgeladen wurde, belastete sie sehr und verursachte die Krümmung der Erdachse. Die Erde fiel aus der Spirale der Evolution in das Rad des Karmas.

Andere dunkle Kräfte im Universum wurden auf unsere Negativität aufmerksam. Diese Kraft der Dunkelheit, auch das »Kosmische Böse« genannt, erkannte, daß das Licht zurückgezogen worden war und die Menschheit gerade noch ihren Verstand aufrecht erhalten konnte. Sie sah auch, daß das Licht im Kristall-Gitternetz deaktiviert worden war. Diese Gelegenheit wurde wahrgenommen. Die negative Kraft nahm den Planeten als Geisel in Besitz und machte daraus »eine Schule für die dunkle Macht«.

Nun hatten wir nicht nur mit unserer eigenen Negativität zu tun, sondern auch noch mit der Kraft des »Bösen«. Sie erschuf das »Magnet-Gitternetz«, das die Frequenz des Lichtstromes, der durch das Kristall-Gitternetz floß, in Opposition zum Licht umdrehte und das Magnet-Gitternetz damit belegte. Dies behinderte unsere Evolution und hielt uns im Rad des Karmas gefangen. Außerdem konnte die Kraft des »Bösen« unsere Egos sehr gut manipulieren und sich von unserer disharmonischen Energie »ernähren« und erhalten. Wie wir alle wissen, verstärken Kristalle die Energie. Die positive und auch die negative Energie wird von Kristallen verstärkt. So wurde der Fortschritt in unserer Seelen-Evolution behindert.

Auch wenn einige erleuchtete Seelen in den vergangenen Zeitaltern inkarnierten, so reichte dies nicht aus, um das »Magnet-Gitternetz der Kraft des Bösen« zu erschüttern und umzukehren.

In der Zeit von Lemuria gab es einige erleuchtete Seelen, die erkannten, daß das »Magnet-Gitternetz des Kosmischen Bösen« der größte Widerstand war, der die Menschheit behinderte, sich vom Rad des Karmas zu lösen. Es wurde ein Plan entworfen, um das Kristall-Gitternetz zu aktivieren, mit der göttlichen Absicht, das Magnet-Gitternetz zu erschüttern und die Erde von dessen Zugriff zu befreien. Dies war der erste Versuch, das

Kristall-Gitternetz zu aktivieren. Leider war die Zahl der erleuchteten Seelen zu gering und die Kraft des »Kosmischen Bösen«, das den Plan erkannte, wurde unterschätzt. Als das Licht im Kristall-Gitternetz erhöht wurde, verstärkte die Kraft des »Kosmischen Bösen« die Frequenz des magnetischen Gitters und kehrte das Licht um, das in das Kristall-Gitternetz einströmte. Als das »umgekehrte« Licht durch die Kristalle in den Körper der Mutter Erde implodierte, verstärkte es die Schmerzen und das Leiden der Menschheit. Das Resultat war qualvoll und die Menschheit wand sich in Schmerzen.

Vater-Mutter Gott erließ aus Gnade und Mitgefühl einen kosmischen Befehl an die mächtigen Elohim und verfügte, daß die »Erbauer der Formen« Lemuria in den heiligen Fluten des Pazifischen Ozeans versenken sollten. Der Kontinent brach auseinander und versank im Wasser. Ein Teil Lemurias wurde an die westliche Seite des Nordamerikanischen Kontinents gedrückt. Die Gegend westlich des San Andreas-Grabens ist dieser Teil Lemurias. Los Angeles in Kalifornien ist der Brennpunkt des ursprünglichen Verankerungspunktes des »Vortex der Göttin«, welcher sich zuvor auf Lemuria befand.

Bevor jedoch Lemuria versank, wurden die Lichtwesen, die der Erde dienten, gebeten, die »Record Keeper Kristalle« (Registrier-/Aufzeichnungs-Hüter Kristalle) in das Herzzentrum eines gewaltigen Steinblocks zur Aufbewahrung zu geben. Der genetische Code der Record Keeper Kristalle beinhaltet das unmanifestierte Potential, mit dem die Erde ursprünglich aus dem Kern der Schöpfung codiert war. Darin enthalten ist das MAKELLOSE BILD/KONZEPT jeglicher manifestierter Form und der Göttliche Plan für alle Lebensformen, die sich auf Erden entwickeln sollten.

Als Lemuria während der Katastrophe zerbrach und unterging, wurde das Landstück, welches den Steinblock mit den Record Keeper Kristallen enthielt, in die südliche Hemisphäre geschoben. Heute ist es Australien, und der Steinblock ist »Ayers Rock«. Die im Ayers Rock aufbewahrten Record Keeper Kristalle pulsieren mit dem unmanifestierten Potential, das die Erde erfahren hätte, wenn wir nicht aus der Gnade »gefallen« wären. Es war nicht der Göttliche Plan, daß wir in die Tiefen der menschlichen Entartung fallen sollten. Demgemäß war auch kein Plan in diesen ursprünglichen Record Keeper Kristallen enthalten, der die Erde retten würde, und kein Plan, wie wir nach dem Fall unsere Richtung wieder finden könnten.

Um dieses Problem zu lösen, entwickelten unsere Gott-Eltern und die himmlische Hierarchie einen Plan für »unvorhergesehene Ereignisse«. Ein Alternativ-Plan wurde NEUEN Record Keeper Kristallen eingeprägt. Er enthielt die göttliche Blaupause, wie diese geliebte Erde ihren Weg der Göttlichkeit zurückgewinnen, wie die Menschheit mit den Elementarwesen und den Engeln zusammenarbeiten würde, um das Makellose Bild der Grenzenlosen Physischen Vollkommenheit für die Erde und alles Leben auf ihr, wiederherzustellen.

Die neuen Record Keeper Kristalle wurden im Kristall-Gitter-System auf Atlantis eingeordnet und von den dort inkarnierten Licht-Dienenden erhalten. Nun gab es wieder einen Zeitpunkt, wo die Licht-Dienenden glaubten, das Kristall-Gitter-System re-aktivieren zu können, um es vom »magnetischen Gitter« des »Kosmischen Bösen« zu befreien. Aber wieder, zum zweiten Mal, war es dem »Kosmischen Bösen« möglich, die Bemühungen der Licht-Dienenden umzudrehen, und das Licht durch die Kristalle in die Erde zu implodieren. Die daraus resultierende Verstärkung von Schmerz und Leid bewegte unsere Gott-Eltern, wieder eine Verfügung zu erlassen, um Atlantis in den Fluten des Atlantischen Ozeans zu versenken. Dieses Mal wurden die Record Keeper Kristalle, die den neuen Plan enthielten, auf göttliches Geheiß in einem riesigen Steinblock auf den Nordamerikanischen Kontinent verlagert. Für 12.000 Jahre lagerten diese Kristalle im »Stone Mountain« in Atlanta, Georgia.

Es bestand die Hoffnung, daß die Menschheit eines Tages ihre selbstzugefügte Trennung von Gott heilen würde, ebenso die Spaltung von den Elementar-Wesen und dem Engel-Königreich, um das Kristall-Gitternetz erneut zu aktivieren, sein ursprüngliches Kraft-Potential wieder herzustellen und das »magnetische Gitter« des »Kosmischen Bösen« zu vernichten. Das göttliche Wissen in den beiden Sätzen der Record Keeper Kristalle, in Ayers Rock und in Stone Mountain, könnte dann in das Kristall-Gitter-System der Erde übertragen werden und der Göttliche Plan würde auf der Erde wieder hergestellt sein.

Es wurden neue Pläne von der himmlischen Hierarchie entworfen, um uns aus dem tyrannischen Griff der bösen Kraft zu befreien, so daß wir das »magnetische Gitter-System« zum Bersten bringen und das Kristall-Gitter-System gefahrlos ein für allemal re-aktivieren könnten.

Aktivierung des Kristall-Gitter-Systems

Die erste erfolgreiche Aktivierung des Kristall-Gitters geschah während der Ersten Harmonischen Konvergenz im Jahr 1987, wie schon berichtet. Über mehrere Jahre baute sich das Kraftfeld der Aktivierung auf, und die Menschheit wurde in Energie, Schwingung und Bewußtsein erhöht, um die dringende Notwendigkeit zu erkennen, unsere göttliche Position als Wächter der Erde zurückzugewinnen.

Die Sommer-Olympiade im Jahre 1996 signalisierte den kosmischen Moment, das göttliche Wissen und den genetischen Code der Grenzenlosen Physischen Vollkommenheit, welcher innerhalb der Record Keeper Kristalle in Ayers Rock und Stone Mountain enthalten war, in das Kristall-Gitter-System zu übertragen. Dies war der Grund, warum die Sommer-Olympiade in Atlanta, Georgia stattfand und warum sie im Jahr 2000 in Australien sein wird. Während der Olympiade 1996 richtete die ganze Welt ihre Aufmerksamkeit auf Atlanta und auf die Bekanntgabe, daß die nächste Olympiade in Australien stattfinden würde. Da das Bewußtsein von vielen Millionen Menschen weltweit auf diese Information gerichtet war, öffnete sich ein riesiges Portal zwischen Himmel und Erde. Durch diese Fokussierung unserer vereinten Aufmerksamkeit wurden die Record Keeper Kristalle in Stone Mountain, Atlanta und Ayers Rock in Australien aktiviert. Das gesamte Wissen, die Weisheits-, Wahrheits- und Vollkommenheits-Muster, die in diesen Kristallen gespeichert waren, wurden in das Kristall-Gitter freigesetzt und übertragen. Dies war die endgültig notwendige Vorbereitung, um die Gott-siegreiche zweite und dritte Aktivierung des Kristall-Gitters sicherzustellen, die am 17. August und am 22. August 1996 während des 10. Welt-Kongresses der Erleuchtung stattfinden sollte.

Gewaltige Lichtsäulen wurden an den vier Kardinalpunkten der Erde verankert, um die Verwerfungen, Risse, Spalten, Furchen und tektonischen Platten im Körper der Mutter Erde zu stabilisieren. Dies geschah über verschiedene Seminare, die von der New Age Study of Humanity's Purpose in folgenden Städten der USA abgehalten wurden.

Die Lichtsäulen, ein Geschenk des Himmels, wurden über die dort anwesenden Licht-Dienenden verankert:

in Los Angeles, Kalifornien, am westlichen Kardinalpunkt durch den Äquator in das Zentrum der Erde. Das Licht wurde durch das kollektive Bewußtsein aller Rassen, Nationalitäten, Stämme und Kulturen, die Los Angeles repräsentiert, aufrechterhalten;

in Houston, Texas, am südlichen Kardinalpunkt durch den Südpol in das Zentrum der Erde. Auch hier wurde das Licht als Geschenk der himmlischen Hierarchie vom kollektiven Bewußtsein aller Rassen, Nationalitäten, Stämme und Kulturen, die Houston repräsentiert, aufrechterhalten;

in New York City, am östlichen Kardinalpunkt durch den Äquator in das Zentrum der Erde. Das Licht wurde aufrechterhalten vom kollektiven Bewußtsein aller Lebensströme vertreten in New York;

in Chicago, Illinois, am nördlichen Kardinalpunkt durch den Nordpol in das Zentrum der Erde. Das Licht wurde aufrechterhalten von allen Lebensströmen vertreten in Chicago.

Durch diese vier Lichtsäulen – im Norden, Süden, Osten und Westen – projizierte die spirituelle Hierarchie die Harmonie und das Gleichgewicht unserer Gott-Eltern in die Erde, um den Körper der Erde zu stützen und alle Verwerfungen, Risse, Spalten, Furchen und tektonischen Platten zu stärken, so daß die zweite Kristall-Gitter-Aktivierung im August sicher und ohne irgendeine Katastrophe vonstatten gehen konnte. Dieses Mal würde das Göttliche Licht, das durch das Kristall-Gitter strömen würde, alles Leben segnen und einen Quantensprung in Energie, Schwingung und Bewußtsein, der dem Aufstieg dient, bewirken. Es würde keinen Rückschlag in Form einer Katastrophe geben, denn dieses Mal gab es eine LEGION von Licht-Dienenden und nichts konnte das Vorwärtsschreiten in das Licht mehr verhindern.

Die spirituelle Hierarchie teilte mit, daß das Göttliche Licht, welches die zweite Aktivierung einleitete, durch das Portal in Tucson, Arizona, USA, einströmen würde. (Im Ätherreich über Tucson befinden sich die »Tempel des Heiligen Johannes«, die heilige Stadt der Heilung und der Musik.) Das Licht würde sich dann in den nächsten Tagen von Augenblick zu Augenblick verstärken, bis zum 22. August 1996, zu welchem Zeitpunkt die »Reinigung« abgeschlossen sein würde und die Legionen des Lichtes die dritte Aktivierung einleiten würden. Diese würde das Kristall-Gitter restaurieren und die ursprüngliche göttliche Intensität wieder herstellen. Der Göttliche Plan sah für diese endgültige Aktivierung vor, daß das »magnetische Gitter« und die »Implantate« der Kräfte des Ungleichgewichtes auf EWIG vernichtet würden und die Erde und alles Leben auf ihr für immer davon befreit wären.

Ich verspürte den inneren Herzenswunsch nach Tucson, Arizona, zu fliegen und am »10. Welt-Kongreß der Erleuchtung« vom 17. 8. – 22. 8. 1996 teilzunehmen. Licht-Dienende aus vielen Teilen der Erde waren anwesend.

Schon zweimal im Jahr 1990 und 1992 konnte ich in Tucson an diesem Kongreß teilnehmen. Er fand auch im gleichen Hotel statt und ich freute mich sehr, wieder dort sein zu können. Das Hotel war sehr schön, eingebettet in die Wüstenlandschaft, außerhalb von Tucson, umgeben von Palmen und herrlichen »Saguaro«-Kakteen. Sie sind Tausende von Jahren alt, sehen aus wie große »Kerzenleuchter«, sind die »Lichtträger« der Erde und verankern Licht. Im Hotel-Park gab es murmelnde Bäche, Wasserläufe und etwas abseits einen Wasserfall, der abends auch beleuchtet war. Das Klima war tropisch warm, der Konferenzsaal jedoch angenehm klimatisiert.

Selbstverständlich gab es einen schönen Swimming-Pool sowie ein Kaltwasser-Tauchbecken, auch wieder mit Wasserfall, so daß wir uns in den Pausen erfrischen und vergnügen konnten.

Durch die heiligen Gruppen-Zeremonien, Vorträge, Anrufungen und die wunderbare Musik haben wir viel bewirkt. Wir waren mit ganzem Herzen dabei und stellten uns als Kanal für die Licht- und Liebeskraft zur Verfügung. Wir wurden gebeten, dabei mitzuwirken, eine planetarische Vereinigung aller Herzen zu erschaffen, so daß sich die Liebe auf allen Ebenen und in allen Dimensionen ausdehnen würde. Wir öffneten das Sternentor unserer Herzen und stellten es uns als eine wunderschöne, aufgeblühte Rose vor, so daß die Göttliche Liebe die Herrschaft auf Erden übernehmen konnte. Ein großes Kraftfeld der Liebe wurde durch das globale Einströmen des Lichtes erschaffen. Durch die Göttliche Liebe wurde ein strahlender Kelch aus Licht geformt, der die ganze Erde mit seinem Licht einhüllte. Jeder Mensch, jedes Elementarwesen und jeder Engel, der sich auf Erden entwickelte, wurde im leuchtenden Kelch Göttlicher Liebe umarmt. Unser Bewußtsein erweiterte sich, und klar wurde uns unsere göttliche Mission gezeigt, die wir zu erfüllen hatten.

Über 500 Personen waren zur Eröffnungs-Zeremonie am 17. August 1996 anwesend, viele Nationalitäten waren vertreten. Es gab sogar einige, die die englische Sprache nicht verstanden. Sie waren jedoch da, um ihre Energie mit einfließen zu lassen und »verstanden« alles auf höherer Ebene.

Wir vereinten uns im Bewußtsein mit der ganzen Menschheit als EIN Herz, EIN Geist, EIN Bewußtsein. Unser Kraftfeld der Göttlichen Liebe wurde stärker und stärker. Als es die höchste Intensität erreicht hatte, erließ Vater-Mutter Gott eine göttliche Verfügung und befahl der Kraft des »Kosmischen Bösen« im gesamten Universum, in unser Kraftfeld der Liebe einzutreten.

Aus jeder Ecke des Universums kamen die gefallenen Seelen, gefallene Engel, die satanischen Kräfte usw. in unser unüberwindbares Kraftfeld und wurden von der Göttlichen Liebe umarmt. Als die kollektive Kraft des »Kosmischen Bösen« von dieser Liebe umhüllt war, wurde sie besänftigt. Sie erkannte, daß sie ihre Herrschaft verloren hatte. Vater-Mutter Gott erließ an sie den Befehl, still zu sein und unserer vereinten Stimme der Liebe zu lauschen. Die Herzensflammen der gefallenen Seelen begannen sich innerlich zu regen, und als Vater-Mutter-Gott in die Flamme der Göttlichkeit in ihren Herzen hineinblies, ergab sich die satanische Kraft in unser Kraftfeld der Göttlichen Liebe und erkannte die Wahrheit ihrer ursprünglichen göttlichen Wirklichkeit. Sie erinnerten sich, daß sie Söhne und Töchter Gottes sind, die von ihrem Weg abgekommen waren.

Die vereinte Gott-Gegenwart der gesamten Menschheit bat um zusätzliche göttliche Hilfe. Unser Ruf wurde erhört. Galaktische Solare Engel der höchsten Ordnung traten in die Erd-Atmosphäre ein und verteilten sich über den Planeten. Diese Vertreter der Göttlichen Liebe kamen aus höchsten Licht-Dimensionen. Sie traten in die Aura eines jeden Menschen. Wir alle wurden umarmt in einer höheren Frequenz der Göttlichen Liebe, die wir noch nie zuvor empfangen hatten. Unsere geschundenen Körper und verwundeten Herzen wurden in der Flamme der Göttlichen Liebe gebadet. Wir wurden auf zellularer Ebene für die Kristall-Gitter-Aktivierung vorbereitet.

Während der Eröffnungs-Zeremonie des Kongresses wurde das Didgeridoo gespielt. Es ist ein 40.000 Jahre altes Symbol der Aborigines Stämme von Australien, das mit der heilenden Schwingung der Göttlichen Liebe für diesen Planeten vibriert. Durch die heiligen Klänge erwachte die Energie im Herzen und im Kristall-Gitter der Erde. Jedes Elementarwesen, das diese kosmischen Klänge des Göttlichen Lichtes aufnahm, wurde auf die Beschleunigung und Erhöhung der Schwingung in die Oktaven des ewigen Lichtes und der Vollkommenheit vorbereitet.

Es gab ein wundervolles Konzert mit dem Didgeridoo, das in uns die Einheit mit Mutter Erde erweckte. Der Körper der Mutter Erde wurde für die Kristall-Gitter-Aktivierung vorbereitet und gestärkt. Die »Führer der Elemente« nahmen ihre strategischen Positionen ein und hüllten sie in ein Kraftfeld des Schutzes.

Am Kardinalpunkt im Norden standen die Führer des Luft-Elementes, im Osten die des Wasser-Elementes, im Süden die des Erd-Elementes und im Westen die des Feuer-Elementes. Jedes Elementarwesen, die Sylphen der Luft, die Undinen des Wassers, die Gnome und Naturgeister der Erde und die Salamander des Feuer-Elementes wurden in das Licht der Gnade und des Schutzes eingehüllt. Als alles Leben voll abgesichert war, strahlten die Zwölf Aspekte der Gottheit aus dem Herzen Gottes in das offene Portal in Tucson, Arizona, das Portal der Heilung, durch die Kraft der grenzenlosen Transformation, ein.

Das kosmische Solar-Wesen »LUELLA« aus der Großen Zentralsonne absorbierte das Göttliche Licht und atmete es in das Zentrum der Erde. Dort vereinte es sich mit der Göttlichen Flamme der Erde und dehnte sich in das Kristall-Gitter-System aus.

LUELLA und ihr majestätischer Hofstaat nahmen ihre Positionen ein und besetzten jedes Chakra, jeden Kraftpunkt, jeden heiligen Ort entlang des Meridiansystems des Kristall-Gitter-Netzes. Sie nahmen den Heilungs-Balsam auf und verteilten ihn in jedes Elektron von Lebensenergie auf Erden.

Mit dem Heiligen Atem der kollektiven Gott-Gegenwart der ganzen Menschheit wurde die Erde in höhere Schwingungsfrequenzen erhoben, und das Licht dehnte sich im Kristall-Gitter-System mehr und mehr aus. Das »magnetische Gitter« des »Kosmischen Bösen« verlor seinen Zugriff und löste sich von den Kristallen. Unsere kollektive Gott-Gegenwart erhöhte das Einströmen des Lichtes, und die teerartige Substanz, die die Kraft des »Kosmischen Bösen« um jedes Elektron auf Erden gelegt hatte, fiel ab und wurde sofort durch die Kraft der Heilungsflamme der grenzenlosen Transformation zurück in Licht umgewandelt.

Die ätherischen Aufzeichnungen in Australien, die den ersten Impuls des »Falls« enthielten, wurden eingefroren, damit die göttliche Blaupause für den Neuen Himmel und die Neue Erde in die physische Substanz der Erde ungehindert durch die früher erschaffenen menschlichen Mißschöpfungen aktiviert werden konnte. In Australien schneite es in Gegenden, wo es noch niemals zuvor geschneit hatte!

Das »magnetische Gitter« wurde erschüttert und vom Kristall-Gitter-System der Erde entfernt. Das »Magnet-Gitter« hatte alle negativen Gefühle und Handlungen, die die Menschheit je erfahren hatte, aufgenommen und gespeichert. Davon hatte sich auch die negative Kraft »ernährt«. Nun wurde sie, umfangen von den Armen der Göttlichen Liebe in das »Innere Heiligtum der Göttlichen Gnade« im »Goldenen Thron-Saal« der Heiligen Stadt des Hl. Johannes im ätherischen Feld von Tucson, über dem Berg »Mt. Lemmon«, gebracht. Es ist der Tempel der ersten Einweihung »Ehrerbietung allem Leben gegenüber«. Die »Offenbarung des Johannes« wurde der Menschheit als Warnung gegeben, über das, was in der »Endzeit« geschehen könnte, wenn die Menschheit auf dem Kurs wie vor 2000 Jahren bliebe und ihre Richtung nicht ändern würde. Eine sich erfüllende negative Prophezeiung ist eine gescheiterte Prophezeiung, denn der einzige Grund, warum eventuelle Katastrophen durch göttliche Inspiration offenbart werden, ist der, daß die Menschheit ihre Fehler erkennt und die Richtung ändert.

Nachts während des Schlafes wurde die Menschheit in ihren feineren Körpern in die ätherische Heilige Stadt über Arizona genommen. Es wurde uns übermittelt, was geschehen muß, damit wir wieder auf den Weg der Göttlichen Liebe kommen. Die Weisheit und das Wissen sickerte in unser Wach-Bewußtsein durch und ist verantwortlich für das globale spirituelle Erwachen vieler Menschen.

Durch himmlische Hilfe und die Kooperation von vielen verkörperten Licht-Dienenden wurden die Katastrophen vermieden. Die Offenbarungen des Johannes wurden erfüllt. Das letzte Stadium des Plans, »Satan von der Erde zu verbannen«, verlief erfolgreich und befreite uns in das »Goldene Zeitalter der Erleuchtung und des Ewigen Friedens«.

Die smaragdgrün-violette Flamme der Heilung und Transformation

Während der nächsten Tage des Kongresses verstärkte sich das Kraftfeld der Göttlichen Gnade und Liebe. Millionen von negativen Lebenszeiten wurden durch das Gesetz der Vergebung und der Gnade erlöst. Nach dem Entfernen der Kraft des Bösen war die atomare und subatomare Substanz, aus der auch unsere Zellen und Organe und der Körper der Mutter Erde bestehen, wie eine offene Wunde. Auf göttliches Geheiß wurde die Kraft der »Smaragdgrünen Flamme mit violetter Ausstrahlung«, die »Flamme der Heilung und grenzenloser Transformation« verstärkt. (Siehe auch Visualisation auf Seite 128 und Toncassette dazu.)
Unsere ausgemergelten Zellen, Moleküle, Atome, Elektronen, sub-atomaren Teilchen und alles Leben der Mutter Erde wurden für 48 Stunden in diesem heilenden Licht gebadet. Dieser Heilungs-Prozeß begann am

18. August 1996. An diesem Tag waren zwei Regenbogen-Kreise um die Sonne zu sehen!

Alle unsere Schmerzen und Leiden wurden in der Flamme der Heilung durch die Kraft der Transformation in Licht umgewandelt. Nachdem die Heilung abgeschlossen war, wurde die Erde mit den 12 Strahlen, den 12 Aspekten der Gottheit, bestrahlt. Jede Seele wurde für ein besonderes Geschenk vorbereitet. Unsere Gott-Gegenwart erhielt die Erlaubnis, alle »Implantate«, die in unsere vier niederen Körper von der Kraft des Bösen eingegeben worden waren, »kurzzuschließen« und zu entfernen. Das Licht wurde so verstärkt und erhob uns in eine so hohe Frequenz, daß kein »Implantat« mehr verbleiben konnte. Implantate waren die destruktivsten Werkzeuge, die uns in der Negativität gefangen hielten. Sie wurden benutzt, um uns zu manipulieren und um Macht und Kontrolle auszuüben. Alle Implantate in jedem Menschen und in Mutter Erde wurden kurzgeschlossen, entfernt und in Licht umgewandelt. Die Wunden wurden in der Flamme der Heilung gebadet. Dann übernahm unsere Gott-Gegenwart wieder die Führung für unsere physischen, ätherischen, mentalen und emotionalen Körper.

Ein Zwischenfall ereignete sich mit dem erleuchteten Globus, der auf dem Altar im Konferenzsaal stand. Es gab einen »Kurzschluß« und das Licht ging aus. Genau in dem Moment, in dem alle »Implantate« kurzgeschlossen wurden und die Erde ein neues Licht erhielt. So wurde uns auch in manifester Form ein »Beweis« gegeben!

Wir erhielten jeder eine Flasche »SAKRALES HEILWASSER«, von dem wir jeden Tag einige Schlucke tranken. Dieses aktivierte, gesegnete und heilende Wasser kam von vielen heilenden Quellen der Erde. (Siehe »SAKRALES HEILWASSER« auf Seite 32.) Eine kleine Flasche kann gegen eine Spende bei der New Age Study (siehe Anhang) bestellt werden, und jeder kann dann selbst das Wasser herstellen.

Wir machten auch einen Ausflug in die »Biosphäre 2« in Oracle, Arizona. Es ist der Welt größtes Laboratorium zum Studium der globalen Ökologie. Die »Biosphäre 2« enthält Pflanzen tropischer und subtropischer Regionen, Regenwald, Ozean, Savanne, Marsch, Wüste und Agrarkultur-Landschaften. Dort fand ich ein wunderschönes T-Shirt mit den Farben Smaragdgrün/Türkis und Violett, genau wie die Farben der Flamme der Heilung und Transformation. So manifestierte sich die Energie der Flamme in der sichtbaren Welt.

Die Violette Flamme der grenzenlosen Transformation

Der nächste Tag, der 20. August 1996, war der Violetten Flamme der grenzenlosen Umwandlung gewidmet. Die Flamme wurde angerufen und soweit es das Kosmische Gesetz erlaubte, verwandelte sie die negativen Energien der Menschheit. Sie bereitete uns für den Aufstieg in die vierte Dimension vor. Eine ganz besondere Aktivität des Lichtes fand dann statt. Wir versammelten uns in einem Kreis von jeweils 12 Personen. Jeder erhielt ein Blatt »violettes« Papier. Wir sollten alles aufschreiben, was es an Konflikten und Problemen in unserem Leben gab. Alles das, was wir in Licht umgewandelt haben wollten. Auch die Probleme, die global auf der Erde herrschten, z. B. Krieg, Haß, Machtkämpfe, Armut, Manipulation usw. Dies beinhaltete sämtliche Probleme der gesamten Menschheit. Anschließend hatten wir eine »Violette Flamme«-Meditation, die alle diese Energien umwandelte. Die Blätter wurden zerrissen, eingesammelt und später verbrannt.

Am 21. August 1996 las Patty Cota-Robles das »Tägliche Wort der Unity Kirche« vor. Es lautete: »Heute sprenge ich die Fesseln der Negativität und bereite den Weg zur Harmonie«. Wie genau dies wieder paßte!

Tempel der Ersten Einweihung im Ätherreich von Mt. Lemmon

An diesem Tag wurde der »Ring-pass-not« – ein Schutzring – von Erzengel Michael und seinen Engeln um die erlöste Kraft des »Kosmischen Bösen« gelegt, so daß sie sicher in den »Tempel der 1. Einweihung – Ehrerbietung gegenüber allem Leben« im Ätherreich von Mt. Lemmon geleitet werden konnte. Wir machten einen Ausflug auf den 3000 Meter hohen Berg. Unsere Anwesenheit sollte die durch Gnade erlöste Kraft dort hineinziehen. Jeder sollte für sich in der Liebe und Stille seines Herzens innerlich die Kraft in die höheren Ebenen des Tempels geleiten.

Es war feucht, und leichter Nebel lag über dem Berg. Zunächst funktionierte der Sessellift nicht. Wir warteten. Einige entschieden sich dann, den Aufstieg zu Fuß zu machen. Auch ich ging zu Fuß. Es herrschte eine tiefe Stille und unermeßlicher Frieden. Ein ganz besonderes Erlebnis war es für mich, ganz allein den Berg hinaufzugehen. Ich war innerlich tief ergriffen. Auch jetzt, wo ich gedanklich dort bin, während ich dieses Kapitel schreibe, laufen mir die Tränen vor Ergriffenheit. Ich bin schon auf vielen Bergen gewesen, aber dies habe ich noch nie vorher irgendwo gefühlt. Vielleicht geht es Dir jetzt auch so, und Du empfängst die energetische Schwingung über diesen Text.

Als ich oben ankam, traf ich die anderen aus der Gruppe, denn zwischenzeitlich war der Sessellift repariert. Wir hielten eine stille Meditation ab und nahmen den Segen, die Liebe und Gnade dieses Tempels auf. Wir sangen auch das »OM« und einige der 72 Heiligen Namen Gottes. Ich nahm mir einige Tannenzapfen und kleine Steinchen mit, in denen winzige, blitzende Gold- und Silberplättchen zu sehen waren. Sie funkelten in der Sonne, die inzwischen herausgekommen war. Nach unten ging es nun mit dem Sessellift.

Am Nachmittag versammelten wir uns wieder in unserem »irdischen Tempel«, im Konferenzsaal, und die Vorträge und Zeremonien wurden fortgesetzt. Der Kongreß wurde auf Kassetten aufgenommen und es war möglich, diese käuflich zu erwerben, was ich tat. So höre ich, während ich schreibe, öfters zwischendurch die Kassetten und habe somit eine gute Referenz. Außerdem bin ich voll in der »Energie, der Schwingung und dem Bewußtsein« des Kongresses. Die gesamte Energie wurde in allen unseren feinstofflichen und physischen Körpern verankert, so daß jeder Teilnehmer »Träger der Energie« ist und sie überall, wo er sich auf Erden aufhält, weitergibt. Deswegen ist es auch wichtig, körperlich bei einer solchen Aktivität anwesend zu sein. Viele andere Licht-Dienenden auf der ganzen Welt waren eingestimmt, und alle wirkten mit, manchmal auch auf unbewußten Ebenen, daß diese Aktivierung Gott-siegreich verlief.

Rückblick auf den »Fall«

Patty Cota-Robles gab uns einen kurzen Rückblick auf das Geschehen bezüglich des »Falls«, der lange vor der Schöpfung unseres Sonnensystems in der Evolution stattfand. Aus ihrem Vortrag möchte ich einiges wiedergeben.

Gott erschuf Sonnensysteme als Schulen des Lernens und Söhne und Töchter als individuellen Ausdruck Seines Selbst. Sie erhielten die kreativen Fähigkeiten von Gedanken und Gefühl sowie den »Freien Willen«. Der Sinn des »Freien Willens« war jedoch nur, Mitschöpfer zu sein und größere Reiche der Vollkommenheit zu erschaffen. Lange bevor unser Sonnensystem erschaffen wurde, gab es Söhne und Töchter Gottes, die ihre kreativen Fähigkeiten von Gedanken und Gefühl gebrauchten, um unvollständige Gedankenformen und Gefühle zu erschaffen, die nicht dem Willen Gottes entsprachen. Als nach und nach die Unvollkommenheit die Urlicht-Substanz beeinflußte, entwickelten sich Mutationen, die sich in der gesamten Schöpfung ungünstig auswirkten.

Auch manche der Engel- und Elementarwesen verfingen sich in der Negativität. Die Bibel spricht sinnbildlich von den gefallenen Engeln, Luzifer und dem Kampf in den Himmeln. Auch, daß Luzifer und Satan aus dem Himmel verbannt wurden. Gott verbannt jedoch niemanden aus dem Himmel, denn ER ist nur Göttliche Liebe und Vollkommenheit.

Wir sind immer für den Gebrauch der Energien verantwortlich, die wir als Geschenk des Lebens erhalten. Wenn diese Energien mißbraucht wurden, hatten sie eine sehr disharmonische Schwingung, die weit unter den Schwingungsfrequenzen des Himmels war. Diese negative Kraft fiel so tief in der Schwingung, daß sie nicht mehr von Vater-Mutter Gott erhalten werden konnte. Um zu überleben, mußte sie sich von der Negativität anderer ernähren. Diese kollektive Kraft von Negativität wurde das »Kosmische Böse« genannt. Sie durchzog das Universum und suchte nach einem unschuldigen, verwundbaren Planeten. Sie manipulierte die Seelen durch die Kraft von projizierten Gedankenformen, die im Widerspruch zu Gottes Willen waren, und verführten sie dazu, mit ihrem Geschenk des Lebens zu experimentieren. Als diese Seelen sich daran beteiligten, begannen sie Negativität zu erzeugen, genau so, wie wir bei unserem »Fall«. So konnte sich die Kraft wie ein Parasit davon nähren. Wenn also jener Planet sich jemals von der Kraft befreite, würde die Kraft wieder auf die Suche nach einem weiteren Planeten gehen. Das gleiche wie zuvor würde dann wieder ablaufen.

Es gab aber auch sehr, sehr viele Söhne und Töchter Gottes, die sich in ungeahnte Höhen der Göttlichkeit aufschwangen, bis sie an den Punkt kamen, ihr eigenes Sonnensystem zu erschaffen.

Während des Evolutions-Prozesses fragten sich die Gott-Eltern, ob sich die Söhne und Töchter Gottes nicht noch schneller in einer dichteren Zeit-Raum-Dimension als der vierten entwickeln würden. Es sollte eine dritte Dimension entstehen. Dies würde bedeuten, daß die Schwingung herabgesetzt würde. Es wurde ein Experiment vorgeschlagen und niemand wußte, wie es ausgehen würde. Freiwillige wurden gesucht, die sich an diesem Experiment beteiligen wollten.

7 Sonnen und 49 Planeten der »Galaxie von Alpha und Omega« wurden ausgewählt und in die Dichte der dritten Dimension befördert. Erzengel

Michael begleitete die ersten menschlichen Wesen in die Welt der Form auf die Erde. Sie verkörperten sich, um Mit-Schöpfer zu sein. Es wurden die vier niederen Körper erschaffen, die aus den Elementen der Erde entstanden. Der ätherische Körper aus dem Element Luft, der Mentalkörper aus dem Element Feuer, der emotionale Körper aus dem Element Wasser und der physische Körper aus dem Element Erde.

Alle 49 Planeten nahmen an diesem Experiment teil und hatten eine ziemlich dichte Schwingung. Dies erlaubte der Kraft des »Kosmischen Bösen«, mehr und mehr Seelen bewußtseinsmäßig zu manipulieren und zu beeinflussen, negative Gedanken und Gefühle auszusenden, von denen sie sich ernährte. Die Negativität verbreitete sich auf den Planeten wie eine Seuche.

Zu dieser Zeit war die Erde noch nicht beeinflußt vom »Kosmischen Bösen«, sie erblühte in Schönheit und Vollkommenheit. Alle Hilfe, die das Kosmische Gesetz erlaubte, die anderen Planeten vom Zugriff des »Kosmischen Bösen« zu befreien, wurde von den himmlischen Ebenen gegeben. Der »Freie Wille«, der zum Segen gereichen sollte, hielt die Seelen in den Versuchungen des »Fleisches« fest. Die böse Kraft lehrte, wie man die Energie manipuliert, um auf andere Macht auszuüben und persönliche Vorteile zu haben. Auch »schwarze Magie« wurde gelehrt.

Vater-Mutter Gott sah, was geschah, und daß das Experiment fehlschlug. Es wurde entschieden, daß alle 7 Sonnen und 49 Planeten zurück in die vierte Dimension »geatmet« werden sollten. Die Söhne und Töchter Gottes, die mit der Kraft des »Kosmischen Bösen« gefallen waren, würden jedoch die höhere Schwingungsfrequenz nicht aushalten können. Die Gott-Eltern entschieden, daß sie zurück zur »Großen Zentral-Sonne« sollten, was jedoch bedeutete, daß sie ihre »Individualität« verlieren würden. Die Seelen-Substanz wird für zukünftige Weltsysteme repolarisiert. Es wird der »Zweite Tod« genannt und ist das tragischste Ereignis, das einer »ICH BIN-Gegenwart« widerfahren kann. 6 Milliarden Seelen waren dem »Kosmischen Bösen« verfallen.

Die »gestrauchelten Nachzügler-Seelen«

Der spirituellen Hierarchie und den menschlichen Wesen auf der Erde wurde bekannt, was mit diesen gefallenen Seelen geschehen sollte. Aus einem Gefühl des Mitgefühls, der Hingabe und Göttlichen Liebe heraus, baten die Wesen auf Erden unseren Vater-Mutter Gott, den gefallenen

Seelen zu erlauben, hier auf der Erde zu inkarnieren, um erlöst zu werden. Die Erde war noch nicht von der Kraft des Bösen verschmutzt, es gab nur Licht und Vollkommenheit. Sie glaubten, daß ihr Licht stark genug wäre, die Zwietracht dieser »gestrauchelten Nachzügler-Seelen« zu transzendieren. Es gab noch nie einen Planeten, der sich zu einer solchen selbstlosen Tat der Liebe zur Verfügung gestellt hat. Damit wir nicht auch dem »Bösen« verfallen würden, gab Gott das Gebot: »Eßt nicht vom Baum der Erkenntnis von Gut und Böse.« Denn er wußte, daß das, was wir in unser Bewußtsein einließen durch die schöpferischen Fähigkeiten von Gedanken und Gefühl, energetisiert und zur Form würde. Wenn wir also nicht von ÄUSSEREN Quellen lernten, was Armut, Krankheit, Tod, Krieg, Schmerzen usw. sind, gäbe es keine Möglichkeit für uns, diese Leiden durch unsere Gedanken und Gefühle zu manifestieren. (DENN: Was Du denkst und fühlst, worauf Du Deine Aufmerksamkeit richtest, erhält Energie und manifestiert sich.)

Vater-Mutter Gott gab die Erlaubnis zur Überführung der 6 Milliarden »Nachzügler« auf die Erde. Mit einer »Kosmischen Einatmung« wurden die 7 Sonnen und die verbleibenden 48 Planeten zurück in die nächste Spirale der Evolution, in die vierte Dimension erhoben. Dadurch wurden sie vom Zugriff der Kraft des »Kosmischen Bösen« befreit. Die Erde verblieb allein in der Schwingung der dritten Dimension!

Ursprünglich sollten sich 4 Milliarden Seelen auf Erden entwickeln. Nun kamen noch 6 Milliarden »Nachzügler« dazu, und Vorbereitungen wurden für ihre Verkörperung getroffen.

Die Frauen der Erde stellten ihre reinen, strahlenden Körper freiwillig zur Verfügung, um die verunreinigten Nachzügler-Seelen aufzunehmen und zu gebären. Noch in keinem Universum hat es je eine solche Demonstration von Göttlicher Liebe gegeben. Die Nachzügler hatten schweres Karma aufgeladen. Seelen, die für den »Zweiten Tod« bestimmt sind, haben nicht nur »mal einen Fehler« gemacht. Es sind Seelen, die tief im Bewußtsein gefallen sind und ganz bewußt das Licht ablehnen. Sie senden vorsätzlich Energien aus, die gegen den Willen Gottes sind. Eine sehr schwere Energie belastete nun die Erde.

Als sich die Nachzügler-Seelen weiter entwickelten, kam die Zeit, daß ihre Negativität als Karma zurückkam. Anstatt daß die Erd-Evolution sie erhob, wurde die Erde von der negativen Energie überwältigt. Die Seelen begannen mit der negativen Energie zu experimentieren und verfingen sich darin. Dies verursachte schließlich den »Fall«.

Die Nachzügler-Seelen und die gefallenen Energien unterscheiden sich von der Kraft des »Kosmischen Bösen«. Die 10 Milliarden Seelen, 4 Milliarden von der Erd-Evolution und 6 Milliarden Nachzügler-Seelen, die sich auf der Erde entwickeln sollten, kamen aus der Evolution unseres Sonnensystems. Zusätzlich gab es die Kraft des »Kosmischen Bösen«, die das Universum durchstreifte. Sie kam aus anderen Weltsystemen, lange bevor unser Sonnensystem erschaffen wurde.

Wir wurden zum »dunklen Stern« in unserem Sonnen-System, als wir in die tiefsten Tiefen fielen, die Lichtenergie dem Kristall-Gitter-System entzogen worden war, die schwere Energie die Erdachse verbog, und wir aus der Spirale der Evolution herausfielen und im Rad des Karmas gefangen waren.

Wir hatten die »Nachzügler-Seelen« aufgenommen, die anderen 48 Planeten waren in die vierte Dimension aufgestiegen. Wir waren die einzigen, die übrig waren. Dies zog die Aufmerksamkeit der Kraft des »Kosmischen Bösen« auf sich. Diese Energie nahm die Erde in ihren Besitz, erschuf das »Magnet-Gitter-System«, welches uns am Rad des Karmas festhielt. Diese Energie brachte zusätzliche erdrückende Schwingungen, die sich wie eine teerartige Substanz um die elektronische Licht-Substanz legte.

Innerlich wußten wir, daß in ferner Zukunft die Erde befreit werden würde. Aber alle Wesen in der Erd-Evolution mußten aufwachen. Das bedeutete 10 Milliarden Seelen.

Endlich! – durch viele Licht-Aktivitäten in den letzten Jahren, Welt-Heilungs-Meditationen und der Harmonischen Konvergenz 1987 fand ein großes Erwachen statt. Der Karmische Rat erließ eine Verfügung. Diese besagte, daß der »Freie Wille« für eine Zeit von 11 Tagen außer Kraft gesetzt würde. Diese Zeit war vom 11. Juni 1989 bis zum 21. Juni 1989 (Sommer-Sonnenwende).

In dieser Zeit wurden alle 10 Milliarden Seelen vor den Karmischen Rat gebracht. Sie durften wählen, ins Licht zu gehen. Auch diejenigen, die sich wehrten, konnten nicht ablehnen, denn sie hatten in dieser Zeit keinen Freien Willen. Sie wurden gezwungen, sich die Bühne des Lebens zu betrachten und ihre GÖTTLICHKEIT wahrzunehmen. Sie konnten sich nicht mehr dagegen wehren, daß sie Söhne und Töchter Gottes waren, trotz vorheriger Ablehnung, diese Realität anzuerkennen.

Zum Sonnenaufgang am Tag der Sonnenwende (1989) ertönte ein kosmischer Ton. Die gefallenen Seelen erhielten Gelegenheit zu wählen, ob sie voran in das Licht schreiten wollten. Wenn nicht, so wurde ihnen offenbart, würden sie in einem bestimmten Augenblick in der Zukunft einen kosmischen Ton hören. Diese Seelen würden dann vom Planeten in ein anderes Welt-System entfernt, wo sie sich langsamer entwickeln könnten. Dies ist nicht der »Zweite Tod«, sondern ein Gnadenakt des Lebens. Sie würden ungefähr auf der Bewußtseinsstufe eines Höhlenmenschen geboren werden, so könnten sie nicht die Technologie benutzen, um sich gleich wieder zu zerstören.

Der Erfolg dieses Experimentes übertraf alle Erwartungen des Himmels, denn es waren verhältnismäßig wenige Seelen – einige Hunderttausend – die nicht freiwillig in das Licht wollten. Es wurde allen gezeigt, was sie zu tun hätten, um ihre Negativität umzuwandeln, damit sie für die kommende Veränderung bereit wären. Diejenigen, die nicht in das Licht wollten, sagten einfach, »es ist mehr Arbeit, als ich bereit bin zu tun. In dieser kurzen Zeit kann ich das nicht erfüllen«. Einige dieser Seelen verblieben auf der Astral-Ebene, andere in der Verkörperung. Sie erhielten den Freien Willen zurück und setzten ihre Bosheiten auf Erden fort. Es gab jedoch nur noch zwei »Höhlen« von Negativität auf Erden, von denen sie sich ernähren konnten. Eine war in Bolivien in der Nähe des »Titicaca-Sees« in Süd-Amerika, die andere in Süd-Afrika. Am 12. Oktober 1995, nach dem »Erd-Gipfel«, wurden diese beiden restlichen Höhlen der Negativität versiegelt. So erfüllte sich die »Große Invokation«: »Das Versiegeln des Tores, wo das Böse wohnt«.

Der 9. Welt-Kongreß der Erleuchtung im August 1995 fand in Colorado Springs, USA, statt. Die Licht-Dienenden sollten sich mit den Energien des »Falls« der Zivilisation verbinden. Am 15. August 1995, Mutter Marias Aufstiegs-Tag, erhielten die gefallenen »Nachzügler-Seelen«, die noch nicht freiwillig ins Licht gegangen waren, nochmals die Möglichkeit der Wahl, freiwillig ins Licht zu gehen. Wiederum ertönte der kosmische Ton. Die Erwartungen des Himmels wurden übertroffen. Durch einen unermeßlichen Akt der Gnade entschied sich jede einzelne Nachzügler-Seele, ins Licht zu schreiten. Sie hatten erkannt, daß die anderen Seelen transferiert worden waren. Wenn sie sich jetzt nicht entscheiden würden, ginge es ihnen genauso. Sie wußten, sie hatten keine andere Wahl. Große Hilfe wurde den Seelen vom Himmel, durch die Aktivitäten der Licht-Arbeit auf dem Planeten und der neuen starken Einströmung der »Violetten Flamme der grenzenlosen Transformation« gewährt, ihre negativen Muster beschleunigt umzuwandeln. Nachdem die Nachzügler-Seelen diese Entscheidung getroffen hatten, gab es für das »Kosmische Böse« keine Schachfiguren mehr, die manipuliert werden konnten. Das einzige, was es noch konnte, war, uns zu beeinflussen, Dinge zu tun, die uns in der Schwingung nach unten zogen; es konnte uns beispielsweise beeinflussen, uns in Ebenen der Hoffnungslosigkeit zu verstricken und uns dort festzuhalten oder um »Implantate« zu bitten. 1995 und 1996 wurden diese Energien alle verstärkt, was vielleicht jeder bestätigen kann, denn die meisten Menschen hatten ziemlich viele Probleme in ihrem Leben.

Wie schon zuvor berichtet, am 17. August 1996 wurde das Magnet-Gitter erschüttert, in den Tempel des Heiligen Johannes gebracht und in der Göttlichen Gnade gehalten. Die in Milliarden von Jahren gespeicherten negativen Energien erhielten die Möglichkeit zur Transformation. Dieser Gnadenakt war einmalig in der Geschichte irgend eines Welt-Systems. Das meiste Negative wurde transformiert, bis auf einige Überreste von dunkelster Energie, die am 22. August 1996 umgewandelt wurden.

Erzengel Michael und das gesamte Kraftfeld von Gottes Erster Ursache umfing die restliche Energie mit dem »Ring-Pass-Not« (Schutzring) und begleitete sie, wie schon beschrieben, in den Tempel der Ersten Einweihung im Ätherreich von Mt. Lemmon.

Am 22. August 1996, dem Tag der dritten Aktivierung des Kristall-Gitters und des Übergangs in die vierte Dimension, gingen alle Nachzügler-Seelen mit ins Licht, und das Magnet-Gitter wurde vom Kristall-Gitter-System ENTFERNT! Dies wurde durch die unendliche Gnade und Liebe des Himmels, Erzengel Michael und die Mithilfe aller Licht-Dienenden erreicht.

Wir haben natürlich noch unsere menschlichen »Egos«. Auch die gefallenen Seelen, die bereit waren, ins Licht zu gehen, besitzen ihre Egos weiterhin. Ebenso haben wir noch die von uns verursachte Negativität, die zur Umwandlung zu uns zurückkehrt. Auch haben wir den »Freien Willen«, uns in dieser Negativität zu verfangen. Es bedeutet also nicht, daß ab 22. August 1996 keine Spur von Negativität mehr sein wird. Viel davon wird jedoch aufgelöst sein. Diejenigen von uns, die sich dessen bewußt sind, tragen nun die zusätzliche Verantwortung, ständig das Licht von Harmonie, Gleichgewicht, Erleuchtung und göttlicher Wahrheit in alle Ebenen des Bewußtseins zu rufen. Laßt die Violette Flamme durch alle menschlichen Egos lodern, ruft die Gott-Gegenwart eines jeden Teils des Lebens an, das sich auf diesem Planeten entwickelt. Bittet sie, die Herrschaft über die vier niederen Körper zu übernehmen. Dies wird die dunkle Energie zerstreuen und auflösen.

Diejenigen, die sich dessen nicht bewußt sind, werden wohl noch weiterhin ihre Wesenheiten »channeln«. Wenn diese Energien jedoch dem »Kosmischen Bösen« angehörten, werden sie nicht mehr im Kraftfeld des Planeten sein. Es können noch Seelen in der Astral-Ebene gefangen sein, die aus reiner Bosheit diese Rolle übernehmen und fortsetzen. Auch das Ego der Person könnte diese Erfahrung und das Muster wieder erschaffen. Es wird aber ein leeres Hologramm der Illusion sein, denn die Kraft, die dies erhalten oder manifestiert hat, existiert nicht mehr. Nach und nach werden auch diese Energien aufgelöst werden.

Wir müssen unsere volle Aufmerksamkeit auf das Licht richten. Die menschlichen Egos werden weiterhin ihre »Wutanfälle« haben, es fehlt jedoch jetzt die Kraft, die sie aufrecht erhalten und verstärkt hat. Alles wird viel leichter umgewandelt werden können.

Befehlt die menschlichen Egos in das Licht. Wir können zu uns selbst und zur ganzen Menschheit sagen: »Ego, ich liebe Dich. Ich erkenne an, daß Du mir die Gelegenheit zum Lernen gegeben hast, aber Du hast jetzt nicht mehr länger die Fähigkeit, die Macht in meinem Leben zu sein. ICH BIN die Macht, die dieses Leben bestimmt. ICH BIN EINS mit der Vollständigkeit meiner Gott-Gegenwart. Ich befehle Dich in das Licht und befreie Dich durch Liebe!«

Dies sollten wir für das kollektive Ego-Bewußtsein der gesamten Menschheit tun, für jegliche Negativität des Elementar-Reiches, das die Negativität der Menschheit zurückspiegelt. Auch für alle gefallenen Engel, die noch weiterhin Disharmonie verbreiten. Für eine gewisse Zeit kann die Negativität noch sehr intensiv wirken, denn das menschliche Ego basiert auf Angst und Panik. Es erkennt nicht, daß es die Gelegenheit hat, sich ins Licht zu bewegen. Es denkt, daß es zerstört wird. So müssen wir das Ego ganz besonders mit den Eigenschaften des 11. Pfirsichfarbenen Strahls: göttlicher Auftrag, Enthusiasmus und Freude, durchlodern, so daß es erkennt, daß es in einen höheren Aspekt seiner ursprünglichen göttlichen Absicht verwandelt und nicht zerstört wird. Es wird in die Solare Christus-Gegenwart aufgenommen, erhöht und ermächtigt. Mit dieser Energie wird es verschmelzen und EINS werden, so daß nur noch das Makellose Bild des Göttlichen Planes zum Ausdruck kommt.

Am letzten Tag der Konferenz, am 22. August 1996, stieg die Erde und alles Leben auf ihr durch die Gnade Gottes in die nächste Spirale unserer Evolution auf, in die vierte Dimension. Dies konnte nur durch das einmalige Geschenk der Göttlichen Gnade geschehen. DANKE! DANKE! DANKE!

Am 22.9.1996 = 11 (11 ist eine Meisterzahl, die physisches Leben in spirituelle Realität transformiert) um 11:11 Uhr, dem Augenblick der Herbst-Tagundnachtgleiche, wurde im ätherischen Tempel des Grand Tetons in WyOMing, die Kraft des erlösten »Kosmischen Bösen« in das Herz Gottes zurückgeführt und durch Liebe ewiglich befreit. Sie wird nie mehr irgendeinen Teil des Lebens im Universum widersächlich beeinflussen. Um 12:12 Uhr strömte das Licht Gottes durch die kollektive Solare Christus-Gegenwart der ganzen Menschheit und alle Sünden der Welt wurden vergeben. Jedes noch vorhandene Elektron von Lebensenergie, das jemals von irgend jemandem (Mann, Frau oder Kind) auf der Erde mißbraucht worden war, erhielt durch das Gesetz der Göttlichen Gnade Vergebung und wurde in Licht umgewandelt. Diese Aktivität des Lichtes veränderte die Realität auf Erden in eine KARMA-FREIE REALITÄT!

Das bedeutet, daß jeder von uns in diesem Moment »KARMA-FREI« ist. Wir haben natürlich noch den Freien Willen und unsere menschlichen Egos. Wir können auch wieder unsere schöpferischen Fähigkeiten von Gedanken, Worten, Handlungen und Gefühl mißbrauchen und Chaos in unserem Leben erschaffen. Wir haben die Wahl. Wir können ein Leben mit Liebe, Freude und Reichtum erschaffen und dazu beitragen, das Licht auf Erden zu vergrößern. Alles wird nun leichter sein, da das sogenannte »Kosmische Böse« nun erlöst ist.

12:12 ist eine Zahl, die die heilige Geometrie dieses Sonnensystems ausdrückt.

12 x 12 = 144. Es drückt außerdem die Frequenz des Aufstiegs in Sonnen-Realität aus. Um 12:12 Uhr versammelten sich Licht-Dienende auf dem Gipfel des »Signal-Berges« in den Grand Tetons und bildeten einen Kelch, durch welchen das Licht Gottes strömte, um die Sünden der Welt zu vergeben. Dadurch wurde der Weg frei für unseren Solaren Übergang in die fünfte Dimension. Der Gipfel des Signal-Berges mißt 7,593 Fuß, 7+5 und 9+3 = 12:12.

Interessanterweise wurde gerade am 14.9.1996 das Jüdische Neue Jahr gefeiert, es ist das Jahr 5757 im Jüdischen Kalender; 5+7 und 5+7 = 12:12.

Am 26.9.1996 gab es eine seltene, totale Mondfinsternis. Das Göttliche Licht, das während der Vollmond-Finsternis am 3.4.1996 einströmte, erreichte während der Vollmond-Finsternis am 26.9. seinen Höhepunkt. Zu dieser Zeit wurde das Wunschbild unserer Solaren Christus-Gegenwart absorbiert und unsere KARMA-FREIE REALITÄT in allen Ebenen unseres Bewußtseins verankert. Die Heilige Neue Erde und die Heilige Neue Menschheit wurden geboren.

Am 8.12.1996 (Maria Empfängnis) wurde offenbart, daß die Menschheit endlich bereit ist für die 'Makellose Empfängnis' ihrer Solaren Christus-Gegenwart in ihre Solaren Licht-Körper. Diese Körper werden unsere »Erden-Fahrzeuge« in unserer neuen Solaren Realität sein. Die göttliche Blaupause der TRANSFIGURATION loderte durch alle Ebenen des Bewußtseins und unsere vier niederen Körper (physischer, ätherischer, mentaler, emotionaler). Die Solare DNS unserer Solaren Licht-Körper wurde in den genetischen Code der Menschheit eingegeben. Es bedeutet, daß die göttliche Blaupause unseres Solaren Licht-Körpers in unseren genetischen Code auf zellularer Ebene eingeprägt wurde. DURCH GÖTTLICHE ALCHIMIE BEGANN UNSERE SOLARE CHRISTUS-GEGENWART UNSERE ZELLEN VON DER BASIS PHYSISCHER ELEMENTAR-SUBSTANZ IN EINE SCHWINGUNG AUS LICHT UMZUWANDELN, SO DASS WIR DIE SOLARE CHRISTUS-GEGENWART ERTRAGEN KÖNNEN.

Am 12.12.1996 »12:12« war alles bereit. Durch göttliche Zeremonien, die auf inneren und äußeren Ebenen stattfanden, wurde das Heilige Herz eines jeden Mannes, jeder Frau und jeden Kindes für die »Makellose Empfängnis der Solaren Christus-Gegenwart« in unsere Solaren Licht-Körper vorbereitet. Auf der Herz-Ebene wurden alle Blockaden und Widerstände gegen unsere Solaren Licht-Körper umgangen und bereiteten jedes Herz in jedem Menschen für die Geburt des »inneren Solaren Christus« vor. Die »Schwangerschaft« dauerte 9 Tage. Als das Licht der Wintersonnenwende am 21.12.1996 die Erde segnete, wurde die **Embryonale Solare Christus-Gegenwart in ihren Solaren Licht-Körper im Heiligen Herzen eines jeden Menschen, der sich auf Erden entwickelt, geboren**.

Dies ist das erste Mal, seit wir uns freiwillig bereit erklärten, Erfahrungen in einer drei-dimensionalen physischen Realität zu machen, daß sich unsere Solare Christus-Gegenwart mit unseren vier niederen Körpern durch das Heilige Herz verbinden konnte. Nach dem »Fall« konnte dieser

Aspekt unserer Gott-Gegenwart unsere Herzen nur durch stumme, heruntergestufte Frequenzen, die noch auf der Erde verzerrt wurden, erreichen. Die Geburt unserer Solaren Christus-Gegenwart in unseren Herzen war ein lebenswichtiger Schritt zur Vorbereitung für unseren Übergang in die fünfte Dimension.

Das Jahr 1997

Der Komet »Hale-Bopp«

Überall ging es ziemlich rauf und runter. Dies hatte seinen Grund, denn wir wurden alle 24 Stunden in der Schwingung erhöht und auf den Einfluß des Kometen »HALE-BOPP« vorbereitet, der vom 20.3.1997 bis OSTERN (30.3.1997) der Erde am nächsten war.

Unsere physischen Körper und jeder Teil des Lebens auf Erden wurden in Energie, Schwingung und Bewußtsein größtmöglich erhöht, soweit wir es in jeder 24-Stunden Periode aushalten konnten. Dies verursachte viele körperliche Beschwerden und Unbehagen. Außerdem brachte es alte, nicht mehr funktionierende Verhaltensmuster und Muster von Mangel und Begrenzung an die Oberfläche. Es »erschien« so, als ob alles schlimmer würde. Dies wiederum verursachte mehr Besorgnis und Angst und fachte unser menschliches Ego an, einen Teufelskreis von Chaos und Verwirrung zu erschaffen.

Am 23.7.1995 wurde der Komet HALE-BOPP von Alan Hale und Thomas Bopp, zwei Amateur-Astronomen in Arizona und New Mexiko, entdeckt. Als beide gleichzeitig diesen Kometen entdeckten, stand die Sonne fast genau »0« Grad Löwe. Dies ist ein machtvoller Punkt im Zodiak. Am 22.7.1995, ca. 36 Stunden vor der Entdeckung, gab es einen »Davidstern«, ein großes Hexagramm-Planeten-Muster am Himmel (durch die Verbindung der Erde mit den Planeten unseres Sonnensystems ergab sich ein Sechseck). Der »Davidstern« war immer ein heiliges Symbol, das die Einheit Gottes und der Menschheit reflektiert. Das absteigende Dreieck symbolisiert »Gott reicht hinunter zur Menschheit«, und das aufsteigende Dreieck das »Hinaufreichen der Menschheit zu Gott«. Der Davidstern symbolisiert die Einheit der zwei, wenn die Menschheit EINS MIT GOTT wird. (Übrigens gab es die Konstellation des Davidsterns auch am 23.1.1997, zwischen 18:00 Uhr und 18:30 MEZ. Die Planeten Jupiter, Uranus und Neptun waren zum ersten Mal seit fast 200 Jahren in Konjunktion. Die Menschen waren aufgefordert, sich in Einheit zu verbinden und weißes Licht zu visualisieren, um ein Neues Planetarisches Bewußtsein zu schaffen.)

Es ist schwer, Kometen vorauszusagen. Von vielen wurde der Komet »Hale-Bopp« der »Komet des Jahrhunderts« genannt. Er zog nicht »zufälligerweise« zur Zeit der Frühlings-TagundNachtgleiche und Ostern im März 1997 in nächster Nähe an der Erde vorbei. Sein Einfluß war schon Anfang des Jahres durch immer höher werdende Schwingungen zu spüren. Die Erde und alles Leben auf ihr wurden in einem »Crash-Kurs« für den Übergang in die fünfte Dimension vorbereitet. Dies war ein einmaliges Experiment, denn niemals in der Geschichte des Universums gab es einen Planeten, der Gelegenheit erhielt, durch ZWEI dimensionale Übergänge in so kurzer Zeit zu gehen. Es war ein monumentaler Akt der göttlichen Gnade. Der Übergang geschah während der Frühlings-Tagundnachtgleiche am 20.3.1997, als die erhöhte Stoßkraft des Kometen »HALE-BOPP« die Erde segnete. Diese Zeit war eine wundersame, glorreiche Zeit.

Da unsere menschlichen Egos sprunghaft schwankten zwischen dem Wunsch, »transformiert zu werden« und »Kontrolle behalten zu wollen«, hatten wir hier und da einige Herausforderungen. Aber hinter diesem bedauernswerten Aspekt unserer Persönlichkeit stand keine Kraft mehr. Das wichtigste ist, daß wir unser niederes menschliches Ego dem Licht und der Vollkommenheit unserer Solaren Christus-Gegenwart übergaben. Die folgende Affirmation half uns, die Göttliche Alchimie unseres Aufstiegs in unseren Solaren Licht-Körper zu beschleunigen:

»Ich übergebe alle Aspekte meines Menschlichen Egos
der Liebenden Umarmung und der Führung
meiner Solaren Christus-Gegenwart.«

Unsere Solare Christus-Gegenwart zog für unsere Erfahrung Lektionen und Gelegenheiten an, die richtig und vollkommen für uns waren. Jede Lektion und jede Gelegenheit beschleunigte unsere individuelle Vorbereitung für den solaren Übergang.

Der erste Impuls unseres Aufstieges in die nächste Spirale unserer Evolution – die Spirale der FÜNFTEN DIMENSION – war ein Prozeß von 72 Stunden. Unser Aufstieg in die Spirale der fünften Dimension vollzog sich von 12 Uhr NACHTS (0:00) am 20. März 1977 (Ortszeit) bis 23:59 Uhr am

22. März 1997 (Ortszeit). Dies geschah durch die gemeinsamen Bemühungen von Himmel und Erde. Es fand eine einmalige Göttliche Alchimie statt, in welcher physische Materie auf atomarer-zellularer Ebene in Solar-Schwingungsfrequenzen der Grenzenlosen Physischen Vollkommenheit beschleunigt wurde. Es geschah GOTT-SIEGREICH in den Ebenen der Ursache, und wurde dann durch unsere Solare Christus-Gegenwart physisch verankert, die jetzt im Heiligen Herzen eines jeden Mannes, jeder Frau und jeden Kindes auf Erden geboren ist.

Während des genauen Augenblicks der Frühlings-Tagundnachtgleiche atmete unsere Solare Christus-Gegenwart die Göttliche Alchimie der Aufstiegs-Flamme ein, die der Erde vom Kometen Hale-Bopp gebracht wurde. Die HEILIGE SUBSTANZ DER AUFSTIEGS-FLAMME, die mit den göttlichen Eigenschaften des Aufstiegs, der Auferstehung, der Transfiguration und der Transformation loderte, wurde durch unsere Solare Christus-Gegenwart in den Kern der Reinheit projiziert, der innerhalb eines jeden Elektrons der Lebensenergie auf Erden pulsiert. Dies erschuf eine gewaltige, verstärkte Aktivität des Lichtes, die um den Globus in einer sich immer mehr verstärkenden Welle von Gottes Glorie loderte.

Am 22. März 1997 (dies ergibt 33, die Meister Zahl, die das Christus-Bewußtsein reflektiert), passierte der Komet Hale-Bopp in nächster Nähe die Erde. Die volle Kraft der himmlischen Segnungen, die dieser »Bote Gottes« der Erde brachte, versiegelte die Erde und alles Leben auf ihr in den göttlichen Frequenzen der fünften Dimension.

Am 23. März 1997 bewegte sich der Komet Hale-Bopp noch näher zur Erde. (Außerdem fand eine Vollmond-Finsternis in Süd-Amerika statt.) Zu dieser Zeit war sein himmlisches Geschenk, den Kern der Reinheit innerhalb eines jeden Elektrons von Lebensenergie mit dem »Makellosen Bild unserer Neuen Karma-Freien Solaren Realität« zu aktivieren, d. h., in jedes Elektron, das auf Erden in manifester Form besteht. Diese göttliche Blaupause enthielt den genetischen Code des vollen, unmanifestierten Potentials vom Neuen Himmel und der Neuen Erde. Während der Vollmond-Finsternis wurde alles Leben auf der Erde vom Heiligen Geist gesegnet und in einem Kraftfeld der Göttlichen Liebe innerhalb der fünften Dimension versiegelt!

In den folgenden Tagen nahmen wir dann die Aktivierung dieser göttlichen Blaupause auf und integrierten sie. Während dies geschah, flossen die göttlichen Ideen aus dem Herzen und dem Geist Gottes in alle Ebenen des Bewußtseins, zur Vorbereitung für die nächste Phase des Göttlichen Planes.

Am OSTERMORGEN, dem 30. März 1997, während die Aufstiegs-Flamme die Ausstrahlung unserer Solaren Christus-Gegenwart in unsere Herzensflamme ausdehnte, strömten GÖTTLICHE OFFENBARUNGEN aus dem Herzen und dem Geist Gottes für unsere Neue Karma-Freie Solare Realität in die Erde. Durch das offene Tor, das zwischen Himmel und Erde auf der Insel Patmos in Griechenland pulsiert, wurde das heilige Wissen, welches das NEUE PARADIGMA FÜR ALLE SYSTEME IN UNSERER NEUEN SOLAREN REALITÄT enthält, offenbart. Dies geschah durch die offene Tür des kollektiven Bewußtseins der Menschheit.

Am 1. April 1997, als der Komet Hale-Bopp Sonnennähe erreichte, wurden durch eine gewaltige Licht-Explosion die Muster der GRENZENLOSEN PHYSISCHEN VOLLKOMMENHEIT durch alle Ebenen des Bewußtseins unendlich erweitert.

Die Menschheit trägt nun dieses heilige Vertrauen in ihren Herzensflammen und erwartet den herannahenden kosmischen Moment, wenn diese göttlichen Ideen zur Durchführung in der Welt der Form in unseren bewußten Verstand strömen.

Es fand eine unglaubliche LICHT-AUSDEHNUNG durch den Kometen HALE-BOPP statt. Die Erde und alles Leben machten einen Quantensprung in die fünfte Dimension. Viel feinere Licht-Schwingungen und ein Licht höherer Ordnung strahlt nun auch über unsere Sonne ein. NEUE SOLARE ENERGIEN beschleunigen unser Wachstum in die Göttlichkeit.

Am 18.4.1997 wurde von einigen Astronomen der Isaac Newton Gruppe auf den Kanarischen Inseln ein »DRITTER SCHWEIF« des HALE-BOPP entdeckt. Die Wissenschaftler konnten sich dies nicht erklären. Bekannt ist, daß es bei Kometen zwei Typen von Schweifen gibt: einer aus Staub und der andere aus elektrisch-geladenem Plasma. Dies war sichtbar als ROSA und BLAUE FLAMME. Dieser dritte Schweif jedoch war aus Natriumgas und wurde noch NIE VORHER GESEHEN! Er war als »GOLDENES GLÜHEN« sichtbar! Auch ich sah die drei Schweife am Nachthimmel und dachte: »Das symbolisiert die DREIFALTIGKEIT und die DREIFÄLTIGE FLAMME in unserem Herzen, rosa, gold und blau!« Der Komet HALE-BOPP spiegelte uns das göttliche Gleichgewicht unserer Ewigen Dreifältigen Flamme = ROSA, GOLD und BLAU. Es ist der Ausdruck des CHRISTUS-BEWUSSTSEINS des AUFERSTANDENEN CHRISTUS in unseren Herzen – das »ZWEITE KOMMEN CHRISTI«.

Leider brachte der April auch eine große Flutkatastrophe in USA und im Juli/August auch in Polen und Tschechien. Die Menschen halfen sich in der Not untereinander, Tausende von freiwilligen Helfern waren im Einsatz, und große Summen Geld wurden gespendet. Viele Menschen beteten und sandten heilendes Licht in diese Gebiete. Damit die Erde in die fünfte Dimension aufsteigen konnte, war auch eine gewaltige REINIGUNG notwendig. Früher versanken ganze Kontinente in den heilenden Fluten der Ozeane und Millionen von Menschen verloren ihr Leben. Da jedoch in den letzten Jahren viel Lichtarbeit geleistet wurde, war eine Heilung zwischen der Menschheit und dem Elementarreich möglich. So kam ein »Ersatz-Plan« zum Einsatz, so daß die Reinigung auf sanftere Art geschehen konnte und nur wenige Menschen ihr Leben verloren. (Auf höheren Ebenen hatten sich vorher diese Seelen zum Wohle der Menschheit und allem Leben dazu bereit erklärt, diese Flutkatastrophen zu erleben.)

Durch diese intensiven neuen Licht-Energien kommen die alten ausgedienten Archetypen, Paradigmen und Glaubenssysteme verstärkt an die Oberfläche, um in LICHT UMGEWANDELT zu werden, damit die NEUEN PARADIGMEN erfolgreich manifestiert werden können. Es hat den Anschein, daß immer mehr Chaos entsteht. Jetzt ist es ganz wichtig, nicht den Mut zu verlieren und weiter standhaft IM LICHT VERANKERT ZU BLEIBEN. Der Komet HALE-BOPP erschütterte regelrecht den Äther und erschuf damit ein GASFÖRMIGES FELD VON UNMANIFESTIERTEM POTENTIAL. Die hohen Schwingungsfrequenzen dringen nun in die dichteren physischen Ebenen ein und erschüttern die niedrigeren Frequenzen, die im Konflikt mit der neuen fünf-dimensionalen Solaren Realität sind. Sie kommen an die Oberfläche und steigen in die MENTALE SCHICHT der Erde auf. Deswegen sehen wir so viel Chaos und Durcheinander auf der Erde und in unserem eigenen Leben. Mit den Augen unseres menschlichen Egos gesehen, scheint es, daß alles immer schlimmer wird und sich nichts gebessert hat. In dem Moment aber, wo wir wieder Energie in diese falschen Glaubenssysteme geben, projizieren wir diese fehlerhaften, destruktiven Gedankenmuster abermals in das NEUE GASFÖRMIGE FELD VON UNMANIFESTIERTEM POTENTIAL und erschaffen somit, tragischerweise, erneut die alten ausgedienten Archetypen und Paradigmen. (Du weißt: WAS DU DENKST UND FÜHLST, BRINGST DU IN EINE FORM!) Mit jedem Gedanken, jedem Wort, jeder Tat und jedem Gefühl wird dieses NEUE FELD UNMANIFESTIERTEN POTENTIALS von uns geprägt. So sollten wir uns täglich fragen: »Möchte ich mit diesen Gedanken, diesen Worten, diesen Gefühlen oder dieser Handlung ein Muster erschaffen, das meine NEUE SOLARE WIRKLICHKEIT VOM HIMMEL AUF ERDEN ausdrückt?« Die ERWACHTEN Menschen haben jetzt die Aufgabe, dieses neue Feld positiv mit NEUEN PARADIGMEN UND GLAUBENSSYSTEMEN zu prägen und an der glorreichen Vision vom Himmel auf Erden festzuhalten. Also DURCHHALTEN – trotz aller Widrigkeiten. MEISTERSCHAFT bedeutet, die Probleme zu MEISTERN!

»Das Band des Vergessens«

Das »Band des Vergessens« wurde bei der ganzen Menschheit entfernt. Vor Äonen, nach dem »Fall«, wurde der Menschheit von Gott das »BAND DES VERGESSENS« über die Stirn, oberhalb der Augenbrauen, gelegt. Dies geschah als Gnadenakt, damit wir in jeder neuen Inkarnation frisch und ohne Erinnerung an unsere Vergangenheit und karma-erfüllte Verkörperung, wieder neu beginnen könnten.

Vor dem »Fall« hatten wir Zugang zu allen Facetten unseres multidimensionalen Selbst und bewußten Kontakt mit unserem göttlichen Selbst, der himmlischen Hierarchie und den Ebenen der erleuchteten Wahrheit. Auch als wir uns in der dritten Dimension entwickelten, hatten wir volle Erinnerung und brachten das angesammelte Wissen mit uns in jede neue Inkarnation. So machten wir schnell Fortschritte, und unsere Erden-Erfahrung war niemals getrennt von unserer spirituellen Erfahrung. Nach dem »Fall« veränderte sich alles drastisch. Wir verkörperten uns nun nicht mehr nur zum Zweck, den Fortschritt in die Selbst-Meisterschaft und Göttlichkeit zu beschleunigen, sondern um unsere negativen Situationen zu läutern, die wir in vergangenen Leben erschaffen hatten. Unsere Beziehungen basierten nicht mehr auf Liebe und gemeinsamem Wachstum. Denn wir kamen mit den Menschen zusammen, denen wir etwas zugefügt hatten, und denen gegenüber gewaltige karmische Schuld bestand. Die Negativität auf der Erde wurde stärker und destruktiver. Es war schwer für uns, die Vergangenheit hinter uns zu lassen und uns auf die Gegenwart zu richten. Wir projizierten das Vergangene in das damalige Leben und begrenzten dadurch unsere Fähigkeit zu vergeben und zu heilen. Unser Fortschritt stagnierte, und die Gefangenschaft im Rad des Karmas war unerträglich.

Als Gnadenakt des Göttlichen Mitgefühls und der Liebe wurde von Vater-Mutter Gott eine kosmische Verfügung erlassen und das »Band des Vergessens« über die Augenbrauen einer jeden inkarnierten Seele gelegt. Da wir dadurch keine bewußte Erinnerung mehr an die Vergangenheit hatten, bestand die Hoffnung, daß wir nun in jeder Verkörperung neu beginnen könnten. Dadurch konnten wir wieder in Beziehungen und Situationen mit anderen zusammenkommen, ohne Erinnerung an die Grausamkeiten, die wir einander in früheren Leben zugefügt hatten. Wir konnten neu anfangen, wieder lieben lernen, den Betreffenden vergeben und somit die Überschreitungen heilen. Das »Band des Vergessens« hatte derzeit seine Vorteile, aber es entstand auch eine völlig neue Ebene von Angst und Verwirrung. Ohne bewußte Erinnerung an vergangene Leben fehlten uns die logischen Erklärungen, warum wir so viel Leid und Schmerz auf Erden ertragen mußten. So dachten wir irrtümlich, daß alles »Gottes Wille« war. Wir fühlten uns als »Opfer« und entschieden, daß wir wohl wertlos und böse sein müßten, wenn Gott uns so bestraft. Durch verdrehte und falsche Wahrnehmung fielen wir tiefer in das Bewußtsein von Wertlosigkeit und Minderwertigkeits-Gefühlen. Dieses falsche Glaubenssystem diente wiederum der Entwicklung unseres menschlichen »Egos« als »Nahrung« und später dem »Kosmischen Bösen« zur Manipulation.

Nun, nach der Harmonischen Konvergenz im August 1996, da unser Vater-Mutter Gott die Sünden der Welt vergeben hat und unsere Solare Christus-Gegenwart in unseren Herzen geboren wurde, sind wir endlich in der Lage, unseren Weg wieder zu finden und den ursprünglichen Göttlichen Plan auf Erden wieder herzustellen. In unserer neuen karma-freien Realität kann das Band des Vergessens entfernt werden, und wir erkennen wieder, wer wir sind und warum wir in dieser Zeit auf der Erde inkarniert sind. Jede Seele wird sich an ihre eigene Göttlichkeit erinnern und sich als »ein Kind Gottes« erkennen.

Der 11. Welt-Kongreß der Erleuchtung fand zum 11. Jahrestag der Harmonischen Konvergenz (seit 1987) vom 16. – 21.8.1997 in Seattle, Washington, USA, statt. »11« ist eine Meisterzahl und spiegelt die heilige Geometrie wider, die Physisches in Spirituelles transformiert. Die Absicht des Kongresses bestand darin, einen physischen Verankerungspunkt zur Verfügung zu stellen, um durch Zeremonien und Meditationen ein offenes Tor zwischen Himmel und Erde zu erschaffen.

Während dieser Zeit wurde »das Band des Vergessens« bei der gesamten Menschheit entfernt. Nun können wir uns wieder an unsere Göttlichkeit erinnern. Jeder Mensch wird mühelos in der Lage sein, sich direkt mit dem Geist Gottes zu verbinden, um göttliche Offenbarungen wahrzunehmen, so daß wir jetzt genau wissen, wie wir unsere neue karma-freie Realität auf Erden leben können. Wir werden das Wissen erhalten, wie wir die verschiedenen Systeme der Erde (z. B. politische, ökonomische, soziale, wissenschaftliche, medizinische, künstlerische, religiöse, philosophische Systeme usw.) effektiv in das »Makellose Bild des Himmels auf Erden« verändern können. Das Entfernen des Bandes des Vergessens erlaubt uns auch, das Engels- und Elementarreich wahrzunehmen, das selbstlos mit der Menschheit arbeitet, um die ursprüngliche Schönheit der Erde wiederherzustellen. Das Tor zu neuen und erweiterten Ebenen des Bewußtseins ist geöffnet!

Nach und nach werden die übrigen 90 Prozent unserer Gehirn-Kapazität erweckt. Das ist der Teil unseres Gehirns, zu dem wir keinen Zugang mehr hatten, nachdem unsere rechte Gehirnhälfte eingeschlafen war und sich unser sprirituelles Gehirnzentrum – Zirbeldrüse, Hypothalamus und Hypothese und das Ganglien-Zentrum an der Schädelbasis – zurückgebildet hatte. Dies hatte die Schließung des Kronen-Chakras der Erleuchtung verursacht. Es ist die göttliche Absicht, daß das Entfernen des Bandes des Vergessens sich nur positiv auf unsere individuellen und kollektiven täglichen Lebenserfahrungen auswirken wird.

Aufstieg in Solares Bewußtsein

Der göttliche Geist, der menschliche Geist und die mentale Schicht der Erde spiegeln sich in der heiligen Essenz des Feuer-Elementes wider. Damit das Band des Vergessens von jeder Seele entfernt werden und die kosmische Verfügung, die dies bestimmt hatte, wieder aufgehoben werden konnte, war es notwendig, die MENTALE SCHICHT der Erde in eine SOLARE MENTALE SCHICHT umzuwandeln. Dies geschah mit dem heiligen Feuer-Element durch Transfiguration (Verklärung). Deswegen fand der Welt-Kongreß 1997 in Seattle, Washington, statt, denn dieses Kraftfeld des Planeten ist direkt mit dem »FEUERRING«, der sich über den gesamten Pazifischen Randstreifen ausdehnt, verbunden.

Der FEUERRING ist das multi-dimensionale Tor, das die Mental-Schicht der Erde durch die Substanz des heiligen Feuers mit dem Geist Gottes verbindet. Während der Zusammenkunft wurde durch Zeremonien, Musik und Freude gemeinsam mit den Führern der Fünf Elemente, den Formen-Erbauern, der himmlischen Hierarchie und der SOLAREN CHRISTUS-GEGENWART der ganzen Menschheit, die »PYRAMIDE DES AUFSTIEGS in das SOLARE BEWUSSTSEIN« erschaffen. Durch verschiedene Licht-Aktivitäten magnetisierte Vater-Mutter Gott ungeformtes Urlicht aus dem Kern der Schöpfung und dehnte es über vier Schutzsäulen aus, um die quadratische Basis der Pyramide, die die Erde einhüllte, zu formen. Die vier aufsteigenden Dreiecke der Pyramide repräsentierten die vier Elemente: Luft, Wasser, Erde, Feuer. Der Schlußstein der Pyramide wurde aus dem fünften Element, dem feinsten Äther, welcher die Substanz des heiligen Feuers enthält, geformt. Das Licht Gottes strömte aus dem Kern der Schöpfung durch das offene Tor in Seattle und dehnte sich über den Pazifischen Randstreifen in den FEUERRING aus. Diese heilige Substanz erhob ALLES das, was mit der Mental-Schicht der Erde und allen Mental-Körpern der Menschheit verbunden war, und brachte es in Gleichklang mit dem Geist Gottes.

Nachdem dies siegreich vollbracht war, entfernte unser Vater-Mutter Gott das Band des Vergessens für alle Ewigkeit. Der Weg war nun frei für unseren Aufstieg in unseren Solar-Mental-Körper.

Am 21.8.1997 atmete Vater-Mutter Gott das HEILIGE SOLARE FEUER in den Lichtkelch, der durch die gemeinsame Aktivität weltweit geschaffen worden war. Das HEILIGE SOLARE FEUER verwandelte und verklärte unseren Verstand, unsere Mental-Körper und unser Bewußtsein, so daß diese in »SOLAR-MENTAL-KÖRPER-VERSTAND und -BEWUSSTSEIN« erhoben wurden. Zunächst geschah dies in den Ebenen der URSACHE. Nach und nach wird dies die »WELT DER WIRKUNG/FORM« einer jeden sich auf Erden entwickelnden Seele durchdringen. Das ist die Erfüllung des Symbols »Auferstehung des Phönix aus der Asche«.

Das ist der Sieg! Unser Aufstieg in SOLARES BEWUSSTSEIN! HALLELUJA!

> ICH BIN EIN SONNEN-WESEN, AUF EINEM SONNEN-PLANETEN,
> SONNENTAGE LEBEND, IN DIESEM SONNEN-LEBEN.

Prinzessin Dianas Übergang (1)

Am 31.8.1997 verließ Prinzessin Diana die physische Ebene. Sie kam mit der göttlichen Mission zur Erde, den Archetyp des »Göttlich-Weiblichen« auszudrücken, so daß es die ganze Welt sehen würde.

Im Angesicht größter Schwierigkeiten und starker, äußerer Beeinträchtigungen, war es ihr möglich, königliche Schönheit zu demonstrieren. Als sie von uns ging, war sie die berühmteste und meist-fotografierteste Frau der Welt. Sie strahlte Schönheit aus und bezauberte durch ihre Lieblichkeit. Aber dies war nur ein kleiner Aspekt des Zwecks ihres Daseins. Sie strahlte auch die göttlichen Eigenschaften von Mütterlichkeit, Hingabe, Mitgefühl, Fürsorge, Liebe, Verständnis und Weisheit aus. Sie war eine Frieden-gebietende Gegenwart überall auf der Welt und berührte die Herzen der Menschen.

Prinzessin Diana erweckte in jedem menschlichen Wesen Vertrauen und gab überall Trost. Gleichermaßen empfing sie Ehre und Achtung von Regierungshäuptern wie von leidenden Kindern. Ihre Gegenwart umfing den Globus und durchflutete die menschlichen Herzen mit der Liebe der Göttlichen Mutter. Sie war ein Werkzeug, durch welches die Göttliche Mutter die Herzen und Gemüter erreichte, die Prinzessin Diana Aufmerksamkeit schenkten. Das Bildnis des Göttlich-Weiblichen wurde durch sie ausgedrückt.

Die traumatische Art, die Prinzessin Diana wählte, um die physische Ebene zu verlassen, war notwendig, um die Menschenmassen zu schockieren und sie aus ihrer Selbstgefälligkeit wachzurütteln.

Durch das kollektive Bewußtsein der Menschheit, die ihre volle Aufmerksamkeit auf Prinzessin Dianas Grazie, Liebe und Menschenfreundlichkeit richtete, war es Vater-Mutter Gott möglich, die Erde mit den Frequenzen Göttlicher Liebe, Mitgefühl und dem Willen zur Tat zu überfluten. Dadurch wurde das Göttlich-Weibliche im Herzen eines jeden Mannes, jeder Frau, jeden Kindes auf Erden in eine neue Oktave der göttlichen Heilung und Ermächtigung erhoben. Unsere rechte Gehirnhälfte konnte verstärkt aktiviert werden und beschleunigte die Öffnung unserer Herzen. Dadurch erinnern wir uns, wer wir sind und warum wir jetzt auf Erden sind.

Elton John nannte Prinzessin Diana »die Rose Englands«. Die Rose ist Mutter Marias Symbol, die auch den Archetyp des Göttlich-Weiblichen darstellt. Durch die Liebe, die Prinzessin Diana entgegengebracht wurde, vereinten sich alle unsere Herzen, wie es zuvor noch nie auf der Welt geschah. Es erschütterte auch die Monarchie und bewies die Wahrheit, daß die Menschen ihre Führer »führen« werden.

Prinzessin Diana wurde mit dem Rosenkranz, den sie von Mutter Theresa erhalten hatte, beerdigt. Der Rosenkranz ist ein Geschenk an die Welt von Mutter Maria. Da es ihr Symbol ist, wurde er danach benannt. Mutter Theresa und Prinzessin Diana verband eine innige Freundschaft, obwohl ihr Leben auf der Erde nicht gegensätzlicher hätte sein können. Alles Leben ist EINS.

Mutter Theresas Übergang (1)

Mutter Theresa erfüllte ihre göttliche Mission auf Erden am 5. September 1997. Numerologisch ergibt dieser Tag »22« (5+9+1997 (8) = 22). Dies ist eine Meisterzahl und bedeutet Kraft auf allen Ebenen und die Fähigkeit, den Hergang der Geschichte zu verändern. Sie verließ die Erde einen Tag vor Prinzessin Dianas Beerdigung, um die Aufmerksamkeit der Welt auf das Göttlich-Weibliche noch zu verstärken.

Während Millionen von Menschen auf der ganzen Welt am 6. September 1997 ihre Aufmerksamkeit auf Prinzessin Dianas Beerdigung richteten, hüllten diese beiden großartigen Wesen die Erde in ein Herz der Göttlichen Liebe. Mutter Maria und die Eigenschaften der Göttlichen Mutter vereinten sich mit ihnen und projizierten die volle Wahrheit unserer NEUEN SOLAREN WIRKLICHKEIT in alle Ebenen des Bewußtseins auf Erden. Diese Wahrheit spiegelt sich in jedem menschlichen Wesen, jedem Elementarwesen und jedem Engel wider.

Die Göttliche Liebe durchflutete die Herzen und Gemüter allen Lebens auf Erden. Während der gesamten Woche, als die Welt ihre Aufmerksamkeit auf Mutter Theresas Beerdigung richtete, verstärkte sich die Intensität. Mutter Theresa wurde die »Schutzheilige der Ärmsten der Armen« genannt. Sie war erfüllt von Gottes Gnade und half unzähligen Leidenden.

Einmal, als sie einem kranken Kind die Wunden salbte, sagte ein Reporter zu ihr: »Mutter Theresa, das würde ich nicht für 100.000 Dollar tun«. Sie antwortete: »Ich auch nicht! Ich tue es für Gott.«

Auch wenn Welten zwischen dem sozialen Stand von Mutter Theresa und Prinzessin Diana lagen, waren sie beide EINS in ihrem göttlichen Auftrag und im Sinn ihres Seins.

Am 13. September 1997 fand Mutter Theresas Beerdigung statt. An diesem heiligen Tag wurde durch die große Aufmerksamkeit der Menschen auf das Göttlich-Weibliche und durch das verstärkte Einströmen Göttlicher Liebe jeder Teil des Lebens auf Erden dauerhaft in einer »NEUEN ORDNUNG GÖTTLICHER LIEBE UND ERMÄCHTIGUNG« versiegelt.

Prinzessin Diana und Mutter Theresa konnten in höhere Ebenen Göttlichen Dienstes aufsteigen, da eine Vielzahl der erwachenden Menschen jetzt bereit ist, ihre Mission zu übernehmen.

Dritter Teil

Ernährung für die Entwicklung des Lichtkörpers

Es ist schon viel über Ernährung geschrieben worden. Deswegen möchte ich hier nur einige Empfehlungen geben.

Immer höher schwingende Licht-Energien strömen auf unseren Planeten ein und unser Körper wird laufend energetisch und schwingungsmäßig verändert. Damit wir uns daran besser anpassen können, ist es sehr empfehlenswert, sich mit »lebendiger« Nahrung zu ernähren. Das sind frisches Obst und rohes Gemüse, Nüsse, Körner, Sprossen usw. In dieser Nahrung ist die »Lebenskraft« noch erhalten. Diese Lebenskraft ergänzt die vitale Lichtenergie, die den Körper verjüngt und die Zellen und Organe energetisiert.

In gekochten, tiefgekühlten oder vorbehandelten Lebensmitteln ist die Lebenskraft schon zerstört. Dies ist mit der Kirlian-Fotografie bewiesen worden. Rohes Obst oder Gemüse strahlt Licht und Energie aus, während gekochte Nahrung keine Strahlung mehr hat. Verzehren wir »tote Nahrung«, wird dies als Tod im Körper registriert, bei lebendiger Nahrung als LEBEN.

Vermieden werden sollten auch alkoholische, fermentierte oder mit »Chemie« angereicherte Getränke sowie Nahrungsmittel, die in der Mikrowelle zubereitet wurden. Natürlich auch Drogen, Nikotin, Kaffee, Schwarztee.

Gebete, die über das Essen gesprochen werden, reinigen es und laden es mit Licht auf. Dabei kannst Du Deine Hände segnend darüber halten.

Wir sollten also versuchen, unsere Eß- und Trinkgewohnheiten zu verändern und nach und nach damit beginnen. Jeder muß selbst für sich entscheiden, wie weit er diese Genußmittel reduzieren oder auch ganz auf sie verzichten will. Wähle also selbst aus, was Dein Körper gerade braucht. Du kannst auch Dein Körper-Elementar-Wesen um Führung bitten.

Blau-Grüne Algen

Sehr zu empfehlen sind Blau-Grüne Algen. Sie enthalten das meiste Licht, das im Chlorophyll eingelagert ist, und sind reich an Vitaminen, Enzymen, Mineralien, Aminosäuren, Neuropeptiden und Chlorophyll.

Blütenpollen

Die Bienen sammeln die Blütenpollen aus dem Teil der Blüte, die die höchst-konzentrierteste Lebenskraft enthält. Alle notwendigen Nährstoffe sind darin enthalten.

Reines Wasser

Sehr wichtig für den Lichtkörper ist »reines Wasser«. Es ist ein Energie- und Licht-Leiter. Deswegen müssen wir den Konsum von Wasser in der jetzigen Zeit erhöhen. Es befähigt unseren Körper, mehr Licht aufzunehmen. Wir können es mit Chlorophyll anreichern oder auch mit farblichen Kristallen, Farbfolien oder Göttlichem Licht aufladen. Zum Trinken, auch zum Baden oder Duschen, können wir eine bestimmte Licht-Strahlung mit ihrer besonderen Eigenschaft (einen der Aspekte der 12 Strahlen Gottes) in das Wasser rufen. Z. B. unter der Dusche rufe ich das Violette Feuer in das Wasser und bitte es, meinen Körper innen und außen damit zu reinigen. Visualisiere, wie die entsprechende Farbe und das Heilige Feuer durch das Wasser lodern. Du kannst die Anrufung folgendermaßen machen: »Im Namen meiner Göttlichen Gegenwart »ICH BIN« rufe ich ... z. B. den Rosa Strahl Gottes in das Wasser und bitte es, mich mit der Kraft der Göttlichen Liebe zu erfüllen«.

Du kannst ein Glas Wasser auch für einige Minuten auf eine Farbfolie stellen oder einen Kristall hineinlegen. Auch farbige Gläser sind zu empfehlen.

Gebrauche auch das »SAKRALE HEIL-WASSER«, um Dein Wasser zuzubereiten. (Siehe Seite 32.) Ein Start-Fläschchen erhältst Du von der New Age Study of Humanity's Purpose, siehe Anhang.

Sonnenlicht

Das Sonnenlicht strahlt die 12fachen Solaren Aspekte Gottes aus. Es ist wichtig für unser Überleben. Wenn möglich, sollten wir uns jeden Tag für kurze Zeit in die volle Ausstrahlung der Sonne begeben. Ein Sonnenbad (so nackt wie möglich) wäre das Beste. (Dies ist natürlich in der kalten Jahreszeit nicht möglich.) Die Sonne verstärkt unsere Energie, und die Elektronen unseres Körpers können mehr Göttliches Licht aufnehmen.

Heiliger Atem

Der Heilige Atem oder die Substanz von Prana ist mit göttlicher Lebenskraft, Energie und Licht erfüllt. Tiefes Ein- und Ausatmen erfüllt unsere Zellen mit Sauerstoff und Lebenskraft, entgiftet und reinigt sie.

Tägliche Körper-Übungen

Gymnastik, Aerobic, Tanzen und besonders die »Fünf Tibeter« sind sehr zu empfehlen. Auch der Lymphtrainer (kleines Trampolin) bringt die Zirkulation und das Lymphsystem in Gang, was unser Abwehrsystem stärkt. Durch Bewegung wird die Zirkulation von Nährstoffen, Wasser und Sauerstoff in Zellen und Organen angeregt.

Erfülle Dein Ganzes Wesen mit Licht, Liebe und Freude!

Heilungs-Visualisation mit dem smaragdgrün-violetten Licht

Das smaragdgrün-violette Licht ist ein Heil-Licht höherer Ordnung. Der Smaragdgrüne Strahl schwingt mit den Eigenschaften der erleuchteten Wahrheit, der Heilung, des inneren Sehens, der Weihung und Konzentration. Der Violette Strahl schwingt mit den Eigenschaften der Vergebung, Umwandlung, Gnade, Freiheit, des Mitgefühls, der Hingabe und des Rhythmus. Wenn Du bewußt während dieser Übung die Strahlen in Deinen Körper lenkst, werden sich diese Eigenschaften in Deinem Leben ausdrücken. Durch die Kraft Gottes, die in Deinem Herzen verankert ist, stellst

Du bewußt die Verbindung zu Deinem inneren Göttlichen Selbst, der »ICH BIN«-Gegenwart her. Laß Dich vom Licht Deiner Gott-Gegenwart erfüllen und durchfluten.

Setze Dich jetzt mit gerader Wirbelsäule auf einen Stuhl oder lege Dich gerade hin, die Hände mit den Handflächen nach oben, oder falls Du REIKI hast, lege sie intuitiv auf die Körperstellen, die Du jetzt mit Heilkraft aufladen möchtest. Schließe Deine Augen. Atme tief ein und aus, laß jegliche Anspannung, Zweifel und Angst los. Während der Übung empfehle ich Dir, möglichst in einem gleichmäßigen, ruhigen Rhythmus zu atmen. Die Musik wird Dich dabei unterstützen.

Das Heilende Licht aus der Göttlichen Quelle wird Deinen Körper, Deine Gefühle, Deine Gedanken und Deinen ätherischen Körper harmonisieren, heilen, verjüngen und den ursprünglichen vollkommenen Gesundheitszustand wieder herstellen. Rufe jetzt Deine Gott-Gegenwart an:

> »Geliebte Gegenwart Gottes »ICH BIN« in mir ..., durch die Macht der Göttlichkeit, die in meinem Herzen lodert, bitte ich Dich jetzt, in jedes Elektron meines Wesens die intensivste Tätigkeit des Heilenden Lichtes zu projizieren, das ich, in Übereinstimmung mit meinem Göttlichen Plan, in diesem Moment empfangen darf. Verstärke das Heilige Licht täglich und stündlich, mit jedem Atemzug, den ich nehme. Erlaube mir, eine machtvolle Kraft der Heilung für alles Leben zu sein.«

Stell Dir jetzt vor, wie ein reines, kristallweißes, mit Diamanten glitzerndes Licht von oben in Dich einströmt und Dich und Dein Umfeld erfüllt. Aus diesem Licht bildet sich ein Schutzkreis um Dich. Du bist jetzt in Gottes schützendes Licht eingehüllt.

Sei bereit anzunehmen, fühle Dankbarkeit, Vergebung und Liebe in Deinem Herzen. Das rosa Licht der Göttlichen Liebe strömt beim nächsten Atemzug in Dich ein und dehnt sich augenblicklich in Deinem ganzen Körper und um ihn herum aus. Dein Gemüt und Deine Gefühle werden von dem wunderschönen rosa Licht besänftigt. Du fühlst Dich darin geborgen und geschützt.

Atme jetzt wieder tief ein und stell Dir vor, wie beim Ausatmen von oben ein smaragdgrün-violetter Lichtstrahl, direkt aus dem Herzen Gottes, in Dich einströmt. Er strahlt in Deinen Kopf, Dein Kronen-Chakra, und erfüllt alle Organsysteme. Das Licht heilt, reinigt und vitalisiert jede Zelle und stellt den vollkommenen Gesundheitszustand wieder her.

Die Visualisation wird jetzt in der Ich-Form gesprochen, so daß Du sie selbst erleben kannst.

»Mit tiefer Konzentration sehe ich, wie sich das smaragdgrün-violette Licht von Organ zu Organ ausdehnt.

Zuerst erfüllt es mein Gehirn, Disharmonisches wird hinweggefegt, die schlafenden Zentren aufgeweckt, mein Geist wird aktiviert.
Das Licht strahlt in meine Augen, und vollkommene Sehkraft wird wieder hergestellt;
strahlt in meine Ohren, so daß ich gut höre, auch meine »leise innere Stimme«;
strahlt in meine Nase, das Geruchsempfinden und die Atmung sind optimal;
strahlt in die Nebenhöhlen und Stirnhöhle, Krankhaftes wird hinweggespült;
strahlt in meinen Mund, die Zähne, das Zahnfleisch, die Zunge und Lippen. Jedes gesprochene Wort ist liebevoll;
strahlt in meine linke und rechte Gehirnhälfte, sie werden ausgeglichen.

Weiter dehnt sich das smaragdgrün-violette Licht in meine Wirbelsäule und mein Rückenmark aus und gewährleistet die vollkommene Verteilung der elektronischen Lebenskraft in alle Chakras;
meine Chakras schwingen in der vollkommenen Richtung, sind ausgeglichen und harmonisch.
Das Licht erfüllt mein Nervensystem, beruhigt und besänftigt es, meine Nerven erholen sich.

Mein Gehirn und meine Drüsen sind wie ein Kraftwerk. In meiner Vorstellung sehe ich jetzt einen Schalter und stelle ihn auf »AN«. Dadurch werden meine Drüsen aktiviert: meine Hypophyse, die Meisterdrüse ..., Zirbeldrüse ..., Schilddrüse ..., Thymusdrüse ..., Nebennieren ..., Bauchspeicheldrüse ..., Geschlechtsdrüsen ..., Milz ... . Diese Drüsen aktivieren das Lymphsystem in jedem Organ und jedem Teil meines Körpers. Mein Abwehr-System wird gestärkt. Durch die Lymphe werden Gifte nach und nach aus dem Körper geleitet.

Das heilende, smaragdgrün-violette Licht strömt in mein Atmungssystem, ich atme es durch meine Nase, Kehlkopf, Luftröhre, Bronchien und Lunge ein. Durch die Atmung wird das Blut mit Sauerstoff angereichert.

Mein Kreislaufsystem, Herz, Venen, Arterien, Blutgefäße, rote und weiße Blutkörperchen und Knochenmark werden revitalisiert. Mein Herz ist von Liebe, Vergebung und Harmonie erfüllt. Ich segne mein Herz mit Liebe.

Das Licht harmonisiert mein Verdauungssystem, Speiseröhre, Magen, Leber, Galle, Därme, Nieren und Blase sowie alle Ausscheidungsorgane. Das System wird gereinigt, und vollkommene Gesundheit ist das Resultat.

Nun erfüllt der smaragdgrün-violette Lichtstrahl mein Skelett, die Knochen, Gelenke, Sehnen, Bänder und das Bindegewebe mit bester Gesundheit. Jegliche Degeneration verschwindet.
Das Licht kräftigt die Muskulatur und das Gewebe, so daß ich eine straffe, jugendliche Figur habe.

Es verjüngt meine Haut, Haare und Nägel, um jede Falte zu glätten, Alterungsmerkmale auszugleichen. »ICH BIN« verjüngt und ich habe ein strahlendes, jugendliches Aussehen. »ICH BIN« ewig jung!

Jetzt strahlt das smaragdgrün-violette Licht in meinen Ätherkörper, in welchem alle Erinnerungen gespeichert sind. Disharmonische Schwingungen werden mit der Kraft der Vergebung des violetten Lichtes umgewandelt. Ich erinnere mich an mein wahres Wesen, mein Göttliches Selbst und übergebe ihm die Führung, so daß ich mein volles Potential erkenne.

»ICH BIN« LICHT! »ICH BIN« LICHT! »ICH BIN« LICHT!
12 x 12 »ICH BIN« LICHT!

Mein Mentalkörper, der alle vergangenen Gedanken enthält, wird vom heilenden Licht erfüllt, so daß sich negative Gedankenformen und Glaubenssysteme in schöpferische, kreative umwandeln.

Das sanfte, smaragdgrün-violette Licht heilt und beruhigt jetzt meinen Emotional-Körper, der alle meine Gefühle enthält. Disharmonische Gefühle wie Angst, Zweifel, Sorgen, Trauer, Ärger, Mangel usw. werden transformiert in Liebe, Zuversicht, Mut, Trost, Freude, Glück, Harmonie, Fülle und strahlendes Wohlbefinden. »ICH BIN« gesund und voller Lebenskraft.

Nun strömt noch der rosa Strahl der Liebe in mich ein. Rosagold glitzernder Sternenstaub erfüllt mein Herz, meinen Körper und mein Umfeld. »ICH BIN« Liebe und liebe mich selbst bedingungslos.

Jetzt erfüllt mich der pfirsichfarbene Strahl mit Freude und Enthusiasmus. »ICH BIN« jubelnde Freude. »ICH BIN« die göttliche Heilkraft in Tätigkeit.«

Da Du nun so wunderbar von diesem heiligen Licht erfüllt bist, kannst Du es an einen Dir nahestehenden Menschen oder ein Lebewesen ausstrahlen und gleichzeitig alles Leben auf dieser Erde damit segnen.

Sieh jetzt diese Person in Deiner Vorstellung und strahle aus Deinem Herzzentrum einen mächtigen Laserstrahl der smaragdgrün-violetten Heilenergie in das Herzzentrum der Person. Sofort dehnt sich das Licht in und um diese Person aus und erfüllt sie mit Gesundheit, Harmonie, Liebe und Freude.

Wenn Du möchtest, kannst Du nun diese Heilenergie noch in ein Krisengebiet der Erde senden.

Erfülle nun auch Deinen Wohnort, Dein Land, die ganze Erde mit diesem smaragdgrün-violetten Licht, so daß sich alles Leben, das sich jetzt auf dem Planeten entwickelt, in Harmonie und Liebe entfalten kann. Alle Tiere, Pflanzen, Steine, Gewässer, die Erde und die Luft werden gereinigt und mit der Heilenergie aufgeladen.

> »Geliebte Gegenwart Gottes in mir, »ICH BIN« dankbar für die heilende Tätigkeit des Lichtes!
> Und ich danke Dir für Deinen Liebesdienst, den Du gerade allem Leben erwiesen hast.«

Kehre nun mit Deinem Bewußtsein wieder in den Raum zurück, atme tief ein und aus, bewege Deine Hände und Füße, dehne und strecke Dich. Wenn Du bereit bist, öffne Deine Augen.

Sei gesegnet im Licht und in der Liebe des Höchsten.

Diese Visualisation ist als Toncassette »Visualisation mit dem Smaragdgrün-violetten Licht« erhältlich (siehe Anhang).

Anrufung der Gott-Gegenwart (1)

Rufe täglich Deine »Mächtige ICH BIN Gott-Gegenwart« für göttliche Intervention an.

> »Geliebte Gott-Gegenwart »ICH BIN«, die in meinem Herzen pulsiert, ich bitte Dich, die totale Führung meiner Gedanken, Worte, Handlungen und Gefühle in jedem Moment, an jedem Tag zu übernehmen.
>
> Ich bitte, daß das Licht Gottes mich in verstärkter Intensität mit jedem Atemzug, den ich nehme, durchflutet. Ich bitte darum, daß sich in Zeiten menschlicher Schwäche AUTOMATISCH das Licht Gottes, das ewig siegreich ist, 1000-mal, 1000-fach durch meine 12 Solaren Meridiane ausdehnt und Ursache, Kern, Wirkung, Aufzeichnung und Erinnerung in jedem Elektron von wertvoller Lebensenergie, die ich mißbraucht habe, umwandelt.«

Erwarte und akzeptiere, daß Deine Anrufung sofort beantwortet wird. WISSE, daß sie sich täglich und stündlich in ihrer Kraft verstärkt.

Richte Deine Aufmerksamkeit und Deinen Blickpunkt auf:

- ✧ WAHRHEIT
- ✧ FREUDE
- ✧ TRANSFORMATION/ UMWANDLUNG
- ✧ FÜLLE UND REICHTUM
- ✧ DAS MAKELLOSE BILD VOM HIMMEL AUF ERDEN
- ✧ FREIHEIT
- ✧ LACHEN
- ✧ GRENZENLOSIGKEIT
- ✧ SIEG
- ✧ DEINE VISION

Wo Deine Aufmerksamkeit ist, da bist Du! Dem Gedanken folgt die entsprechende Energie. Was Du denkst und fühlst, wird zur Form. Erlaube dem Blickpunkt Deiner Aufmerksamkeit, ausschließlich zur FREUDE in Deinem Leben beizutragen.

Anrufung des Makellosen Bildes des Göttlichen Planes

»Im Namen meiner geliebten Gott-Gegenwart, die »ICH BIN« RUFE ICH DAS MAKELLOSE BILD DES GÖTTLICHEN PLANES FÜR ... HERBEI (entsprechend einsetzen, z. B.:

für meinen Göttlichen Plan,
oder für meine Lebensaufgabe,
für eine bestimmte Situation oder einen bestimmten Umstand,
oder für eine bestimmte Person,
für eine bestimmte Angelegenheit,
für den Tagesablauf,
für eine Regierung, ein Land, die Erde usw.).

Diese Anrufung ist auch sehr zu empfehlen, bevor man eine Heilbehandlung beginnt, für die Behandlung und für die Person:

3 x bzw. besser 9 x rhythmisch sagen.

Heilige Atem-Übung

(Vom Welt-Kongreß der Erleuchtung 1996, der New Age Study of Humanity's Purpose in Tucson/Arizona, USA.)

Wir sind die Ausdehnung des Körpers Gottes – ein Mikrokosmos des Makrokosmos. Wir sind die Hände und Herzen Gottes, die Füße und der Atem Gottes. Diese Übung aktiviert jedes Elektron unseres Wesens in den vollkommenen Ausdruck von Gottes Vitalität, Jugend und Schönheit – der Fülle Gottes.

Unsere Wirbelsäule ist die Achse Gottes, durch welche der 12fältige Aspekt Gottes aus jedem strahlenden Chakra-Zentrum hervorströmt. Fühle, wie sich Deine Schwingung durch diese Übung erhöht und die Energie-Leitungen in Dir völlig geöffnet werden, so daß sich der 12fältige Aspekt Gottes in jedem Elektron ausdehnt.

Beginn der Übung

Stehe aufrecht, die Arme zur Seite. Atme langsam und tief ein, bis »vier« zählend. Hebe langsam Deine Arme vor Dir empor, führe sie über Deinen Kopf und beuge Dich nach hinten, so daß Dein Gesicht dem Himmel zugewandt ist. Währenddessen hältst Du den Atem an und beugst Dich dann aus der Taille nach vorn zum Erdboden, bis Deine Hände den Boden berühren. Richte Dich wieder auf (mit vorgestreckten Armen), den Atem weiterhin anhaltend und beuge Dich nochmals mit erhobenen Armen nach hinten. Atme langsam aus und bringe die Arme wieder in die Ausgangsposition (seitlich). Mache diese Übung dreimal. Dann affirmiere mit tiefem Gefühl:

ICH BIN ERFÜLLT MIT DEM LICHT, DAS JEDEN TEIL MEINES KÖRPERS REVITALISIERT.
ICH BIN DIE BESCHLEUNIGUNG IN MEIN GÖTTLICHES ERBE ALS VOLLKOMMENER AUSDRUCK MEINER GOTT-WIRKLICHKEIT.

ICH BIN LICHT! ICH BIN LICHT! ICH BIN LICHT!
(insgesamt 12 x sagen)
12 X 12 ... ICH BIN LICHT!

Licht-Bewußtseins-Übung

Richte Dein Bewußtsein täglich, so oft es nur geht, auf das LICHT. Visualisiere strahlendes, weiß-goldenes Licht in Deinem Herzen, wie eine gleißende Sonne, atme gleichmäßig das Licht ein und aus. Dehne es mit jedem Atemzug in Dir, um Dich herum, in Deine Umgebung und über die ganze Erde aus.

Dann affirmiere laut oder innerlich:

ICH BIN LICHT! ICH BIN LICHT! ICH BIN LICHT!
ICH BIN GÖTTLICHES LICHT!
ICH BIN ERSCHAFFEN AUS GÖTTLICHEM LICHT!
ICH BIN ERHALTEN VOM GÖTTLICHEN LICHT!
ICH BIN GESCHÜTZT IM GÖTTLICHEN LICHT!
ICH BIN UMGEBEN VOM GÖTTLICHEN LICHT!
ICH BIN EINS MIT DEM GÖTTLICHEN LICHT!
ICH LIEBE DAS LICHT!
ICH DANKE DEM LICHT!

Praktische Übungen zur Aktivierung des Lichtkörpers und Grenzenloser Physischer Vollkommenheit

Die folgenden Übungen helfen uns, unseren Lichtkörper zu aktivieren und Grenzenlose Physische Vollkommenheit zu erreichen. Dadurch werden unsere physischen Körper und unsere Wirklichkeit transformiert.

Die Morgen- und Abend-Übungen sind aus dem Buch »The Awakening ...« von Patricia Diane Cota Robles entnommen und wurden von mir mit Erlaubnis der Autorin ins Deutsche übersetzt. Sie sind mit »(1)« gekennzeichnet. Ich danke Patty sehr, daß sie die Erlaubnis zur Veröffentlichung gab.

Der Lichtkörper wird von innen nach außen erschaffen, denn das »makellose Bild«, die göttliche Blaupause, ist in den RNS/DNS Mustern enthalten. Vom Kern unserer atomaren-zellularen Struktur dehnt sie sich aus. Es gibt viel, was wir tun können, um diesen Prozeß zu unterstützen.

Als erstes ist es sehr wichtig, daß wir mehr WASSER TRINKEN. Wasser leitet Energie und Licht, hilft uns, unsere Körper zu reinigen und stärkt unsere Fähigkeit, mehr Licht aufzunehmen.

Rufe die Violette Umwandlungs-Flamme in jedes Glas Wasser, das Du trinkst, und bitte Dein Körper-Elementar-Wesen, diese heilige Substanz zu gebrauchen, um jedes disharmonisch schwingende Elektron in Deinen Zellen und Organen umzuwandeln. Zur Unterstützung kannst Du auch aus einem violett-farbigen Glas trinken, einen Amethyst hineinlegen oder das Glas auf eine violette Folie stellen.

Visualisiere, wie das violette Wasser in den Kern der Reinheit innerhalb eines jeden Atoms Deiner vier niederen Körper eintritt und diesen Kern der Vollkommenheit zu einer strahlenden Sonne ausdehnt. Sieh, wie jede Zelle durch das vollkommene RNS-/DNS-Muster Deines Heiligen Christ-Selbst transformiert wird. Bitte darum, daß dieses Muster auf ewig aufrecht erhalten wird.

Dies ist eine sehr einfache und kraftvolle Übung. Wenn wir sie zu einer täglichen Gewohnheit machen, wird sich die Kraft mit jedem Glas Wasser, das wir trinken, aufbauen und verstärken.

Täglich, wenn wir das Wasser-Element gebrauchen, um unsere Körper zu baden oder zu duschen, wird es uns auch helfen, wiederum die Violette Umwandlungs-Flamme in das Wasser zu rufen. Fühle und erfahre, wie das heilige Licht jede Spur von Krankheit, Alterserscheinung, Verfall oder Mißbildung hinweg spült. Sieh Deinen Körper pulsierend mit Licht, ewig jung, strahlend schön, schlank in vollkommener Form.

Unsere Körper sind intelligent und haben sich lange nach ihrer vorbestimmten Vollkommenheit gesehnt. Wir sind jetzt in der Lage, daß diese Transformation endlich geschehen kann. Diese Möglichkeit gab es nicht seit »dem Fall der Menschheit« – laßt uns nicht den »Kosmischen Moment« verpassen.

Weitere Empfehlungen zur täglichen Anwendung der Strahlen Gottes

✧

Beim Einkauf in einem Supermarkt rufe den Smaragdgrünen Strahl der Heilung in jedes Nahrungsmittel. Bitte, daß das Licht sich in jeden Bissen, jedes Getränk usw. ausdehnt, das auf dem gesamten Planeten gegessen bzw. getrunken wird.

✧

Beim Reinigen der Wohnung, rufe den Rosa Strahl der Liebe an und lenke ihn in jedes Heim auf dieser Erde.

✧

Beim Autofahren, visualisiere ein Kraftfeld des Schutzes des Blauen Strahls um Dein Auto und dehne den Schutz auf alle Autos der Erde aus.

✧

Beim Benzintanken, verwandle die Verschmutzung durch Anrufung des Violetten Feuers.

✧

Gibt es einmal Streit oder Disharmonie in der Familie, rufe den Magenta Strahl der Harmonie für ein göttliches Familien-Leben in Deine und alle Familien der Erde.

✧

Besuchst Du ein Krankenhaus, rufe den Smaragdgrünen Strahl zur Heilung für die Kranken an.

✧

Segne täglich Dich selbst, Deine Lieben, Dein Heim, Deine Umgebung, die ganze Welt und sende LICHT in die Krisengebiete der Erde.

✧

Morgen-Übungen zur Physischen Transformation (1)

SCHRITT EINS
Das Erden der Lebenskraft des Heiligen Christ-Selbst

Die folgende Übung wurde von den Adepten der alten Mysterienschulen schon vor langer Zeit benutzt. Wir nehmen dadurch Kontakt mit unserem Heiligen Christ-Selbst auf und verbinden uns mit dem göttlichen Geist, um die göttlichen Energien in unsere physischen Körper zu erden und alle negativen Frequenzen zu entfernen.

Die physische Substanz unserer Körper ist jetzt fähig, die höhere Spannung der göttlichen Energie zu halten. Wir müssen diese jedoch laufend in unsere Zellen hineinziehen, bis sie dauerhaft darin enthalten ist. Die Hypophyse, Zirbel-Drüse und Hypothalamus werden aktiviert und unser Kronen-Chakra erwacht in Übereinstimmung mit unserem individuellen Göttlichen Plan. Das Bewußtsein der Erleuchtung wird sich ausdehnen und die Erde und alles Leben umwandeln.

Beginn der Übung

Lege Dich bequem auf Deinen Rücken, die Arme seitlich. Es ist nicht wichtig, in welcher Himmelsrichtung Du tatsächlich liegst. Stell Dir aber vor, daß Du mit dem Kopf nach Norden, mit den Füßen nach Süden liegst. Atme tief ein und aus und entspanne Deinen Körper vollkommen.

Jetzt siehst Du in Deiner Vorstellung die erleuchtete Gegenwart Deines Heiligen Christ-Selbst, strahlend schön und von Liebe erfüllt. Diese Göttliche Gegenwart liegt jetzt auf der gegenüberliegenden Seite zu Deinen Füßen. Die Sohlen Deiner Füße berühren die Fußsohlen Deines Heiligen Christ-Selbst, so daß der Kopf des Heiligen Christ-Selbst jetzt nach Süden liegt und die Füße zum Norden. Durch das Berühren der Fußsohlen wird die göttliche Lebenskraft Deines Heiligen Christ-Selbst in Deine physische Wirklichkeit geerdet. Dies erlaubt dem Göttlichen Licht, durch Deinen physischen Körper zu strömen, um ihn von allen negativen Energie-Frequenzen zu befreien.

Nun siehst Du, wie sich ein großer Licht-Kreis um Dich bildet. Er beginnt an der rechten Seite Deines Kopfes und geht im Uhrzeigersinn um Deinen

Körper und um den Kopf des Heiligen Christ-Selbst, so daß er wieder auf Deiner rechten Kopfseite endet. Dies ist ein unüberwindbarer Schutzkreis, welcher verhindert, daß irgend etwas, was nicht vom Licht ist, diese Heilige Aktivität des Lichtes stört. Dies ist unsere Sonnenscheibe, die den 12fältigen Kausal-Körper Gottes reflektiert und mit der erleuchteten Gegenwart der 12 Erzengel pulsiert.

In Deiner Vorstellung blickst Du nach oben in ein strahlendes, unendliches Licht. Du erlebst diese lodernde Lichtsonne als die Gegenwart des Geistes Gottes. Wann immer Du Deine Aufmerksamkeit darauf richtest, wird Offenbarung und Inspiration aus dem göttlichen Geist in Deine täglichen Erfahrungen strömen. Indem Du Dich auf diesen Lichtpunkt hoch über Dir konzentrierst, strömt ein Lichtstrahl aus dem göttlichen Geist in Dein »Drittes Auge«. Gleichzeitig strömt ein zweiter Lichtstrahl in das »Dritte Auge« Deines Heiligen Christ-Selbst, wodurch ein DREIECK entsteht. Dieses Licht durchdringt Deine Gehirnstruktur und entfernt die Schatten von Verwirrung, Zweifel und Angst. Es aktiviert Deine Hypophyse, Zirbel-Drüse und Hypothalamus und erweckt das Kronen-Chakra der Erleuchtung in Übereinstimmung mit Deinem Göttlichen Plan. Der Lichtstrahl strömt jetzt blitzartig durch Deinen Körper und tritt aus den Füßen aus. Er entfernt damit jegliche negativen Frequenzen aus Deinem Körper, die Dich in irgendeiner Art und Weise behindern, das Makellose Bild Deines Heiligen Christ-Selbst zu sein. Wenn die negative Energie die Füße Deines Heiligen Christ-Selbst berührt, wird sie augenblicklich umgewandelt und zum göttlichen Geist zur Repolarisierung zurückgesandt (siehe Abbildung 1, Seite 141).

Nun kannst Du mit dem »Heiligen Atem« diese Aktivität des Lichtes anrufen und wiederholst diese Visualisation zwölfmal. Mit jedem Atemzug ziehst Du nacheinander einen jeden der 12 Strahlen mit den 12 Eigenschaften Gottes durch Dich hindurch.

Beim EINATMEN strömt ein Lichtstrahl aus dem göttlichen Geist in Dein Drittes Auge und das Dritte Auge Deines Heiligen Christ-Selbst und formt ein Dreieck. Während Du einatmest, aktiviert dieses heilige Licht die Hypophyse, die Zirbel-Drüse und den Hypothalamus, erweckt das Kronen-Chakra und lodert durch Deinen Körper. Dabei löst es jegliche Negativität heraus und entfernt sie durch Deine Füße, wo sie durch die Berührung mit den Füßen des Heiligen Christ-Selbst sofort umgewandelt wird.

Abbildung 1
Morgen-Übung, SCHRITT EINS

Beim AUSATMEN fließt die Energie aus dem Bereich Deiner Füße gerade nach oben, zurück in den Geist Gottes.

Jetzt wiederhole den Heiligen Atem und die Visualisation zwölfmal. Richte jedes Mal mit jedem Atemzug Deine Aufmerksamkeit auf einen der 12 Strahlen Gottes und seine Eigenschaften.

Dieses Durchströmen des Lichtes geht blitzartig vor sich. Es soll schnell und rhythmisch erfolgen. Am besten machst Du diese Übung als erstes morgens im Bett. Fühle auch während des Tages, wie Deine Fußsohlen mit denen des Heiligen Christ-Selbst verbunden sind und jeder Deiner Schritte erleuchten. Diese Verbindung hält Dich offen und empfänglich für den Geist Gottes, der Dich befähigen wird, Inspiration und Erleuchtung zu empfangen und Dein Leben zu transformieren.

Visualisation

EINATMEN *1. Atemzug – Das Licht aus dem göttlichen Geist strömt in Dein Drittes Auge, aktiviert Hypophyse, Zirbel-Drüse, Hypothalamus und erweckt das Kronen-Chakra. Dann durchströmt es Deinen Körper – tritt aus Deinen Füßen – entfernt jegliche Negativität. Beim AUSATMEN wird die Negativität sofort umgewandelt und zum göttlichen Geist zurückgesandt.

* 1. *Atemzug* – Blauer Strahl des Göttlichen Willens
2. *Atemzug* – Gelber Strahl der Erleuchtung
3. *Atemzug* – Rosa Strahl der Göttlichen Liebe
4. *Atemzug* – Weißer Strahl der Reinheit
5. *Atemzug* – Grüner Strahl der Wahrheit
6. *Atemzug* – Rubinroter Strahl der Gnade
7. *Atemzug* – Violetter Strahl der Freiheit
8. *Atemzug* – Aquamarin Strahl der Klarheit
9. *Atemzug* – Magenta Strahl der Harmonie
10. *Atemzug* – Goldener Strahl des Ewigen Friedens
11. *Atemzug* – Pfirsichfarbener Strahl des göttlichen Auftrags
12. *Atemzug* – Opalfarbener Strahl der Transformation

Nachdem Du die gesamte Übung zwölfmal gemacht hast, atme normal weiter. Ruhe noch etwas, um die beschleunigte Licht-Tätigkeit in die Zellen und Organe Deines Körpers aufzunehmen.

SCHRITT ZWEI (1)
Integrieren der Göttlichen Lebenskraft in den physischen Körper

Nachdem das Kronen-Chakra erweckt ist und die vier niederen Körper geklärt wurden, sind wir bereit, das Heilige Christ-Selbst in die atomare-zellulare Struktur unseres physischen Körpers zu integrieren.

Wir bleiben in der gleichen Position wie bei Schritt Eins (liegend) und atmen die göttliche Lebenskraft der erleuchteten Gegenwart unseres Heiligen Christ-Selbst durch die Fußsohlen ein. Sie steigt hinauf, entlang unserer Beine, in unseren Unterkörper und in unsere Hände. Wir aktivieren die Lebenskraft in unseren Händen, indem wir beim AUSATMEN: »ICH BIN das ICH BIN« affirmieren (innerlich bestätigen). Dies wiederholen wir insgesamt dreimal.

Dann atmen wir das Göttliche Licht durch unsere Arme in unser Herz, aktivieren die Lebenskraft und affirmieren beim AUSATMEN: »ICH BIN das ICH BIN«. Dreimal insgesamt.

Nachdem wir die Lebenskraft unseres Heiligen Christ-Selbst in unserem Herzen aktiviert haben, atmen wir das Göttliche Licht aus dem Brustkorb in unser Hals- und Kopfzentrum. Gleichzeitig aktivieren wir Hypophyse, Zirbel-Drüse und Hypothalamus und affirmieren beim AUSATMEN: »ICH BIN das ICH BIN«. Insgesamt dreimal (siehe Abbildung 2, Seite 144).

Diese Aktivierung der göttlichen Lebenskraft unseres Heiligen Christ-Selbst in Händen, Herz, Hals- und Kopfzentrum wird die Kraft in unserem physischen Körper erneuern, um die ewige Lebensenergie empfangen und übertragen zu können, die unser Fleisch und Blut in lebendiges Licht umwandelt. Dies verändert auch unser Bewußtsein, so daß wir fähig sein werden, physische Substanz mit Gott zu identifizieren.

Es ist sehr wichtig, daß wir täglich die göttliche Lebenskraft in unsere Körper hineinziehen. Die Integration des Heiligen Christ-Selbst an jedem Morgen wird die göttliche Gegenwart befähigen, sich mit den physischen zellularen Strukturen unserer Zellen und Organe zu vereinen. Dies ist die »ewige Nahrung«, die die Transfiguration (Verklärung) unserer physischen Wirklichkeit erlaubt. Die Übungen sollen zügig erfolgen.

Atme das Licht blitzartig in einer zündenden, beschleunigten Ausdehnung in den jeweiligen Körperteil. Erkenne, daß die göttliche Lebenskraft Deines Heiligen Christ-Selbst, die Du in Deine Zellen hineinziehst, die Substanz Deines Körpers verändert.

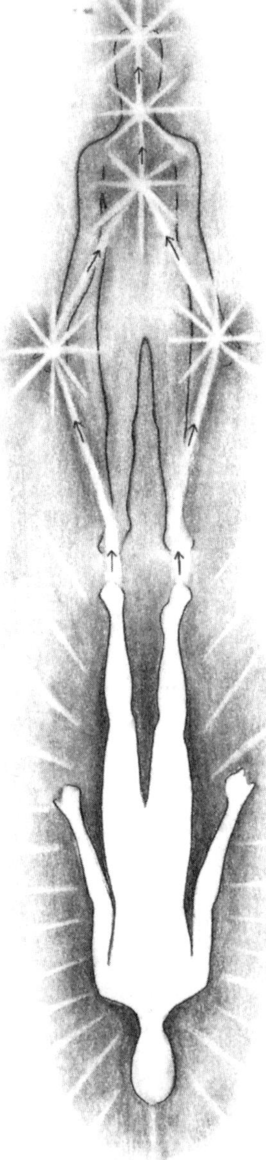

Abbildung 2
Morgen-Übung, SCHRITT ZWEI

SCHRITT DREI
Gleichgewicht der männlichen und weiblichen Polaritäten Gottes im physischen Körper

Die männliche Polarität Gottes strömt als ein Saphirblauer Lichtstrahl in die linke Gehirnhälfte ein. Er wird durch die Meridiane in die rechte Körperseite geleitet. Die weibliche Polarität Gottes strömt als ein Rosa Lichtstrahl in die rechte Gehirnhälfte ein und wird durch die elektrischen Meridiane in die linke Körperseite geleitet. Diese beiden Polaritäten Gottes verschmelzen im vollkommenen Gleichgewicht in unserem Körper und vereinigen sich zu der Violetten Umwandlungs-Flamme der Göttlichen Liebe. Das Heilige Feuer bereitet unser Gewebe und Blut vor, für die erhöhten Lichtfrequenzen empfänglich zu sein, wodurch unser Transfigurations-Prozeß beschleunigt wird.

So bewirkt der dritte Schritt unserer Übung eine Verstärkung der männlichen und weiblichen Polaritäten Gottes in uns.

Wir bleiben in der gleichen Stellung, wie bei den vorherigen Übungen (liegend) und stellen uns oben, über uns, zwei mächtige Lichtstrahlen aus dem Ewigen Licht vor. Der erste Strahl ist das Saphirblaue Licht von Vater Gott. Es strömt in unsere linke Gehirnhälfte, durch das Machtzentrum unseres Halses in die rechte Körperseite.

Der zweite Strahl ist das Rosa Licht der Göttlichen Mutter! Es strömt in unsere rechte Gehirnhälfte, durch das Machtzentrum unseres Halses in die linke Körperseite (siehe Abbildung 3, Seite 146).

Die beiden Lichtstrahlen vereinigen sich zur Violetten Umwandlungs-Flamme. Das Göttliche Licht lodert in, durch und um jedes Elektron unserer vier niederen Körper. Es bereitet jede Zelle und jedes Organ vor, mit jedem Atemzug mehr Göttliches Licht zu empfangen.

Diese Licht-Übungen sind geistige Nahrung für unsere physischen Körper, und er muß täglich damit genährt werden, genauso, wie wir ihm täglich stoffliche Nahrung zuführen.

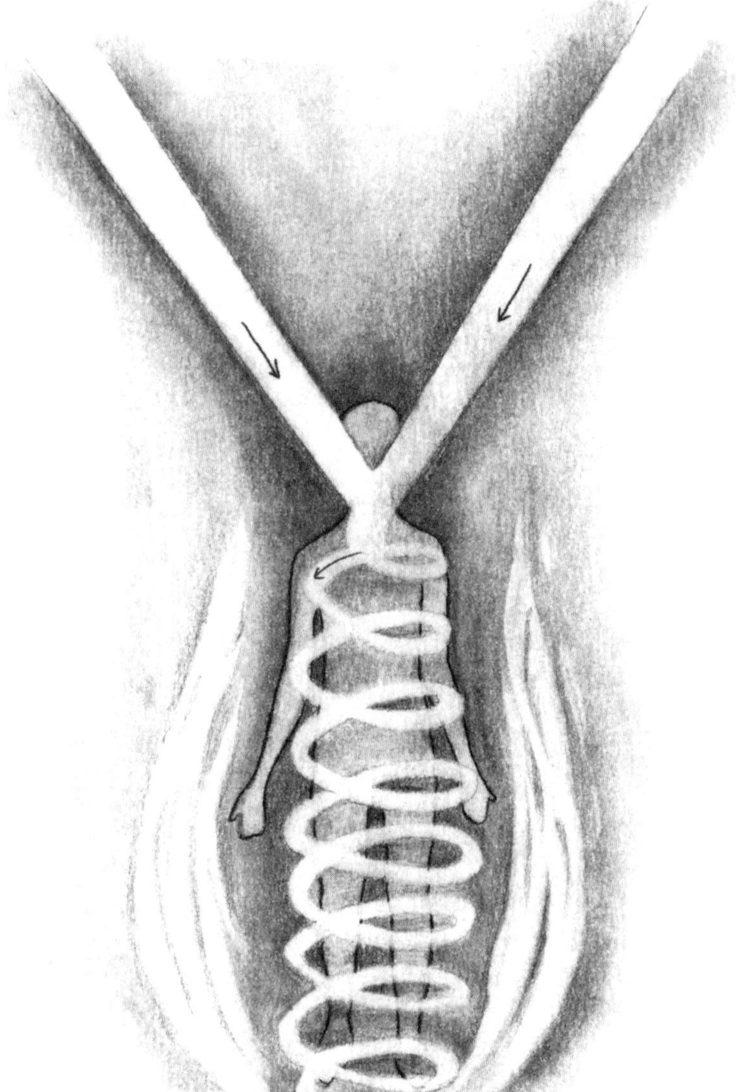

Abbildung 3
Morgen-Übung, SCHRITT DREI

SCHRITT VIER
Vorbereitung der Wirbelsäule und der Gehirnzellen, um mehr Licht aufnehmen zu können

Durch die Erfahrungen mit diesen Übungen erkennen wir, welche Wirkung das Licht und der heilige Atem auf unseren Körper haben. Die heilige Substanz energetisiert und verändert nicht nur unser Blut und die mentale Kapazität, sondern sie befähigt uns auch, mehr Licht aufzunehmen und weiterzuleiten. Dadurch wird es uns möglich sein, augenblicklich mit dem göttlichen Geist unseres Heiligen Christ-Selbst zu kommunizieren.

In dieser vierten Übung setzen wir uns in den Schneidersitz oder die Lotusposition und legen unsere Hände mit den Innenflächen nach oben auf die Knie.

Wir atmen tief ein und visualisieren eine Weiße Lichtsäule, die von unserem Steißbein aus nach oben an die Gehirnbasis aufsteigt. Beim Ausatmen erhöht das Licht die Schwingungsrate in unserer Wirbelsäule. Es wird von unserer Wirbelsäule innen und rund herum absorbiert.

Beim zweiten Atemzug atmen wir das Weiße Licht nach oben in unseren Hypothalamus, dann in die Hypophyse, dann in die Zirbeldrüse. Wenn wir ausatmen, erhöht das Licht die Schwingungsrate dieser drei Drüsen und wird von unseren drei Gehirnzentren aufgenommen.

Beim dritten Atemzug strahlt das Weiße Licht aus dem Dritten Auge zwischen unseren Augenbrauen in die Innenfläche der Hände. Beim Ausatmen wird das Licht dauerhaft in unseren Händen verankert und segnet alles Leben, das wir berühren (siehe Abbildung 4, Seite 148).

Schritt Vier wird insgesamt dreimal wiederholt.

SCHRITT FÜNF
Verschmelzung der zellularen Substanz des physischen Körpers mit dem Heiligen Christ-Selbst

Wir sitzen auch bei dieser Übung in der Lotusposition, legen die Fingerspitzen der rechten und linken Hand aneinander und visualisieren, wie wir unsere Hände in das Herz von Vater-Mutter Gott erheben. Dabei atmen wir tief ein und fühlen, wie ein kraftvoller Schub von elektronischer Lichtsubstanz blitzschnell in unsere Fingerspitzen, die Arme hinauf, in unser Herz strömt. Dieses Licht vibriert mit den 12 Eigenschaften der Gottheit.

Abbildung 4
Morgen-Übung, SCHRITT VIER

Das lodernde, vereinte Lichtkraftfeld ist bekannt als der »Kreis der Heiligen Zwölf«. In unser Herz strömend, aktiviert es das Chakra der Göttlichen Liebe, dann strömt es blitzschnell in unser Hals-Chakra, durch unser Stammhirn in die drei Hauptdrüsen im Gehirn (Zirbeldrüse, Hypophyse, Hypothalamus) (siehe Abbildung 5, Seite 150).

Wenn diese drei Zentren erwacht sind, atmen wir aus, und das Licht aus dem Herzen Gottes dreht sich in konzentrischen Kreisen nach außen. Im Uhrzeigersinn dreht sich durch jedes Zentrum eine Lichtspirale aus 12 lodernden Kreisen durch die gesamte Gehirn- und Kopfstruktur. Augenblicklich entfernt das Göttliche Licht die alten ausgedienten Muster des niederen menschlichen Egos und ersetzt sie durch das göttliche Bewußtsein des Heiligen Christ-Selbst (siehe Abbildung 5 A, Seite 151).

Eine Restaurierung unserer physischen Kopf-Struktur findet statt und resultiert in strahlender Gesundheit und ewiger Jugend. Die Sehkraft und die Gehörfunktion werden vollkommen wieder hergestellt. Unser Denken wird klar und lebhaft. Alle Spuren von Altern und Krankheit werden in Licht umgewandelt und werden EINS mit der Vollkommenheit unserer wahren Gott-Wirklichkeit.

Beim zweiten Einatmen strahlt der »Kreis der Heiligen Zwölf« blitzartig nach unten durch unsere Wirbelsäule und erweckt jeden Meridian in unserem Körper. Beim Ausatmen dreht sich das Licht im Uhrzeigersinn nach außen und strahlt in 12 lodernden konzentrischen Lichtkreisen in jede Zelle und jedes Organ unseres physischen Körpers. Dabei entfernt es alle Spuren der Degeneration des niederen menschlichen Egos. Die Schwingungs-Frequenz von Altern, Krankheit und von Degeneration in Zellen und Organen wird durch die Frequenz der GRENZENLOSEN PHYSISCHEN VOLLKOMMENHEIT unseres Heiligen Christ-Selbst ersetzt.

Die spiralförmigen Kreise des Göttlichen Lichtes durchdringen unsere zellulare Struktur und dehnen sich in unsere ätherischen, mentalen und emotionalen Körper aus. Diese Körper werden transformiert, das Licht dehnt sich weiter in unsere Umgebung aus und verwandelt unsere physische Wirklichkeit in den »Himmel auf Erden« (siehe Abbildung 5 B, Seite 151).

Die Übung von Schritt Fünf soll dreimal am Morgen gemacht werden, kann aber beliebig oft am Tag wiederholt werden.

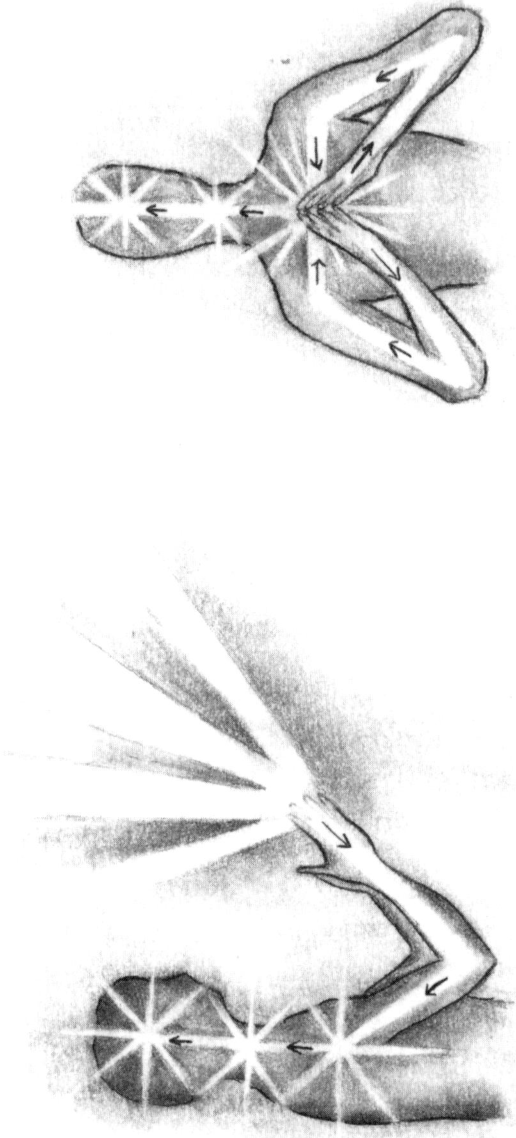

Abbildung 5
Morgen-Übung, SCHRITT FÜNF

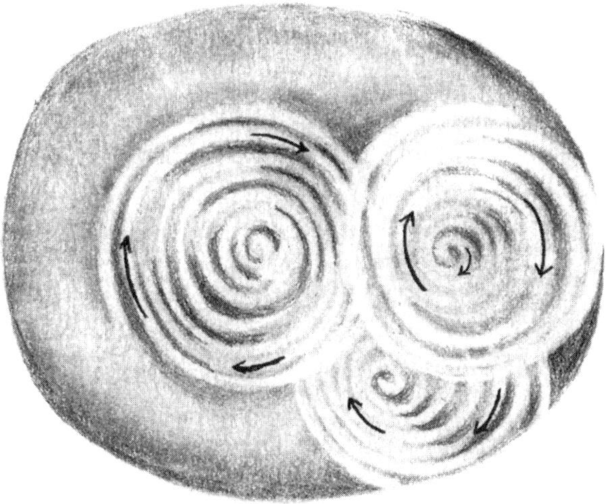

Kopf von oben gesehen

Abbildung 5 A

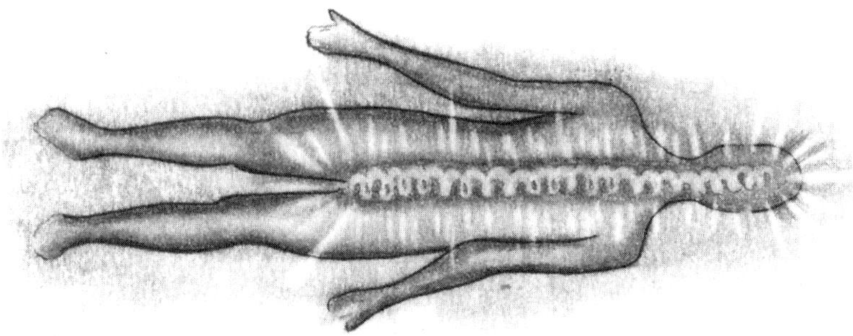

Abbildung 5 B
Morgen-Übung, SCHRITT FÜNF

SCHRITT SECHS
Aktivieren unserer fünf regenerierenden elementaren Sphären

Dies ist die letzte unserer Morgen-Übungen für die Transfiguration. Nachdem unsere Körper gereinigt und mit Licht erfüllt sind, wollen wir sie in der Schwingung unseres Heiligen Christ-Selbst versiegeln, indem wir die fünf regenerierenden Elementar-Sphären aktivieren.

Bei dieser Übung stehen wir aufrecht, oder wir stellen uns dies vor:

1. Zuerst ziehen wir die vereinigte Säule des Solaren Lichtes, bekannt als der »Kreis der Heiligen Zwölf« in die Äther-Sphäre, die ca. 30 cm über unserem Kopf pulsiert. Wir atmen das Licht in den Gottesfunken im Zentrum der Äther-Sphäre ein und affirmieren:

> »ICH BIN« das »ICH BIN«.

Beim Ausatmen stellen wir uns vor, wie sich eine strahlende, lodernde Sonne in dieser Sphäre ausdehnt.
Die Äther-Sphäre verbindet uns direkt mit dem Göttlichen Licht unseres Heiligen Christ-Selbst.

2. Beim Einatmen des zweiten Atemzuges erfahren wir, wie eine Lichtsäule aus der Äther-Sphäre in die Luft-Sphäre fließt und im Bereich unseres Halses pulsiert. Wir affirmieren in die Luft-Sphäre:

> »ICH BIN« DER ATEM DES HEILIGEN GEISTES.

Beim Ausatmen erstrahlt eine leuchtende Sonne in der Luft-Sphäre.
Die Luft-Sphäre versiegelt unseren ätherischen Körper im Lichtkörper unseres Heiligen Christ-Selbst.

3. Beim Einatmen des dritten Atemzuges erfahren wir, wie eine Lichtsäule aus der Luft-Sphäre in die Feuer-Sphäre fließt und im Bereich unseres mittleren Brustkorbes pulsiert. Wir affirmieren in die Feuer-Sphäre:

> »ICH BIN« DER FEUER-ATEM DES ALLMÄCHTIGEN.

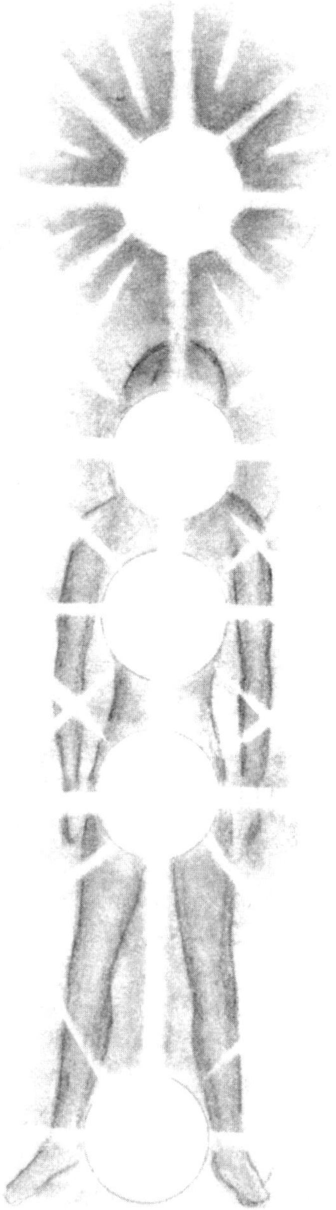

Äther-Sphäre
»ICH BIN DAS ICH BIN«

Luft-Sphäre
»ICH BIN DER ATEM DES HEILIGEN GEISTES«

Feuer-Sphäre
»ICH BIN DER FEUER-ATEM DES ALLMÄCHTIGEN«

Wasser-Sphäre
»ICH BIN DIE HARMONIE MEINES WESENS«

Erd-Sphäre
»ICH BIN DER MEISTER MEINER PHYSISCHEN WIRKLICHKEIT«

Abbildung 6
Morgen-Übung, SCHRITT SECHS

Beim Ausatmen erstrahlt eine leuchtende Sonne in der Feuer-Sphäre. Die Feuer-Sphäre versiegelt unseren Mental-Körper im Lichtkörper unseres Heiligen Christ-Selbst.

4. Beim Einatmen des vierten Atemzuges erfahren wir, wie eine Lichtsäule aus der Feuer-Sphäre in die Wasser-Sphäre fließt und an der Basis unserer Wirbelsäule pulsiert. Wir affirmieren in die Wasser-Sphäre:

»ICH BIN« DIE HARMONIE MEINES WAHREN WESENS.

Beim Ausatmen erstrahlt eine leuchtende Sonne in der Wasser-Sphäre. Die Wasser-Sphäre versiegelt unseren Emotional-Körper im Lichtkörper unseres Heiligen Christ-Selbst.

5. Beim Einatmen des fünften Atemzuges erfahren wir, wie eine Lichtsäule aus der Wasser-Sphäre in die Erd-Sphäre fließt und zwischen unseren Füßen pulsiert. Wir affirmieren in die Erd-Sphäre:

»ICH BIN« DER MEISTER MEINER PHYSISCHEN WIRKLICHKEIT.

Beim Ausatmen erstrahlt eine leuchtende Sonne in der Erd-Sphäre. Die Erd-Sphäre versiegelt unseren physischen Körper im Lichtkörper unseres Heiligen Christ-Selbst (siehe Abbildung 6, Seite 153).

Vielleicht meinst Du jetzt, während Du diese Übungen liest, daß sie zu viel Zeit in Anspruch nehmen. Du kannst sie in ca. 15 Minuten machen. Denke daran, daß es beschleunigtes Licht ist, das Deine vier niederen Körper »anfeuert«. Meinst Du nicht, daß dies wenig Zeit ist, um GRENZENLOSE PHYSISCHE VOLLKOMMENHEIT zu erreichen?

Nachdem Du die Übungen der sechs Schritte beendet hast, beginne Deinen Tag, wissend und fühlend, daß Du Eins mit Deinem Heiligen Christ-Selbst bist. Fühle, daß Du vollkommen von der GÖTTLICHEN SOLAREN LEBENSKRAFT erfüllt bist. Laß diese Schwingung der Vollkommenheit jeden Gedanken, jedes Wort, jedes Gefühl und jede Handlung bestimmen. Du wirst erstaunt sein, wieviel leichter alles in Deinem Leben funktionieren wird. Es wird ein allmählicher Prozeß sein. Deine täglichen Übungen und die fortlaufende Fokussierung Deiner Aufmerksamkeit auf Dein Heiliges Christ-Selbst ist absolut erforderlich und die Voraussetzung für Deinen Erfolg.

Der Preis der Freiheit ist ewige »Wachsamkeit«. Es gibt nichts Besseres und Wertvolleres, was Du tun kannst, als EINS mit Deinem Heiligen Christ-Selbst zu werden.

Abend-Übungen zur Physischen Transformation (1)

Die Abend-Übungen sollten kurz vor dem Schlafengehen gemacht werden. Alles, worauf wir unsere Aufmerksamkeit beim Einschlafen richten, wird von unserem Unterbewußtsein aufgenommen.

Diese Übungen sind so gestaltet, daß sie der Intelligenz unseres Körpers Nahrung geben, die er während der Nacht verarbeiten kann, so daß durch eine fortlaufende 24-Stunden-Licht-Aktivität unser Transfigurations-Prozeß stattfindet.

Folge den Schritten der Übungen und dann gib Dich einem herrlichen, tiefen und friedlichen Schlaf hin.

SCHRITT EINS
Reinigungs-Übung mit dem Violetten Feuer (1)

(Diese Visualisation ist auf Seite B der Toncassette »Visualisieren der Violetten Flamme«, gesprochen von der Autorin und begleitet von Erik Berglund mit himmlischer Harfenmusik, in der Schwingung der »Violetten Flamme«.)

Wenn Du Deine Gott-Gegenwart »ICH BIN«, Dein Heiliges Christ-Selbst und alle Legionen des Lichtes, die dem 7. Strahl dienen, anrufst, das Violette Feuer der Vergebung und der Umwandlung durch Dich lodern zu lassen, wird es Disharmonien in Deinem emotionalen, mentalen, ätherischen und physischen Körpern entfernen. Dadurch wirst Du Leichtigkeit und Freude in Deinen Gefühlen, Klarheit in Deinem Geist und Veränderungen in Deinem physischen Körper erfahren.

Erlaube dem Violetten Feuer in, durch und um jedes Elektron Deines Wesens zu lodern. Atme tief ein und fühle Dich im Gleichgewicht mit der Göttlichkeit innerhalb Deiner Herzensflamme.

Reinigungs-Übung

Stehe aufrecht und rufe die Violette Flamme der Umwandlung auf, mindestens drei Meter in jeder Richtung in, durch und um Dich zu lodern. Erhebe Deine Hände und bitte Dein Höheres Selbst, Deine Gott-Gegenwart, Deine Hände mit der REINIGUNGS-KRAFT DER VIOLETTEN UMWANDLUNGS-FLAMME aufzuladen.

> »Im Namen meiner Göttlichen Gegenwart »ICH BIN« rufe ich die Legionen des Lichtes, die dem 7. Strahl dienen.
>
> »VIOLETTES FEUER«, LODERE, LODERE UND LODERE in, durch und um jedes Elektron meiner vier niederen Körper,
>
> VERWANDLE ALLES IN MIR IN REINES LICHT, BIS ES GOTTES WUNSCH ENTSPRICHT.«

Visualisiere, wie Deine Hände loderndes Violettes Licht ausstrahlen, pulsierend wie Sonnen aus Amethyst. Streiche mit Deinen Händen von oben, vom Kopf aus, nach unten über Deinen Körper zu Deinen Füßen. Berühre soviel Körper-Oberfläche, wie Du mit Deinen Händen erreichen kannst. Stell Dir vor, daß Deine Hände mächtige Magnete sind, die jede negative Schwingung aus Deinem Körper herausziehen.

Dann streiche mit Deiner linken Hand über Deine rechte Schulter, den Arm entlang und über die Hand. Das gleiche mit der rechten Hand über die linke Schulter, den Arm entlang und über die Hand. Wiederhole dies alles viermal, einmal für jeden der vier niederen Körper, den physischen, ätherischen, mentalen und emotionalen. Schüttle Deine Hände zwischendurch aus, um die schwere, disharmonische Energie, die von den Körpern entfernt wird, abzugeben, und visualisiere, wie die negative Energie in dem Dich umgebenden Violetten Feuer umgewandelt wird.

Du kannst Dich jetzt auf einen Stuhl setzen, die Wirbelsäule aufrecht, die Füße nebeneinander flach auf dem Boden und weiterhin das Violette Feuer in Dir und um Dich herum visualisieren.

Wenn nicht gleich, so doch später, wirst Du mit Deiner inneren Sicht sehen, was während dieser Übung geschieht. Im ersten Teil der Übung ist es so, als ob ein engsitzendes Kleid von dunkler Substanz mit Deinen Händen vom Körper entfernt wird. Das zweite Mal, wenn Du über den Körper streichst, ist das »Kleid« von grauer Substanz. Das dritte Mal von hellerem Grau und das vierte Mal ist es noch heller. Mit jedem Tag, an dem Du diese Übungen machst, wird die astrale Substanz lichter und lichter in der Farbe, bis sie vollkommen vom Körper beseitigt ist.

Diese Substanz ist echt, mit tatsächlicher Farbe, Schwingung und Gefühlen, die durch den Mißbrauch von Energie während unseres Erden-Daseins erzeugt wurden.

Zur Beendigung der Übung visualisiere, wie sich die Violette Umwandlungs-Flamme durch Deine Herzensflamme ausdehnt und den gesamten Planeten überflutet. Dabei affirmiere:

»GELIEBTE GEGENWART GOTTES IN MIR ... DEHNE AUS, DEHNE AUS UND INTENSIVIERE TÄGLICH DIE MÄCHTIGSTE TÄTIGKEIT DES VIOLETTEN FEUERS in, durch und um jedes Elektron und Atom meines emotionalen, mentalen, ätherischen und physischen Körpers, bis sie alle GOTTES VOLLKOMMENHEIT entsprechen, die DU BIST!«

»Im Namen der ALLMÄCHTIGEN GEGENWART GOTTES »ICH BIN« und des SCHÖPFERISCHEN FEUERS, das in jedem menschlichen Herzen pulsiert, bitte ich:

DURCHDRINGE MEINE GEFÜHLSWELT MIT DER VIOLETTEN UMWANDLUNGS-FLAMME (3 x)

DURCHDRINGE MEINE GEDANKENWELT MIT DER VIOLETTEN UMWANDLUNGS-FLAMME (3 x)

DURCHDRINGE MEINE ÄTHERISCHE WELT MIT DER VIOLETTEN UMWANDLUNGS-FLAMME (3 x)

DURCHDRINGE MEINE PHYSISCHE WELT MIT DER VIOLETTEN UMWANDLUNGS-FLAMME (3 x)

ALS GOTTES HEILIGER NAME 'ICH BIN'.«

SCHRITT ZWEI
Das Violette Feuer der Verjüngung (1)

Nach der Reinigungs-Übung mit dem Violetten Feuer lege Dich bequem hin und erlaube Deinem Körper, sich vollkommen zu entspannen.

Die Schwerkraft der Erde ist eine der stärksten Kräfte des Alterns. Das konstante »Nach-unten-Ziehen« zum Zentrum der Erde verursacht ein »Schlaff- und Schwächerwerden« unserer Zellen und Organe.

Die Übung mit dem Violetten Feuer der Verjüngung wird die Auswirkungen der Schwerkraft auf unseren Körper umkehren und den Zellen und Organen die Gelegenheit geben, in ihren normalen jugendlichen Status zurückzukehren. Es ist eine sehr einfache und wirkungsvolle Übung vor dem Einschlafen.

Nachdem wir die Zellen unseres Körpers von des Tages Ausdünstung mit der zuvor genannten Reinigungs-Übung geklärt haben, legen wir uns hin und rufen durch die Gegenwart Gottes »ICH BIN« die mächtigste Kraft der Violetten Umwandlungs-Flamme, die wir ertragen können, an.

Wir stellen uns vor, wie die herrliche Amethyst-Flamme aus dem Erd-Mittelpunkt spiralenförmig in unsere Fußsohlen emporsteigt. Sie dreht sich im Uhrzeigersinn mit einer mächtigen, wirbelnden Kraft. Sie steigt durch unsere Füße und die Fersen hinauf.

Dabei erfahren wir, wie das Violette Feuer die Auswirkungen der Schwerkraft auf unserem Körper umkehrt. Sie wirbelt in, durch und um die Elektronen unserer Füße und Fersen, wodurch diese in der Schwingungsfrequenz erhöht und gekräftigt werden.

Der sich drehende Wirbelwind aus Violettem Feuer steigt nun unseren Körper empor. Er lodert durch unsere Waden, Knie, Schenkel, Hüften, Unterleib, Bauch, Brust und Schultern und dehnt sich in unsere Arme und Hände aus, steigt durch unser Genick empor und erfüllt den gesamten Kopf-Bereich (siehe Abbildung 1, Seite 159).

Sämtliche Körperfunktionen, die ewige Jugend, strahlende Schönheit und Gesundheit bewirken, werden aktiviert und wieder zur Vollkommenheit restauriert. Jede Zelle wird in der Flexibilität, Elastizität und Feuchtigkeit der ewigen Jugend wieder hergestellt.

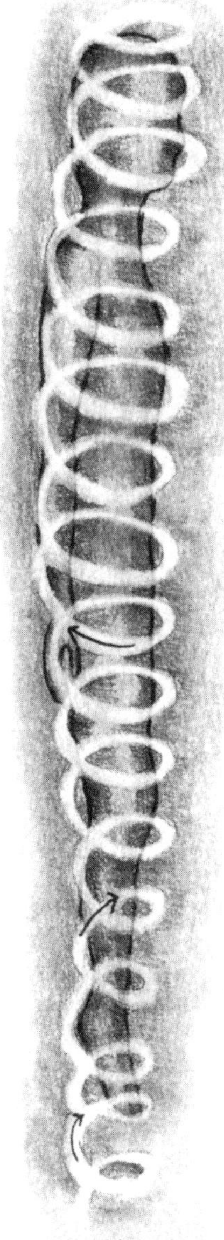

Abbildung 1

Abend-Übung, SCHRITT ZWEI

Wenn das Violette Feuer unseren Kopf erreicht, pulsiert jede Zelle und jedes Organ unseres Körpers mit der verjüngenden Wirkung des Violetten Feuers. Jede Zelle wird »geliftet« und gereinigt.

Unser Heiliges Christ-Selbst projiziert die göttliche Blaupause der ewigen Jugend, Gesundheit und strahlenden Schönheit, einer schlanken, festen, fehlerlosen Figur in das RNS-DNS-Muster jeder Zelle. Wir fühlen die Freude unseres physischen Körpers, die strahlende Lebendigkeit der neu entdeckten Jugend und affirmieren mit tiefem Gefühl:

> »IN DER VOLLEN MACHT DER GEGENWART GOTTES 'ICH BIN', VERANKERT IN MEINEM HERZEN, BITTE ICH DAS VERJÜNGENDE VIOLETTE FEUER, FORTLAUFEND WÄHREND DER GANZEN NACHT DURCH MEINE VIER NIEDEREN KÖRPER ZU LODERN UND SEINE VERJÜNGENDE, JUGENDLICHE KRAFT VON AUGENBLICK ZU AUGENBLICK MIT JEDEM ATEMZUG, DEN ICH NEHME, ZU VERSTÄRKEN.«

SCHRITT DREI
Körpersysteme und Organe werden restauriert

Nun, da der Druck der Schwerkraft und des Alterns von den Zellen und Organen unseres Körpers entfernt wurde, können wir leichter die Schwingungs-Frequenz jedes Systems beschleunigen und vollkommene Funktion erreichen.

In dieser Übung visualisieren wir wieder die Violette Umwandlungs-Flammen in unseren Händen, bis sie zu flammenden Amethyst-Sonnen werden.

Erhebe die linke Hand und lege sie mit der Handinnenfläche nach oben in das Herz Gottes. Du empfängst die volle Kraft der Transfiguration.
Die rechte Hand wird als machtvoller Übermittler benutzt und projiziert das Göttliche Licht der Transfiguration in die Atome und Moleküle unseres physischen Körpers.
Wir legen unsere rechte Hand mit der Innenfläche auf unseren Bauchnabel. Dann bewegen wir unsere rechte Hand und kreisen im Uhrzeigersinn, nach und nach größer werdend, bis wir den letzten Kreis vom Hals bis zum Schambein gezogen haben.

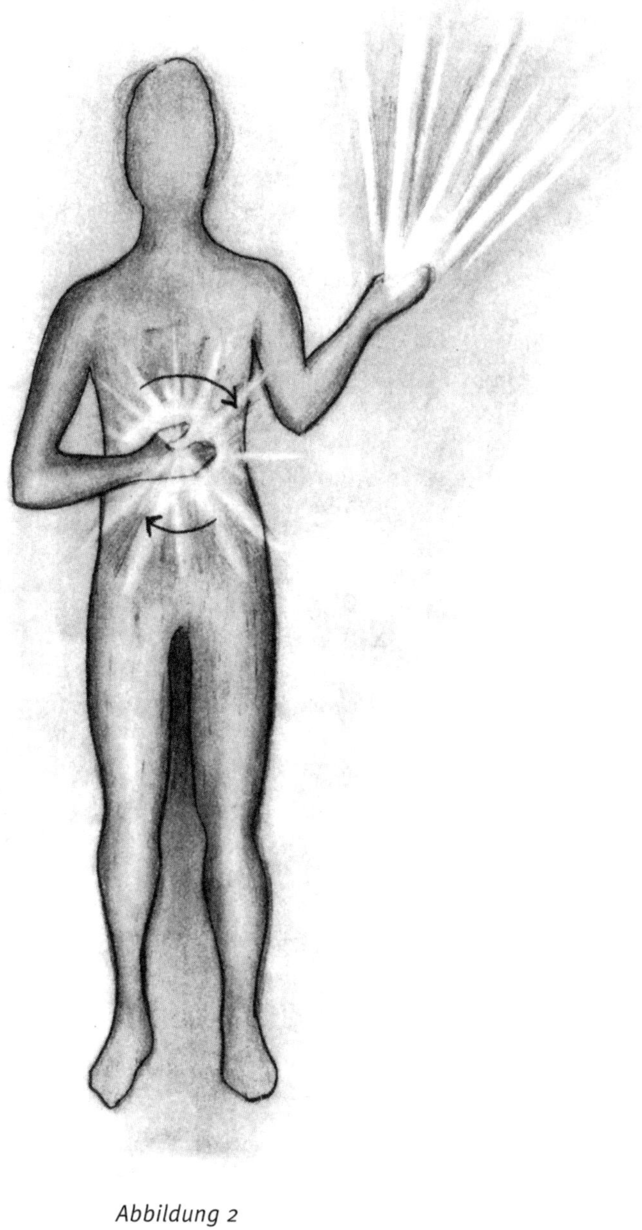

Abbildung 2
Abend-Übung, SCHRITT DREI

Nachdem der größte Kreis gezogen wurde, beginnen wir wieder am Bauchnabel mit den Kreisen (siehe Abbildung 2, Seite 161).

Diese Übung wird insgesamt neunmal gemacht.

Während unsere rechte Hand langsam über den Körper kreist, visualisieren wir einen gewaltigen Lichtstrahl, der durch unsere Hand in unseren Körper strahlt.

Dieser Lichtstrahl der Transfiguration, der alle Zwölf Solaren-Strahlen der Gottheit enthält, durchdringt unseren Körper. Während er alle Zellen, Drüsen, Organe, Systeme und Funktionen durchstrahlt, beseitigt er sofort jede Spur von Altern, Krankheit, Zerfall, Schwäche oder Deformation und entfernt sie.

Alle Körpersysteme werden verjüngt. Das Göttliche Licht flammt durch das:

Chakra-System
Atmungs-System
Kreislauf-System
Verdauungs-System
Ausscheidungs-System
Fortpflanzungs-System
Drüsen-System
Knochen-, Gelenk- und Muskelsystem
Nerven-System
Bindegewebe sowie durch die
Haut, Haare und Nägel
Augen, Ohren, Nase und den Mund.

Alle Systeme sind durch diese Übung mit dem Göttlichen Licht verjüngt und geklärt, strahlende Gesundheit und ewige Jugend sind wieder hergestellt.

Nachdem Du neunmal die Kreis-Serie gemacht hast, schreite mit der nächsten Übung fort.

SCHRITT VIER (1)
Hosianna Christus-Bewußtseins-Symbol (1) und Hosianna Klärungs- und Heilungs-Gebet

Zeichne dieses heilige Symbol in Gedanken über Deinen Körper.

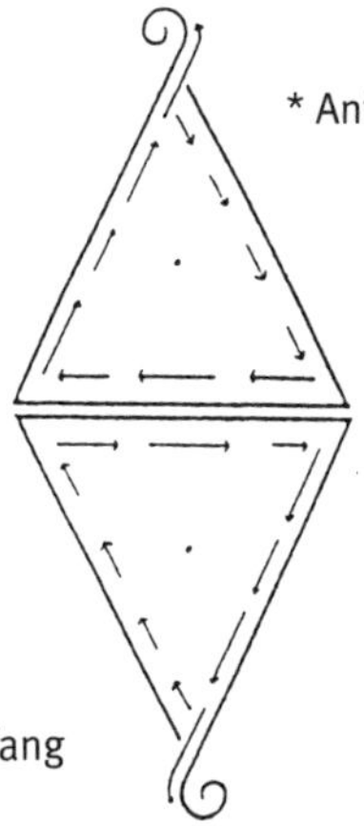

Abbildung 3
Abend-Übung, SCHRITT VIER

Dann affirmiere mit tiefem Gefühl:

»Im Namen, Macht und Autorität der Geliebten Gegenwart Gottes ‘ICH BIN’ ..., rufe ich Dich jetzt, geliebter ERZENGEL MICHAEL und die Engel der Macht und bitte Euch, 999 Billionen 3 multiplex (vervielfacht) das HOSIANNA CHRISTUS-BEWUSSTSEINS-SYMBOL in, durch und um das Kraftfeld meines Wesens zu geben und mich liebevoll von allen Schnüren, Verbindungen, Gurten, Haken und Verhaftungen zu befreien, von allem, was mich in irgendeiner Art und Weise oder Form an Altern, Krankheit, Degeneration und Tod meines physischen Körpers bindet. Schneide mich frei von jeder Schwingungsfrequenz in meinen vier niederen Körpern, die niedriger als die Grenzenlose Physische Vollkommenheit schwingt.

Verstärke dieses heilige Symbol zur 999igsten Kraft und Macht und dehne diese Tätigkeit des befreienden Lichtes in ALLE Ebenen, in ALLE Dimensionen, in ALLE Entwicklungsstufen von ALLEN Lebenszeiten multidimensional aus. Löse von mir JETZT und für immer URSACHE, KERN, WIRKUNG, AUFZEICHNUNG, ERINNERUNG und MOMENTUM von Altern, Krankheit, Degeneration und Tod.

Ich rufe die ENGEL DES VIOLETTEN FEUERS, bitte kommt jetzt herbei und befreit sofort durch die Macht der Violetten Umwandlungs-Flamme jegliche negative Energie, die jetzt von Erzengel Michael und den Engeln der Macht freigeschnitten wird.

> »LODERT, LODERT und LODERT die VIOLETTE FLAMME durch alle Glaubenssysteme, Ansichten, Konzepte und das Akzeptieren der Illusion des Alterns, der Krankheit, der Degeneration und des Todes. Ersetzt diese verstümmelten Gedankenformen des niederen menschlichen Egos mit der ERLEUCHTETEN WAHRHEIT DER GRENZENLOSEN PHYSISCHEN VOLLKOMMENHEIT, EWIGER JUGEND, STRAHLENDER GESUNDHEIT UND SCHÖNHEIT.«

Ich rufe jetzt die ENGEL DER BEDINGUNGSLOSEN LIEBE, WAHRHEIT, TRANSFIGURATION, TRANSFORMATION, HEILUNG, VERGEBUNG, HOFFNUNG, VERTRAUEN, REICHTUM UND FÜLLE, HARMONIE, AUSGEGLICHENHEIT, GLAUBEN, VERSTÄNDNIS, FRIEDEN, FREUDE, GLÜCKSELIGKEIT UND SIEG. Bitte kommt jetzt herbei und erfüllt jedes Elektron meiner vier niederen Körper mit Euren strahlenden, göttlichen Eigenschaften.

GELIEBTE LEGIONEN DES LICHTES, ich danke Euch und akzeptiere, daß diese Tätigkeit des Lichtes jetzt dauerhaft mit voller Kraft etabliert ist, sich ewig selbst-erhaltend, sich täglich und stündlich verstärkend, von Augenblick zu Augenblick, mit jedem Atemzug, den ich nehme, größtmöglich, soweit es das Kosmische Gesetz erlaubt. Ich nehme diesen Ruf durch die Kraft der Gegenwart Gottes 'ICH BIN' als erfüllt an!!! SO IST ES!«

Zur Beachtung: Diese Anrufung kann entsprechend einer Situation oder Herausforderung, durch die wir gerade gehen, verändert werden. Setze einfach dasjenige an die entsprechende Stelle ein, von dem Du freigeschnitten und befreit werden möchtest.

SCHRITT FÜNF
Öffnung des Physischen Körpers für den 12fältigen Aspekt Gottes

Die Abend-Reinigung ist nun vollendet. Wir sind jetzt bereit, die größte Einstrahlung des Lichtes zu empfangen, die uns unsere Gott-Gegenwart gestattet.

Diese Übung erschafft tatsächlich einen Lichtpfad, der sich aus den göttlichen Ebenen der Vollkommenheit durch unser Solar- oder Sonnen-Chakra-System in unsere vier niederen Körper erstreckt. Das Chakra-System ist das einzige System, das alle vier niederen Körper durchdringt.

Durch diese Übung werden unsere vier niederen Körper auf der atomaren-zellularen Ebene von dem 12fältigen Aspekt Gottes erfüllt. Dies wiederum verstärkt unsere Kapazität, Licht zu absorbieren.

Die Spiralen beginnen im Nacken und werden über den Kopf von hinten nach vorn gezogen und durchströmen jedes der 12 Sonnen-Chakras. Wir fangen mit dem Kronen-Chakra an und hören mit dem Wurzel-Chakra auf. Jede Spirale ist mit einem Einatem-Zug vollendet, dann wird schnell ausgeatmet, bevor wir mit der nächsten Spirale beginnen (siehe Abbildung 4, Seite 166).

Zuerst visualisieren wir einen mächtigen Strahl des vereinten Kraftfeldes des 12fältigen Aspektes Gottes, der aus Seinem Herzen in unser Kronen-Chakra einströmt. Das Göttliche Licht strömt in unsere Hypothalamus-Drüse an der Schädelbasis. Es strahlt dann aus dem Genick am Hinterkopf aus, und eine Serie von Zwölf Spiralen durchdringt unseren Körper.

1. Als erstes strömt der Lichtstrahl über unseren Kopf in das Kronen-Chakra der Erleuchtung. Es entsteht der erste spiralenförmige Kreis.
2. Der Strahl strömt dann aus dem Hinterkopf aus, bewegt sich über den Kopf und tritt in das Dritte Auge-Chakra der Wahrheit ein. Dies erschafft die zweite Spirale.
3. Der nächste Lichtstrahl bewegt sich wieder aus unserem Hinterkopf aufwärts und tritt in das Klarheits-Chakra im Bereich unserer Nase ein.

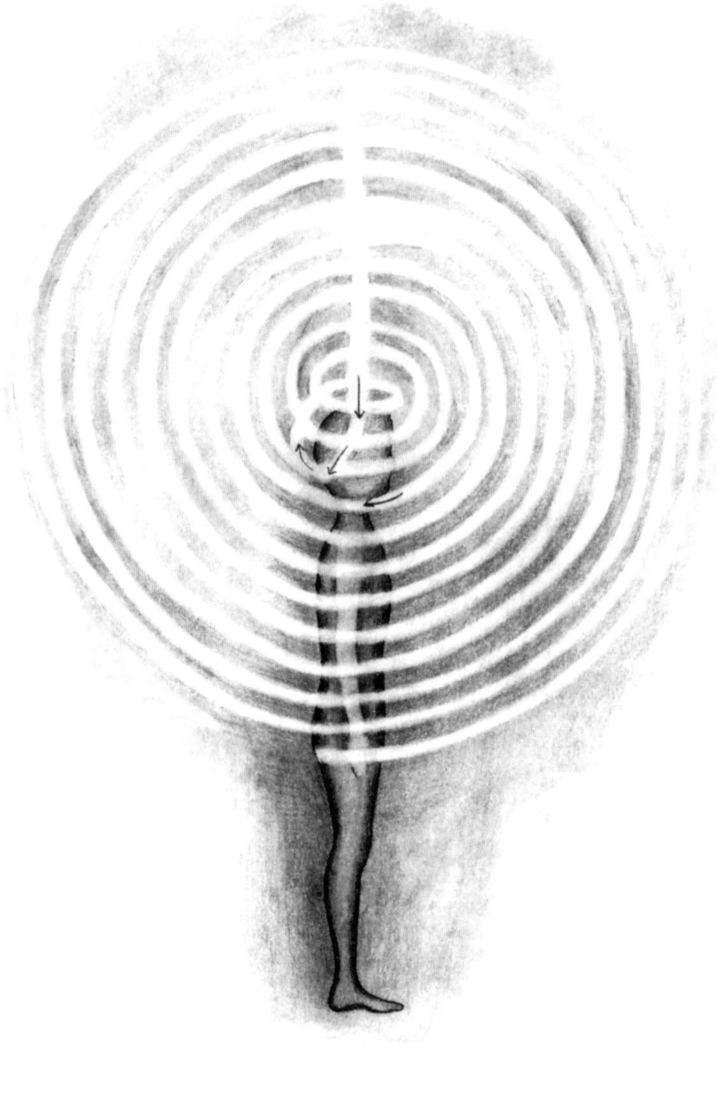

Abbildung 4
Abend-Übung, SCHRITT FÜNF

4. Als nächstes bewegt sich das Licht aus dem Hinterkopf über den Kopf und strömt in das Hals-Chakra des göttlichen Willens. Dies ist die vierte Spirale.
5. Die fünfte Spirale bewegt sich wieder über den Kopf von hinten nach vorn und dringt im Mittelpunkt zwischen Hals- und Herz-Chakra ein. Dies ist das Chakra der Harmonie.
6. Die sechste Spirale strahlt aus dem Hinterkopf über den Kopf und dringt von vorn in das Herz-Chakra der Göttlichen Liebe ein. So geht es weiter mit jeder Spirale.
7. Die siebte Spirale – aus dem Hinterkopf über den Kopf, vorn direkt unterhalb des Herzens, in das Chakra des ewigen Friedens.
8. Die achte Spirale – aus dem Hinterkopf über den Kopf, nach vorn – tritt in das Chakra des göttlichen Auftrags, direkt oberhalb des Solar-Plexus, ein.
9. Die neunte Spirale tritt in das Solar-Plexus-Chakra der ausübenden Gnade ein.
10. Die zehnte Spirale strömt in das Chakra der Freiheit direkt unterhalb des Solar-Plexus ein.
11. Die elfte Spirale strahlt in das Chakra der Transformation im Bereich des Unterbauches.
12. Die zwölfte und letzte Spirale tritt in das Wurzel-Chakra der Reinheit an der Basis der Wirbelsäule ein.

Jede Spirale jeweils mit einem Einatem-Zug.

Diese Aktivität schneidet einen spiralenförmigen Pfad von Solarem Licht durch unsere vier niederen Körper. Dadurch werden offene Tore geschaffen, die dem Göttlichen Licht gestatten, leicht durch unsere Sonnen-Wirbelsäule und in unsere vier niederen Körper zu fließen und infolgedessen in unsere Umgebung und die Welt. Das Licht ist schon immer durch unsere Körper in die Welt geflossen, aber es wurde durch die Dichte unserer Körper verunreinigt und blockiert. Jetzt werden unsere Körper gereinigt und geklärt.
Folglich können uns diese Werkzeuge der Transfiguration offenbart werden, denn sie befähigen uns, verstärkt das Licht auszudehnen, das durch uns strömt.

SCHRITT SECHS
»Transformation der vier niederen Körper in das Makellose Bild des Heiligen Christ-Selbst«

Diese Übung dient der Wiederherstellung der »Göttlichen Blaupause oder Schablone«, des göttlichen Musters, des Makellosen Bildes oder Konzeptes innerhalb Deines physischen, ätherischen, mentalen und emotionalen Körpers.

Du wirst durch diese Übung einen jeden dieser Körper energetisieren, bis die Kraft des Heiligen Christ-Selbst in diesen Körpern pulsiert, die Gesundheit, Schönheit, ewige Jugend und Ordnung auf allen Ebenen wieder herstellt.

(In leicht geänderter Form gibt es diese Visualisation auf Toncassette, besprochen von Brigitte Müller, mit anschließender Welt-Heilungs-Meditation. Siehe im Buch »Energie der 12 Sonnen-Chakra Strahlen«, Seite 160. Zu beziehen bei Aquarius Versand und Brigitte Müller, siehe Anhang.)

Beginn der Visualisation

Du kannst Dich bequem hinlegen, mit gerader Wirbelsäule, Arme und Beine nicht gekreuzt. Atme tief ein und entspanne Dich beim Ausatmen. Schließe Deine Augen. Fühle, wie Du von einem unüberwindbaren Kraftfeld des Schutzes umgeben bist. Dies ist eine »Bewußtseins-Reise«, die sich physisch durch die Kraft Deiner wahren Gott-Wirklichkeit »ICH BIN« manifestieren wird.

In Deiner Vorstellung stehst Du jetzt vor einem prachtvollen Kristall-Tempel der Heilung in den Ebenen der Erleuchteten Wahrheit. Du gehst die Stufen hinauf, durch die schweren Türen und durch die Alabaster-Halle. Dann stehst Du in der Mitte eines zentralen Raumes, welcher von vier anderen Räumen an Kardinalpunkten umgeben ist. In der Mitte dieses zentralen Raumes pulsiert eine gewaltige, strahlende, kristalline Lotusblüte. Im Zentrum der Lotusblüte lodert eine Flamme mit madonnen-blauer Ausstrahlung mit einer weißen Aura. Es ist die Flamme des MAKELLOSEN BILDES. Ein Engelwesen winkt Dir. Tritt ein in die kristalline Lotusblüte und stehe in der funkelnden Essenz des MAKELLOSEN BILDES. Diese kristalline, weiße Flamme mit der madonnen-blauen Ausstrahlung beginnt um Deine vier niederen Körper zu lodern. Die Schwingungsfrequenz Deiner Körper wird erhöht. Dein Bewußtsein erweitert sich, und klarer als jemals zuvor nimmst Du die Göttliche Blaupause eines jeden Körpers wahr.

Direkt aus dem Herzen Gottes strömt jetzt ein gewaltiger Lichtstrahl aus. Er pulsiert mit den göttlichen Eigenschaften der Wiederherstellung, der Umwandlung, der Heilung, ewiger Jugend und strahlender Schönheit. Dieser Lichtstrahl fließt ein in die Flamme des MAKELLOSEN BILDES und breitet sich in die vier anderen Räume aus, die speziell für einen jeden der vier niederen Körper vorgesehen sind.

Bewußt projizierst Du jetzt Deinen emotionalen Körper mit allen Deinen Gefühlen in den Raum mit dem Kardinalpunkt im Osten. Gottes Heiliges Licht beginnt in, durch und um diesen Körper zu lodern und verwandelt jede Spur von Unausgeglichenheit. Deine Göttliche Gegenwart projiziert die Göttliche Blaupause für Deinen emotionalen Körper in diesen Körper. Gottes Heiliges Licht beginnt zu pulsieren wie ein Lichtmuster und verwandelt diesen Körper augenblicklich in das MAKELLOSE BILD Deines Heiligen Christ-Selbst.

Bewußt projizierst Du jetzt Deinen mentalen Körper und alle Deine Gedanken in den Raum mit dem Kardinalpunkt im Westen. Gottes Heiliges Licht beginnt in, durch und um diesen Körper zu lodern und verwandelt jede Spur von Unausgeglichenheit. Deine Göttliche Gegenwart projiziert die Göttliche Blaupause für Deinen mentalen Körper in diesen Körper. Gottes Heiliges Licht beginnt zu pulsieren wie ein Lichtmuster und verwandelt diesen Körper augenblicklich in das MAKELLOSE BILD Deines Heiligen Christ-Selbst.

Bewußt projizierst Du jetzt Deinen ätherischen Körper und alle Deine Erinnerungen in den Raum mit dem Kardinalpunkt im Norden. Gottes Heiliges Licht beginnt in, durch und um diesen Körper zu lodern und verwandelt jede Spur von Unausgeglichenheit. Deine Göttliche Gegenwart projiziert die Göttliche Blaupause für Deinen ätherischen Körper in diesen Körper. Gottes Heiliges Licht beginnt zu pulsieren wie ein Lichtmuster und verwandelt diesen Körper augenblicklich in das MAKELLOSE BILD Deines Heiligen Christ-Selbst.

Bewußt projizierst Du jetzt Deinen physischen Körper, jede Zelle, jedes Atom, jede Drüse, jedes Organ und jede Funktion in den Raum mit dem Kardinalpunkt im Süden. Gottes Heiliges Licht beginnt in, durch und um diesen Körper zu lodern und verwandelt jede Spur von Unausgeglichenheit. Deine Göttliche Gegenwart projiziert jetzt die Göttliche Blaupause für Deinen physischen Körper in diesen Körper. Gottes Heiliges Licht beginnt zu pulsieren wie ein Lichtmuster und verwandelt diesen Körper augenblicklich in das MAKELLOSE BILD Deines Heiligen Christ-Selbst.

Jetzt gibst du nacheinander einen jeden dieser gereinigten und ausgeglichenen Körper zurück in die Flamme des MAKELLOSEN BILDES, welches innerhalb der kristallenen Lotusblüte pulsiert. Dort werden diese Körper vollkommen in Einklang gebracht, zuerst der physische, dann der ätherische, der mentale und der emotionale.

Deine Körper sind jetzt im Gleichgewicht und wieder in den Dienst Deiner Gott-Gegenwart »ICH BIN« und Deines Heiligen Christ-Selbst zurückgekehrt.

Versiegelungs-Affirmation

»ICH BIN« das Makellose Bild (die Göttliche Blaupause)
meiner wahren Gott-Wirklichkeit.

»ICH BIN« ein strahlendes Wesen aus Licht.

»ICH BIN« ewig jung, gesund und schön,
schlank, straff und makellos.
Ich liebe meinen Körper und erhalte ihn mit
vollkommenen Eß- und Trinkgewohnheiten,
frischer Luft, Sonnenschein, Atem- und Leibesübungen.

»ICH BIN« Gott in Tätigkeit auf Erden,
und mit jedem Atemzug dehne ich das Licht in der Welt aus.

»ICH BIN« mir meines Göttlichen Planes bewußt
und erfülle jeden Aspekt zur Vollkommenheit.

»ICH BIN« täglich und stündlich für
den Fluß von Gottes Wohlstand und Fülle empfänglich.
»ICH BIN« ewig finanziell FREI.

Alle meine Beziehungen sind erfüllt mit der Essenz
der Liebe und Ehrerbietung allem Leben gegenüber.
Sie sind inspirierend, wertvoll, erfüllend,
wunderbar und glorreich.

Meine Arbeit erfüllt mein Leben mit Freude und Vollendung.
Täglich »BIN ICH« schöpferisch und finanziell
reichlich belohnt.

Ich kommuniziere täglich mit den Engeln
und den Elementarwesen;
vereint gehen wir Hand in Hand und verwandeln die
liebe Erde in den Heiligen Stern der Freiheit -
den Himmel auf Erden.

Jeder Mann, jede Frau und jedes Kind auf Erden
sind eins mit ihrer wahren Gott-Wirklichkeit.
Jeder drückt nur die Ehrerbietung allem Leben gegenüber aus.

Göttliche Regierungen bestimmen jede Nation.

Göttliche Liebe, ewiger Frieden, Freude und Glückseligkeit,
Wohlstand, siegreiche Vollendung und Gottes Wille ist die
Ordnung des NEUEN TAGES auf Erden.

Durch die flammende Gegenwart Gottes, verankert in meinem Herzen, bitte ich, daß diese umwandelnde Tätigkeit des Lichtes aufrecht erhalten wird, sich ewig selbst erhält, sich täglich und stündlich von Moment zu Moment verstärkt, bis meine vier niederen Körper die Vollkommenheit, die mir bestimmt ist, ausdrücken und »ICH« aufgestiegen und frei »BIN«.

ES IST GETAN!
SO IST ES! »ICH BIN«
SEI STILL UND WISSE, »ICH BIN« GOTT.

SCHRITT SIEBEN (1)
Rosengebet des Neuen Zeitalters der Spirituellen Freiheit

Unsere vier niederen Körper und unsere Wirbelsäule sind jetzt ausgerichtet, gereinigt und empfänglich für die letzte der Abend-Übungen.

Diese Übung ist ein göttliches Geschenk, das nicht nur das Licht in der Welt verstärkt ausdehnt, sondern auch unsere Körper dauerhaft in der Göttlichen Blaupause von ewiger Jugend, strahlender Gesundheit und Schönheit versiegelt. Es ist ein ganz besonderes Geschenk, denn es hilft uns, das HEILIGE FEUER DER SCHÖPFUNG zu integrieren, welches von der 12fältigen Sonnen-Wirbelsäule unserer Gott-Gegenwart »ICH BIN« durch unsere vier niederen Körper strömt. Wie gut wir dieses Licht integrieren, wird den Ton für unseren Übergang in die Oktaven der Grenzenlosen Physischen Vollkommenheit angeben.

Die geliebte Mutter Maria, die das »Göttliche Mutter-Prinzip« auf Erden versinnbildlicht, hat uns dieses Gebet geschenkt, um unsere Fähigkeit, in die Ebenen der Grenzenlosen Physischen Vollkommenheit aufzusteigen, zu verstärken.

Zu Beginn des letzten Zeitalters, des Glaubenssystems des Christentums, kam die geliebte Mutter Maria freiwillig in einem physischen Körper auf die Erde, um die offene Tür für den Avatar für dieses Zeitalter, den geliebten Jesus, zu sein, damit er sich in menschlicher Form verkörpern konnte.

Hierfür wurde sie auf inneren Ebenen für Hunderte von Jahren geschult, um das Makellose Konzept (Bild), den Göttlichen Plan für alle manifestierte Form, aufrechtzuerhalten. Sie erhielt das Makellose Bild für den Göttlichen Plan vom geliebten Jesus aufrecht. Jedes Detail seiner heiligen Mission war in ihrer Herzensflamme aufgezeichnet. Mit jedem Atemzug nährte und beschützte sie diesen Plan während ihres Erdenaufenthaltes. Durch die konzentrierten Bemühungen von Mutter Maria mit der klaren Vision seines Göttlichen Planes führte Jesus siegreich seine Mission aus. Auch im Angesicht der größten Not durchlief Jesus siegreich seine irdischen Einweihungen zum CHRISTUS.

Als Mutter Maria nach der Kreuzigung ihres geliebten Sohnes Jesus den Berg von Golgatha hinunterging, sagte sie: »Was ich für Dich getan habe, mein geliebter Sohn, werde ich jetzt für die ganze Menschheit tun«. In diesem Moment erweiterte sich Mutter Marias Göttlicher Dienst. Das Aufrechterhalten des Makellosen Bildes für einen Avatar – ein Christus-Wesen – dehnte sich aus zum Aufrechterhalten des Makellosen Bildes für jeden Mann, jede Frau und jedes Kind, das sich auf der Erde entwickelt, bis auch jeder einzelne den Status des Christus-Wesens erhält und wieder sein natürliches Geburtsrecht als Sohn oder Tochter Gottes fordert, um dadurch ein für allemal die selbst-auferlegte Trennung von Gott zu heilen.

Zu Beginn dieses Neuen Zeitalters, des Goldenen Zeitalters der Geistigen Freiheit, segnet Mutter Maria uns wieder mit ihrer Gegenwart. Sie wiegt die liebe Erde in ihrer Herzensflamme und bittet uns um Unterstützung. Das Kosmische Gesetz verlangt, daß der Hilferuf von den Ebenen kommen muß, wo die Hilfe gebraucht wird, und daß die Energie, die von den himmlischen Ebenen ausgeschüttet wird, durch die Energie der Menschheit ins Gleichgewicht gebracht wird.

Mutter Marias Symbol ist immer die weiße Rose der Reinheit gewesen. Im vergangenen Zeitalter offenbarte sie der Menschheit das »Rosenkranz-Gebet«.

Jetzt, während dieses kosmischen Augenblicks der Planetarischen Transformation, und da Mutter Marias Dienst für die Erde ausgedehnt wurde, das Makellose Bild für jeden Teil des Lebens aufrechtzuerhalten, offenbart sie uns wieder ein Gebet, durch welches die Kraft 1000mal 1000fach mit jeder Wiederholung verstärkt wird. Diese Anrufung der einmaligen Kraft verhilft dem Makellosen Bild, dem Göttlichen Plan für den Planeten Erde, schnell zur Manifestation. Sie hat uns versichert, daß durch dieses heilige Gebet unsere individuellen Leben ihren Göttlichen Auftrag und ihren Sinn des Seins widerspiegeln werden. Die Illusion der dritten Dimension, die uns in Mangel und Begrenzungen gefangen hielt, wird sich auflösen und die Wirklichkeit unseres Göttlichen Erbes – HIMMEL AUF ERDEN – offenbaren.

Jeder von uns muß nach innen zu seiner im Herzen pulsierenden Gott-Gegenwart gehen und gemäß seiner Weisheit und seinem Verständnis diese Gelegenheit auswerten.

Dann sprich in tiefer Demut und Dankbarkeit das heilige Gebet gemäß Deiner inneren Führung.

»* Heil Mutter, voll der Gnade, der Herr ist mit Dir.
Gesegnet bist Du unter den Frauen, und gesegnet ist
die Frucht Deines Leibes »ICH BIN«.
Erhalte JETZT für uns das Makellose Bild unserer
wahren Gott-Wirklichkeit aufrecht, von diesem Moment an,
bis zu unserem Ewigen Aufstieg in das Licht.
»ICH BIN das ICH BIN«.

(wiederhole ab * 12 x)

Das Vorgenannte wird zwölfmal wiederholt, einmal für jeden Strahl der 12fältigen Solaren-Aspekte der Gottheit. Wenn Du mit »Heil Mutter ..« beginnst, stell Dir vor, wie die Farbe und die Eigenschaften des entsprechenden Strahles in Dein Herz-Zentrum einfließen, Dich durchfluten, um dann den Planeten Erde in dieser Farbe zu baden (siehe Tafel auf Seite 175).

Nachdem Du zwölfmal »Heil Mutter ...« gebetet hast und Dich jedes Mal auf einen anderen Strahl konzentriert hast, sprich den folgenden Befehl dreimal:

»ICH BIN« das Makellose Bild meiner
wahren Gott-Wirklichkeit
und der Gott-Wirklichkeit der geliebten Mutter Erde,
die JETZT durch heilige Gnade manifestiert
und aufrechterhalten ist!

Zum Abschluß dieser ganzen Serie wird die Energie versiegelt und dauerhaft aufrechterhalten durch die Anrufung:

»ES IST GETAN! SO IST ES! »ICH BIN!«

Das Rosengebet für das Neue Zeitalter (1)

Gebet »Heil Mutter …	*Strahl*	*Sonnen-Erzengel (männlich)*	*Sonnen-Erzengel (weiblich)*	*Farbe*	*Eigenschaft*
beim 1. Mal	1.	Michael	Glaube	Blau	Gottes Wille
2. Mal	2.	Jophiel	Konstanze	Gelb	Erleuchtung
3. Mal	3.	Chamuel	Charity	Rosa	Göttliche Liebe
4. Mal	4.	Gabriel	Hoffnung	Weiß	Reinheit
5. Mal	5.	Raphael	Mutter Maria	Grün	Wahrheit
6. Mal	6.	Uriel	Donna Grazia	Rubin	Gnade
7. Mal	7.	Zadekiel	Heilige Amethyst	Violett	Freiheit
8. Mal	8.	Aquariel	Klarheit	Aquamarin	Klarheit
9. Mal	9.	Anthriel	Harmonie	Magenta	Harmonie
10. Mal	10.	Valeoel	Frieden	Gold	Ewiger Frieden
11. Mal	11.	Perpetiel	Freude	Pfirsich	Göttliche Zielsetzung
12. Mal	12.	Omniel	Opal-Essenz	Opal	Transformation

Vierter Teil

Die Lichtsprache – Die Göttlichen Namen

In den letzten Jahren nahm ich mehrfach an den Seminaren von Prof. Dr. J. J. Hurtak und seiner Frau Desiree auf der Schweibenalp in der Schweiz teil. Ganz besonders möchte ich auf »Das Buch des Wissens – Die Schlüssel des Enoch« und »Die 72 Heiligen Namen (in 8 Sprachen)« hinweisen. »Das Buch des Wissens« ist eines der wichtigsten Bücher für den Umgang mit der allen Weltreligionen eigenen Lichtkörper-Doktrin.

Prof. Dr. Hurtak erhielt von ENOCH, dem Patriarchen des Alten Testaments, 1973 als Antwort auf seine Gebete eine umfassende Lehre zum Verständnis des nun zu Ende gehenden Zyklus und eine Neuoffenbarung für den Übergang in ein neues Programm der Erd- und Menschheitsgeschichte. Nach dem Offenbarungsereignis legte Dr. Hurtak das erhaltene Wissen in obigem Buch nieder.

Dieses ist im wahrsten Sinne ein Offenbarungs-Dokument über Bewußtsein und Realität, eine umfassende Offenbarung über Struktur und Ziel der Schöpfung, über die Entwicklung des individuellen Lichtkörpers, über die Hierarchien und die Anwesenheit höherer Intelligenz verschiedenster Art und deren Rolle in der ganzen Erd- und Kulturgeschichte.

Prof. Hurtak betont immer wieder, daß seine Informationen nicht »gechannelt« sind, sondern Offenbarungs-Charakter haben, d. h., er hat die Schlüssel des Enoch durch direkte Erfahrung in Empfang genommen.

In den letzten 25 Jahren haben Prof. Hurtak und seine Frau Desiree daran gearbeitet, das ungeheure Wissen der Schlüssel des Enoch in den verschiedensten Bereichen der Wissenschaft und in der spirituellen Gemeinschaft praktisch und theoretisch zu vermitteln und nutzbar zu machen. Sie haben mit ihren Publikationen, Seminaren und Vorträgen ein weltweites Netzwerk aufgebaut, das sich als die auch in Europa tätige »Akademie für die Wissenschaft der Zukunft – AFFS« darstellt (siehe Anhang). Durch ihre Mitarbeit in verschiedenen Forschungsbereichen und durch ihre offiziellen Studien- und Meditations-Gruppen sind ihre Lehren und die durch sie neu-aktivierten Mantren/Namen Gottes von unzähligen Lehrern und Lichtgruppen aufgenommen und in deren Praxis integriert worden.

Mit Hilfe geistiger Musik und der Rezitation der Heiligen Namen Gottes in verschiedenen Ur- und Lichtsprachen reaktivieren wir in uns innere Dimensionen und bauen den Lichtkörper auf.

Unerläßliche Ergänzung zu dem »Schlüssel« ist das Buch »Die 72 Heiligen Namen«. Das Sprechen und Singen der Heiligen Namen Gottes führt zum Erlebnis der höheren Energien und persönlicher Transformation. Die Lehre betont aber, daß die Namen ohne das Studium der Heiligen Schriften unzureichend sind. Der Ansatz der »Schlüssel des Enoch« ist holistisch und fußt auf der praktischen Erkenntnis, daß das körperliche Vehikel auf das Einströmen höherer Energien aus den Namen Gottes ausreichend vorbereitet werden muß. Dies geschieht durch das Studium der Lichtschriften des Alten und Neuen Testaments (und aller großen Weltreligionen), wie auch durch die Anknüpfung an zeitgenössische Forschung der exakten Wissenschaften, wodurch jahrtausendealte Bewußtseinserkenntnis mit heutiger Physik und Wissenschaft verbunden werden.

Diese »Heiligen Namen« sind Teil einer LICHTSPRACHE, die von Enoch als die Sprache der Schöpfung bezeichnet wird. Dr. Hurtak – als er in den höheren Welten war – sah die Lichtprojektionen des Göttlichen Geistes, die Gedanken des Schöpfers, als flammende, polarisierte, vielfarbene Lichtgeometrien, Heilige Buchstaben, die ein ganzes Alphabet der Kreativität und Kommunikation hervorbringen.

> *Schlüssel 207:39*
> »Dies ist die Lichtsprache, die von allen
> Mitgliedern der Hierarchie benutzt wird; dies ist
> ihr Heiliges Wort, das sie gebrauchen, um in des
> Vaters Gegenwart zu sprechen, um direkt mit dem
> Vater zu sprechen, egal welche Verkörperung die
> Seele angenommen hat, um auch in den entferntesten
> Welten zu dienen, die aus den Buchstaben des
> Lichts gewoben sind.«

(Alle Zitate aus: J. J. Hurtak, Das Buch des Wissens: Die Schlüssel des Enoch, 2. korrigierte Ausgabe, Akademie für die Wissenschaft der Zukunft, Los Gatos & Basel 1996.)

Der Begriff der Lichtsprache als Sprache der Schöpfung hat somit direkt mit der seit Jahrhunderten beobachteten Harmonikalität des Universums, mit der grundlegenden Mathematik aller Beziehungen in der Natur zu tun. Wir lernen etwas über die Proportionalität und Gesetzmäßigkeit aller Größen, bis in den subatomaren Bereich der Quantenphysik und sehen, daß bestimmte Verhältnisse, bestimmte Geometrien, stets wiederkehrend eine ganze Musik der Sphären ergeben, die aus der ursprünglichen Lichtsprache ihre Gesetze erhält.

Die umfassende Information der Schlüssel des Enoch wurde Dr. Hurtak in Form dieser lichtsprachlichen Buchstabenprojektionen direkt in sein Drittes Auge gestrahlt. Es sind dieselben »Buchstaben«, die zum Bau der Welt benutzt wurden, und diese selben Buchstaben der Sprache des Lichts können auch für uns wieder wirksam werden.

> *Schlüssel 207:40-41*
> »Das physische Vehikel ist notwendig, um die
> Göttlichen Buchstaben auf der dreidimensionalen
> Ebene in Manifestation zu bringen.
> Daher müssen wir erkennen, wie das physische
> Universum aus den Göttlichen Feuer-Buchstaben
> gestaltet wurde. Wenn demnach die Buchstaben im
> kleinen immer noch in der Lage sind, die
> Lichtschwingungsstruktur Eures Körpers zu
> formen, könnt ihr Euch vorstellen, wie die
> Göttliche Sprache Euren Lebenskörper zu einem noch
> größeren Schöpfungsausmaß antreiben kann, wenn
> menschliche Sprache durch die Sprache der
> LICHTbilder ersetzt werden wird.«

Mit dem Fall aus der Einheit des göttlichen Willens war es dem menschlichen Geist nicht mehr möglich, den vollen Umfang der Sprache des Lichts zu gebrauchen. Die menschlichen Sprachen auf der Erde gerieten in die sogenannte »Sprachverwirrung«, was in Wirklichkeit eine Verzerrung der ursprünglichen Klang- und Schwingungsmuster einer größeren Sprache des Lebens war. Wir waren nicht mehr fähig, die Gedanken der Elohim zu entschlüsseln oder selbst mit einem höheren Bewußtsein in Kommunikation zu treten, weil unsere »irdischen« Sprachen die Multidimensionalität göttlicher Gedankenformen nicht fassen, ausdrücken und transportieren können.

> *Schlüssel 214:35*
> »Erdgebundene Sprache ist durch die buntgemischten Muster menschlicher Gedanken geformt worden, was zu Morphemen und Phonemen in linearen Satzstrukturen geführt hat, die durch Punkte voneinander getrennt sind. Die »Punkte« erzeugen syntaktisch eine Bewußtseinsunterbrechung und die Desaktivierung höherer freifließender Gedankenformen, die nicht für die Begrenzungen statischer Syntax gedacht waren; vielmehr waren die höheren Gedankenformen für die Versetzung des Bewußtseins in die offenen Geometrien des Lebenskontinuums gedacht.«

Einfach ausgedrückt, sind wir mit unseren normalen Sprachen nicht in der Lage, höhere Gedankenformen oder Konzepte zu erfassen, und die moderne Psycholinguistik deutet darauf hin, wie sehr unser Weltbild von der Sprachzugehörigkeit des einzelnen geformt werden kann. Wir müssen uns durch unsere seelische Entwicklung, durch das innere und äußere Verfeinern des Bewußtseins aus den irdischen Sprach- und Denkmustern lösen, um wahrlich eine höhere Wirklichkeit begreifen zu können.

> *Schlüssel 207:44*
> »Wenn sich somit die Seele aus der Erdevolution durch die vielen Raum-Dimensionen hin entfaltet, ändert sie ihre Sprache von einer der klanglichen Vibrationen zur Sprache des Lichts, die auf einer höheren LICHTfrequenz arbeitet.«

Es gibt im Sinne der »Schlüssel des Enoch« fünf Sprachen, die mehr als andere fähig sind, diese Übertragung höherer Bewußtseinskonzepte zu bewerkstelligen. Das sind die Sprachen (Alt-)Ägyptisch, Chinesisch, Tibetisch, Sanskrit und Hebräisch. (Sie sollen als »Stammsprachen« verstanden werden, die auch andere Sprachausformungen mit einschließen. Dr. Hurtak weist immer darauf hin, daß der Ursprung dieser Sprachen im Sinne Enochs außerhalb und vor unserer Geschichte liegt und deshalb keine historisch-sozialen Bewertungen getroffen werden.) Diese Sprachen wurden von höheren Lehrern und Meistern auf die Erde gebracht und haben direkten Einfluß auf unser biologisches und mentales System. Dazu die besonderen Hinweise aus Schlüssel 110:

> *Schlüssel 110: 1-3*
> »In diesem Schlüssel wird uns gesagt, daß wir, wenn wir die Sprachen Ägyptisch-Hebräisch-Sanskrit-Tibetisch-Chinesisch miteinander verbinden, mental mit Zivilisationen verbunden werden, die die »Höhere Evolution« repräsentieren.
>
> Enoch wies mich sorgsam an, die Sprachen der Ägypter und Chinesen zu verwenden, um alle biochemischen Sprachen zu vereinen, die horizontal im menschlichen Körper arbeiten. Gleichzeitig wurde ich angewiesen, Sanskrit- und tibetische Feuer-Buchstaben zu benutzen, um alle biochemischen Sprachen zu vereinen, die vertikal im menschlichen Körper arbeiten. Schließlich wurde ich angeleitet, die hebräischen Feuer-Buchstaben, heiligen Energieklänge und LICHT-Gedankenformen zu benutzen, um mit den Intelligenzen der Plejaden und Orion verbunden zu sein und alle kristallinen Sprachen des Dritten Auges zu vereinigen, um die Schablone des Geistes für das Ewige LICHT zu öffnen.
>
> (...) Diese Sprachen bilden ein Gitter, das das Höhere ICH BIN-Lichtbewußtsein durch eine kosmische Lichtschwingung mit dem menschlichen ICH BIN-Lichtbewußtsein verbindet.«

Aus diesem Grunde bewirken die Heiligen Namen aus diesen Sprachen eine direkte Umprogrammierung unseres Körpers und lassen einen größeren Lebensbauplan zu, die Gestalt des Lichtkörpers.

Nachfolgend möchte ich ein Mantra mit göttlichen Namen aus allen 5 Sprachen nennen:

»AMEN-PTAH PHOWA BUDDHA KUAN YIN GABRIEL«

Werden sie als Mantra zusammen gebraucht, setzen sie eine Bewußtseins-Wellenlänge in Bewegung, die unsere inneren Körper aktiviert.

Nun folgen noch einige der Heiligen Namen Gottes in der alten prä-hebräischen Sprache. Dies sind Klänge, die über das heutige Hebräisch hinausgehen. Sie repräsentieren die ursprünglichen Flammenprojektionen der Gedanken Gottes. Diese Namen können mit innerer Hingabe im Gebet und in der Meditation angewandt werden. Sie können laut zwölfmal gesprochen (auch 12 x 12 = 144) oder gesungen werden, selbstverständlich auch innerlich:

»KODOISH, KODOISH, KODOISH, ADONAI TSEBAYOTH«
(*Schlüssel 305*)

Das Mantra bedeutet: »HEILIG, HEILIG, HEILIG IST GOTT, HERR DER HIMMLISCHEN HEERSCHAREN« und ist der feierliche Gruß der Bruderschaft des Lichts zur Lobpreisung des Vaters. Es setzt ein Resonanzmuster in Bewegung, das so stark ist, daß nur diejenigen, die dem Plan des Vaters dienen, den Gruß erwidern können. In der Tat können negative Kräfte nicht lange in der Gegenwart dieser göttlichen Vibration verharren. Das Mantra ist die stärkste Schutzformel für den Lichtkörper.

»ELI, ELI«

»MEIN GOTT, MEIN GOTT« – waren die letzten Worte Jesu am Kreuz, und auch sie prägen direkt die innere Natur des Lichtkörper- und Aufstiegsgefährts.

»EHYEH ASHER EHYEH«
ICH BIN DER ICH BIN

»LAYOOESH SHEKINAH«
DIE LICHTSÄULE DER GÖTTLICHEN GEGENWART

»MICHAELILU«
ERZENGEL MICHAEL (alt-hebräisch)

»Y-H-W-H« (JOD HEI WOD HEI)

Die »Jod He Wod He« Buchstaben göttlicher Erfahrung, der offenbarte Name des VATERS.

Das Tetragrammaton, das die innere Essenz und die Ämter des göttlichen ewigen Vaters offenbart.

»JAHWEH«

Dies ist der heilige, offenbarte Name des göttlichen, ewigen Vaters, der sich in unzähligen Permutationen äußert und der in allen Teilen der Welt in sprachlichen Variationen zu finden ist.

Alle diese Namen werden zu einem kraftvollen Energie-Erlebnis, wenn man sie in der Gemeinschaft mit anderen spricht oder singt. Dazu gibt es einige Toncassetten, die bei der AFFS (Adresse siehe Anhang) erhältlich sind.

»Die Schlüssel des Enoch« und die Seminare mit Prof. Hurtak möchte ich jedem empfehlen, der weiter in das Mysterium des Lichtkörpers eindringen will (siehe Anhang).

(Dieses Kapitel entstand in Zusammenarbeit mit Ulrike Granögger, AFFS.)

Heilige Namen und Mantren

Das Rezitieren von Mantren und Heiligen Namen Gottes zum Aufbau des Lichtkörpers ist eine außerordentliche spirituelle Praxis. Das Wort »Mantra« bedeutet »Zauber oder Zauberspruch«. Die Mantren werden fortlaufend wiederholt, innerlich oder auch laut gesprochen, gewispert oder gesungen. In Indien ist diese Praxis weit verbreitet. Das hingebungsvolle Singen der Namen Gottes wird Kirtan genannt. Je mehr Deine Gefühle beteiligt sind, desto tiefer und machtvoller ist die Wirkung.

Die Namen Gottes zu singen, erhöht Deine Schwingung und hilft Dir, die Gegenwart Gottes in Deinem Leben bewußt zu spüren. Sie bauen auch einen Schutzwall aus Licht um Dich auf. Dein individuelles Bewußtsein verbindet sich mit dem Gottes-Bewußtsein. Wie Du weißt:

GEDANKEN ERSCHAFFEN DIE WIRKLICHKEIT.
WO DEINE AUFMERKSAMKEIT IST, DORT BIST DU.

ENERGIE FOLGT DEM GEDANKEN,
GEDANKEN SIND SCHÖPFERISCH!

Läßt Du die Namen Gottes in Dir erklingen, bist Du »IN GOTT« und »ER IST IN DIR«!

Wende diese Praxis nicht nur in den Zeiten der Meditation an, sondern integriere sie in Dein tägliches Leben, z. B. während der Hausarbeit, beim Kochen, unter der Dusche, wenn Du im Supermarkt an der Kasse wartest (natürlich nur innerlich!), beim Spazierengehen usw.

Mittlerweile gibt es auch Toncassetten mit Mantren und gesungenen Namen Gottes (siehe Anhang). Singe sie mit tiefer Hingabe und Anbetung in Deinem Herzen. Du wirst dann feststellen, daß es in Dir, in Deinem Unbewußten, unabhängig von Deinem Bewußtsein, weiter singt. (Wir kennen das alle von einem Schlager, der uns immer wieder im Ohr klingt. Nur ist das eine andere Energie!)

Solltest Du einmal in schwierigen Situationen sein, Probleme haben, emotional durcheinander, traurig oder ärgerlich sein, Angst oder Sorgen haben, dann versuche ein Mantra oder die Namen Gottes innerlich zu sprechen oder zu singen. Du wirst Dich schnell besser fühlen.

Wenn Du Mantren oder die Namen Gottes oft wiederholst, werden Deine vier niederen Körper (der physische, ätherische, mentale und emotionale) gereinigt und geheilt. Dein Lichtkörper wird aufgebaut.

Wähle die Namen aus, mit denen Du eine innere Resonanz fühlst. Je öfter und regelmäßiger Du die Heiligen Namen übst, desto tiefer werden sie in Dein Unterbewußtsein sinken.

Christliche Mantren

JESUS CHRISTUS -
ICH BIN DAS ICH BIN
ICH BIN EINS MIT GOTT
SEI STILL UND WISSE, ICH BIN GOTT.
DAS VATER-UNSER-GEBET
AVE MARIA
HEIL MUTTER, VOLL DER GNADE (Rosenkranz-Gebet)
ICH BIN DAS CHRISTUS-LICHT
ICH BIN LICHT.

Die wohl bekanntesten indischen und buddhistischen Mantren sind:

AUM ODER OM	»Das Wort, die Schwingung des Heiligen Geistes »ICH BIN«, AMEN.« Das Mantra hat die Kraft der Reinigung und Heilung und die Kraft, Neues zu erschaffen.
OM MANI PADME HUM	»Das Juwel im Lotus«. Das Mantra gibt starken Schutz, wirkt reinigend und ausgleichend auf Emotionen, fördert Heilung.
OM NAMAH SHIVAYA	»Ich ehre das Göttliche«
OM SHANTI	Mantra des Friedens
OM TAT SAT	Die absolute Göttliche Realität
OM CHRISTUS	Anrufung von Christus
RAMA	Name Gottes, der uns mit Freude erfüllt
ANANDA	Glückseligkeit

REIKI zur Aktivierung des Lichtkörpers

REIKI ist eine sehr alte Heilkunst, die in Japan im 19. Jahrhundert von Dr. Mikao Usui wiederentdeckt wurde. Das Wort REIKI ist ein japanischer Begriff und bedeutet »UNIVERSALE LEBENSENERGIE« oder »heilige, geheime Kraft«, die Kraft des Heiligen Geistes. Es ist das große LICHT – die allumfassende Liebe. In einem Seminar wird die Heilkraft vom REIKI-Meister/Lehrer auf den Schüler während der Einweihung übertragen, die dann durch Auflegen der Hände an sich selbst oder an einen anderen Menschen, ein Tier oder eine Pflanze weitergegeben wird. In den letzten Jahren wurde es überall sehr bekannt. (Zur ausführlichen Information wird das Buch der Autorin »REIKI Heile Dich selbst« empfohlen.)

Ich selbst erhielt schon im Jahr 1981 den 1. und 2. Grad des REIKI USUI SYSTEMS DER NATÜRLICHEN HEILUNG und wurde als erste Deutsche 1983 von Phyllis Lei Furumoto zum REIKI-Meister/Lehrer eingeweiht. So legte ich den Grundstein, der REIKI in Europa bekanntmachte. Viele Menschen habe ich weltweit in REIKI eingeweiht und konnte durch die Gnade das Geschenk der »Heilenden Hände« weitergeben. Dafür bin ich sehr dankbar.

Viele Erfahrungen während der Einweihungen, die im Seminar gegeben werden, durch Behandlungen und Selbst-Behandlung haben mir bestätigt, welche unermeßliche Lichtkraft einströmt. REIKI verändert und erhöht die Schwingungsfrequenz im menschlichen Körper, alle Zellen werden mit Licht aufgeladen, die Chakras werden ausgeglichen und energetisiert. Da REIKI auf allen Ebenen wirkt: der körperlichen, geistigen, emotionalen und seelischen, wird die Selbst-Heilung und das spirituelle Wachstum gefördert. Wer sich selbst jeden Tag REIKI gibt, verstärkt die Lichtkraft in sich und aktiviert den Lichtkörper.

Da in den letzten Jahren eine große Vermarktung, Verwässerung und Mißbrauch mit REIKI stattgefunden hat, ist es WESENTLICH, von welchem REIKI Meister/Lehrer die Einweihung gegeben wird. Bitte wende bei der Wahl des Meisters »UNTERSCHEIDUNGSKRAFT« an.

REIKI bestätigt uns durch die bewußte Wahrnehmung der Kraft unsere innere Göttlichkeit.

(Seminar-Information der Autorin siehe Anhang.)

Schlußwort

Liebe Leserin, lieber Leser!

Es freut mich sehr, wenn die Informationen in diesem Buch tief in Dein Herz gesunken sind. Wenn Du fühlst, daß Du Deinen Körper und Deine physische Wirklichkeit auf Erden glorreich transformieren möchtest, dann hast Du jetzt die Möglichkeit, das heilige Wissen täglich anzuwenden.

Aus meinem Herzen sende ich Dir Licht und Liebe und danke Dir, daß Du hilfst, auf Erden ein neues LICHT-BEWUSSTSEIN zu erschaffen. Möge Gott Dich segnen und schützen.

In Dankbarkeit,
»ICH BIN«

Brigitte Müller

Das wünsche ich Dir

Mögen sich die Wege vor Deinen Füßen ebnen,
mögest Du den Wind im Rücken haben,
möge die Sonne warm Dein Gesicht bescheinen,
möge Gott seine schützende Hand über Dir halten.

Mögest Du in Deinem Herzen dankbar bewahren,
die kostbare Erinnerung der guten Dinge in Deinem Leben.

Das wünsche ich Dir, daß jede Gottesgabe in Dir wachse
und sie Dir helfe, die Herzen jener froh zu machen,
die Du liebst.

Möge freundlicher Sinn glänzen in Deinen Augen,
anmutig und edel wie die Sonne,
die, aus den Nebeln steigend,
die ruhige See wärmt.

Gottes Macht
halte Dich aufrecht.
Gottes Auge schaue für Dich.
Gottes Ohr höre Dich.
Gottes Wort spreche für Dich.

GOTTES HAND SCHÜTZE DICH

Altirische Segenswünsche

Anhang

Adressen und Informationen

Die Übungen und Anrufungen mit »(1)« bezeichnet, sind von:

New Age Study of Humanity's Purpose,
Patricia Diane Cota-Robles,
P.O. Box 41883
Tucson, Arizona, 85717 USA.
Tel. 001-520-885-7909, Fax 001-520-751-3835
(Die Startflasche des Sakralen Heilwassers kann dort bestellt werden.)

mit »(2)« von:

Group Avatar,
P.O. Box 41505
Tucson, Arizona, 85717-1505 USA.

Titelbild »LICHTKÖRPER-BEWUSSTSEIN« von AEONA ist als Karte und Kunstdruck erhältlich bei:

AEONA ART
Postfach 170116
D-60075 Frankfurt/Main
Tel. 069-720170, Fax 069-7101924

Farbfolien der 12 Strahlen sind zu erhalten bei:

Brigitte Müller
Postfach 1328
D-65743 Eschborn

»Buch des Wissens – Die Schlüssel des Enoch« und »Die 72 Heiligen Namen«:

Akademie für die Wissenschaft der Zukunft AFFS
Schweibenalp
CH-3855 Brienz
Tel. 0041-(0)33-951 2001, Fax 0041-(0)33-951 4409
AFFS in Deutschland:
c/o Ulrike Granögger
Selmnau 16
D-88142 Wasserburg
Tel. und Fax 08382-887816

Seminar-Informationen über REIKI und LICHTKÖRPER-BEWUSSTSEIN der Autorin sind erhältlich bei:

Brigitte Müller
Postfach 1328
D-65743 Eschborn (bitte frankierten Rückumschlag beifügen)

Musik-Empfehlungen

Om Namah Shivaya Mantra = On Wings of Song, Robert Gass
The Eternal OM, Valley of the Sun, CD und TC
Kyrie Eleison und Halleluja = On Wings of Song, Robert Gass
Father-Father, von Kurt van Sickle
Mother Divine, von Kurt van Sickle
River of Life, von Kurt van Sickle
Bezugsquelle: Aquarius Versand
Carl-Benz-Straße 10
D-82205 Gilching
Tel. 08105-38480, Fax 08105-384858

Musik mit den Heiligen Namen Gottes von Prof. Dr. Hurtak:

Sanctus
Wheels of Light
Songs of Ancient Realms of Light
Exodus
Radiance
Sacred Liturgy
(Bezugsquelle: AFFS Schweibenalp, CH-3855 Brienz)

Visualisations-Cassetten von Brigitte Müller zu diesem Buch:

Das Geschenk des Wohlstands
Heilungsvisualisation mit dem smaragdgrün-violetten Licht

Zum Buch »Energie der 12 Sonnen-Chakra Strahlen«:

Visualisieren der 12 Sonnen-Chakra Strahlen
Visualisieren der Violetten Flamme
REIKI Chakra Selbst-Behandlung
(Bezugsquelle: Verlag Peter Erd und Buchhandel)

Welt-Heilungs-Meditation (erhältlich bei B. Müller oder Aquarius Versand)

OM AFFIRMATIONS-KARTEN von Brigitte Müller
zur täglichen positiven Einstimmung, in 5 Sprachen, Verlag Peter Erd

Brigitte Müller

Energie der 12 Sonnen-Chakra Strahlen

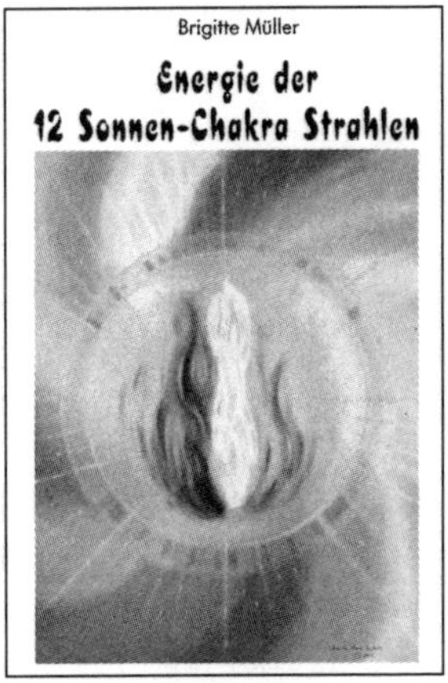

Kartoniert, 14 x 20,5 cm
196 Seiten
ISBN 3-8138-0276-0

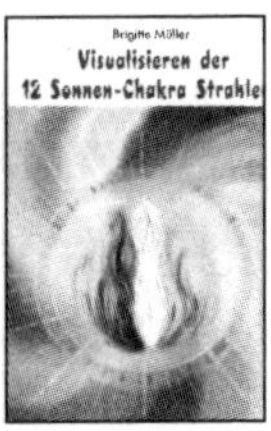

Toncassetten:

Visualisieren der 12 Sonnen-Chakra Strahlen
ISBN 3-8138-0275-2
Visualisieren der Violetten Flamme
ISBN 3-8138-0278-7

Brigitte Müller, die bekannte Reiki-Meisterin, macht uns in diesem Buch mit den 12 Strahlen und deren 12 universellen Gesetzen und Eigenschaften bekannt. Sie sagt uns, wie wir mit der Aufnahme dieser Strahlen die selbstgeschaffene Trennung von Gott wieder aufheben können und wie wir es schaffen, während des Wassermann-Zeitalters in die Ebene des Lichts aufzusteigen.
In praktischen Übungen und Visualisationen werden die vier niederen Körper gereinigt. Wir vereinigen uns wieder mit unserer Gottgegenwart und erlangen die wahre Selbst-Meisterschaft.

Die Toncassetten „Visualisieren der 12 Sonnen-Chakra Strahlen“ und „Visualisieren der Violetten Flamme“ ergänzen das Buch mit gezielten Übungen, Meditationen und Visualisationen.

Brigitte Müller

Das Geschenk des Wohlstands

TC; ISBN 3-8138-0444-5,
mit Begleitheft (32 Seiten)

Wohlstand ist unser natürliches Geburtsrecht und göttliches Erbe – Armut ist eine menschliche Schöpfung. Diese Kassette offenbart ein göttliches Geschenk, das jeden von uns befähigen wird, den grenzenlosen Fluß von Gottes Reichtum zurückzugewinnen. Mit dieser Kassette können Sie die ätherischen Aufzeichnungen und Erinnerungen des Armutsbewußtseins umwandeln und das Geschenk des Wohlstands zurückgewinnen.

Heilungsvisualisation mit dem smaragdgrün-violetten Licht

TC; ISBN 3-8138-0445-3

Das smaragdgrün-violette Licht ist ein Heil-Licht höherer Ordnung. Unter der Führung deines Göttlichen Selbst wird es disharmonische Energien, die Krankheiten, Verfall und Altern bedeuten, umwandeln. Wer diese Visualisation täglich anhört, kann neue Gewohnheiten, Verhaltensmuster und Vorstellungen in seinem Unterbewußtsein verankern und wird – nach einem metaphysischen Gesetz in 21 Tagen – die ersten Resultate wahrnehmen.